Gerold Biner   **Fliegen um Leben und Tod**

Gerold Biner
mit Sabine Jürgens

Fliegen um Leben und Tod

Bergretter zwischen Matterhorn und Everest

Vorwort Beat H. Perren

orell füssli Verlag

2. Auflage 2014

© 2014 Orell Füssli Verlag AG, Zürich
www.ofv.ch
Rechte vorbehalten

Dieses Werk ist urheberrechtlich geschützt. Dadurch begründete Rechte, insbesondere der Übersetzung, des Nachdrucks, des Vortrags, der Entnahme von Abbildungen und Tabellen, der Funksendung, der Mikroverfilmung oder der Vervielfältigung auf anderen Wegen und der Speicherung in Datenverarbeitungsanlagen bleiben, auch bei nur auszugsweiser Verwertung, vorbehalten. Vervielfältigungen des Werkes oder von Teilen des Werkes sind auch im Einzelfall nur in den Grenzen der gesetzlichen Bestimmungen des Urheberrechtsgesetzes in der jeweils geltenden Fassung zulässig. Sie sind grundsätzlich vergütungspflichtig.

Redaktion: Swantje Steinbrink, Berlin
Umschlaggestaltung: Hauptmann & Kompanie Werbeagentur, Zürich

Druck: fgb • freiburger graphische betriebe, Freiburg

ISBN 978-3-280-05525-0

Bibliografische Information der Deutschen Nationalbibliothek: Die Deutsche Nationalbibliothek verzeichnet diese Publikation in der Deutschen Nationalbibliografie; detaillierte bibliografische Daten sind im Internet über http://dnb.d-nb.de abrufbar.

Inhaltsverzeichnis

Vorwort   9
Einstieg: Der weiße Tod am Everest   11
Einsatz am Manaslu – Schweizer Bergretter im Himalaja   14
Curry-Powder-Wochen in Indien   31
Gefangen im Eisloch – Rettung am Nanga Parbat   63
Der Traum vom Fliegen   84
Neue Seilschaften in Nepal – Rettung am Langtang Lirung   106
Sinnsuche und Schicksalsschläge   125
Übung macht den Meister – Nepalis im Zermatter Trainingslager   146
24 Stunden im Bann des Berges – Einsatz am Matterhorn   177
Höhenflüge und Tiefschläge   198
Eine Rettungsstation in Nepal – Die Zukunft hat begonnen   216

Glossar   231
Einige Worte zum Schluss   236
Anmerkungen   239

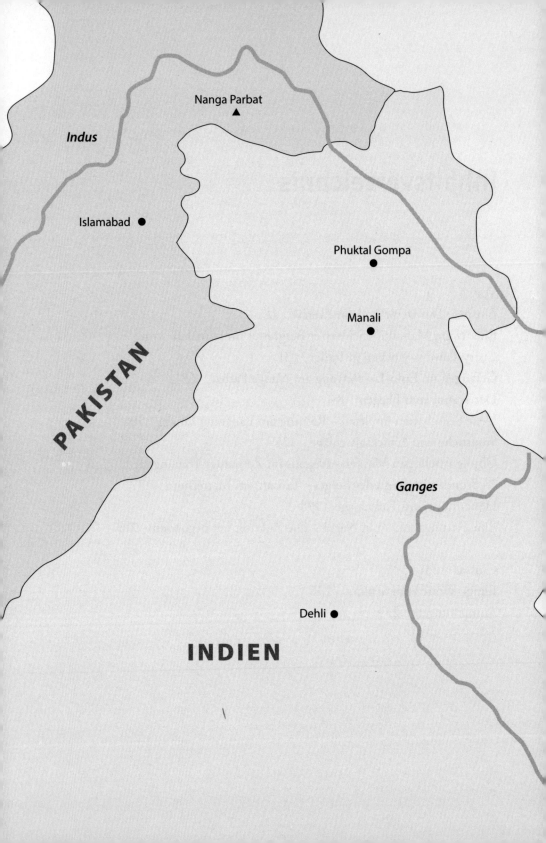

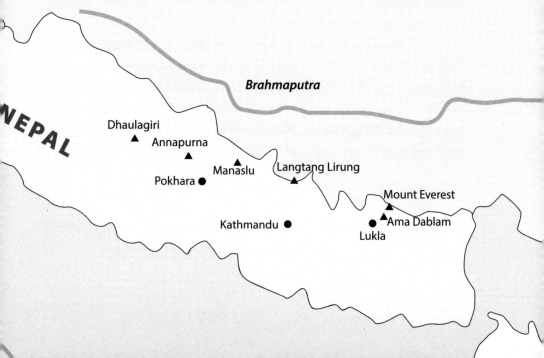

Vorwort

Der Traum vom Fliegen, Helfen und Retten

Der Traum des Menschen zu fliegen ist uralt. Aber erst die Technik in der Mitte des letzten Jahrhunderts ließ diesen Traum, wie er auch schon von Da Vinci zu Papier gebracht worden war, Wirklichkeit werden. Und es war noch ein großer Schritt, bis auch der »Traum vom Fliegen zum Helfen und Retten« in Erfüllung gehen sollte.

1956 schenkte der damalige Konsumverein Basel dem weltbekannten Rettungspiloten Hermann Geiger[1] den ersten Helikopter, mit dem Rettungen möglich waren: Mit der Augusta-Bell 47 A konnten erstmals Patienten in der Kabine transportiert werden.

Rückblickend erstaunt uns heute, was Hermann Geiger und sein Kollege Fernand Martignoni mit dieser leistungsschwachen Maschine im Rettungsfliegen, das damals noch in den Kinderschuhen steckte, geleistet haben. So verwundert es nicht, dass das Wallis die Wiege der Helikopterrettung in den Bergen wurde. Viele Innovationen alpiner Bergrettung und Rettungstechniken gingen vom Wallis aus.

---

1 Berühmt wurde Hermann Geiger durch seine Rettungsflüge mit der Piper Supercup und dem Pilatus Porter.

1968 wurde in Zermatt, dem sogenannten Mekka der Bergsteiger, die Air Zermatt gegründet und der Rettungsdienst mit einer Augusta-Bell 206 A aufgenommen. 1969 setzte die Air Zermatt in der Schweiz die erste mit einer Rettungswinde ausgerüstete Alouette III im Flugbetrieb ein. 1971 folgte die erste, ebenfalls mit einer Rettungswinde ausgerüstete SA 315 B Lama. Mit diesen Maschinen brach in der alpinen Helikopterrettung eine neue Epoche an. Die hervorragenden Rettungspiloten der Air Zermatt AG (Günther Amann, Sigfried Stangier, Bernd van Doornick, Fritz Althaus u.a.m.) haben der Welt gezeigt, dass Direktrettungen auch in den allersteilsten Bergwänden mit dem Helikopter möglich sind. Waren mit einer Rettung in der berüchtigten Eiger-Nordwand bislang etwa 25 Bergretter ein bis zwei Tage lang beschäftigt, so erledigte unser Günther Amann im Jahre 1971 mit der Lama die erste Eiger-Nordwandrettung in knapp 35 Minuten!

In dieser Zeit des technischen Umbruchs in der Flugrettung stößt Gerold Biner, der aus einer sportbegeisterten Zermatter Familie stammt, zur Air Zermatt. Er kann zwar auf eine ausgezeichnete Ausbildung als Mechaniker bei der Schweizer Armee verweisen, die ihm das notwendige Verständnis für seine spätere Pilotentätigkeit gibt, kommt aber mit seiner geringen Flugerfahrung in eine harte Schule bei den Spezialisten der Air Zermatt. Doch sein brennendes Interesse an der Fliegerei und vor allem seine Fähigkeit gepaart mit der Flugerfahrung unter Aufsicht großer Piloten machen ihn schließlich zu einem der weltbesten Rettungspiloten.

Mit seiner natürlichen Kontaktfreudigkeit kommt er bei seinen Arbeitskollegen und seinen Kunden sehr gut an. Er wird in den Gemeinderat seiner Heimatgemeinde gewählt, zum Präsidenten der Internationalen Kommission für Alpines Rettungswesen (IKAR) bestimmt – und leitet heute als CEO die Air Zermatt.

Trotz seiner vielen Aufgaben auf der Erde lässt Gerold Biner das Fliegen nicht sein: Er fliegt im indischen Himalaja und sogar in Nepal, in den höchsten Bergen der Welt. Ihm kommt das große Verdienst zu, die Helikopter-Rettungsfliegerei bis in Höhen von 7000 Metern initiiert zu haben. Denn er will, dass Hilfe mit dem Helikopter für Menschen in Notlage auch in solchen Höhen möglich wird. Deshalb gibt er seine Kenntnisse und Erfahrungen weiter, bildet mit viel Geschick nepalesische Kollegen zu Rettungspiloten aus, die in der Lage sind, Rettungsflüge mit dem Helikopter am Manaslu, am Makalu oder am Mount Everest auszuführen.

Was Gerold Biner in seinem Buch niedergeschrieben hat, ist so eindrücklich, wie das Fliegen mit »rettenden Rotoren« nur sein kann. Was er in Nepal mit seinen Kollegen erreicht hat, muss ihn im Innersten glücklich und zufrieden machen. Auf das, was er dort erreicht hat, darf er sehr stolz sein. Und dass er die Mühe auf sich genommen hat, uns mit diesem Buch an seinen Erfahrungen im Himalaja teilhaben zu lassen, dafür sind wir ihm zu Dank verpflichtet.

Zermatt, im Juni 2014
Beat H. Perren
Gründer und Verwaltungsratspräsident der Air Zermatt AG

Einstieg: Der weiße Tod am Everest

Im Frühjahr 2014 ereignete sich das schlimmste Unglück aller Zeiten am Mount Everest. Nie zuvor gab es an dem höchsten Berg der Welt mehr Tote zu beklagen.

Karfreitag, 18. April 2014
Auch in diesem Jahr sind auf der Südseite des Everest die Sherpas mit Material zu den Hochlagern unterwegs. Bis zu 25 Kilogramm trägt jeder von ihnen auf dem Rücken. Vom Basislager aus führt der Weg durch den gefährlichsten Teil des Berges, den Khumbu Icefall. Alle, die den Gipfel von der Nepalseite aus besteigen wollen, müssen zwischen diesen gewaltigen Eistürmen hindurch. Da der Gletscher ständig in Bewegung ist und immer mal wieder Türme einfach einstürzen, muss die Route jedes Jahr neu angelegt werden. Die Sherpas suchen dann jeweils den besten Weg durch diese Hölle aus Schnee, Eis und Gletscherspalten. Obwohl sie sich dabei nie wohlfühlen, zumal hier fast jährlich Bergsteiger ums Leben kommen, haben die Hochträger gar keine andere Wahl: Der Everest mit all seinen Gefahren ernährt sie und ihre Familien.

In dieser Saison führt die Route auf der Nordseite des Gletscherlabyrinths direkt unter der Westschulter des Mount Everest hindurch. Wie ein Damoklesschwert klebt ein riesiger Hängegletscher oberhalb der Route.

Gegen 6.45 Uhr in der Früh, als sich die meisten Sherpas der Transporttruppe auf 5800 Metern, im sogenannten Popcornfield des Khumbu Icefall, befinden, bricht ein gewaltiger Brocken des Hängegletschers ab und reißt enorme Schneemassen mit. Die Lawine erfasst die Hochträger und begräbt Dutzende Männer unter sich…

Kaum haben die überlebenden Sherpas ins Basecamp gefunkt, steigen schon die ersten Bergführer auf, um den Verunglückten zu helfen. Doch allein der Aufstieg wird mehrere Stunden kosten. Wie viele Tote und Verletzte werden die Retter finden? Wie lange wird es dann dauern, bis die Verletzten geborgen und versorgt sind? Und wie in aller Welt sollen die Verletzten durch die Seracs des Khumbu Icefall transportiert werden? Die schnellste Hilfe wäre jetzt die aus der Luft. Um kurz nach 7 Uhr bekommt die nepalesische Helikopterfirma Simrik Air einen Anruf vom Mount Everest, denn die ersten Meldungen sind verheerend: bis zu dreißig Verschüttete, mehrere Tote und Verletzte… Augenblicklich werden zwei Helikopter mit dem Lastenhaken ausgerüstet, die speziell ausgebildeten Bergretter für eine allfällige Taubergung aufgeboten und zum Everest geschickt.

Unterhalb des »Popcornfield« setzen die Piloten sowohl die Bergretter als auch Ärzte und Hilfspersonal auf einer ebenen Fläche ab. Kurz darauf werden die ersten Überlebenden in die Helikopter eingeladen und ins Medical Camp des Basislagers geflogen. An der Unfallstelle selbst sind die Bergsteiger auf der Suche nach weiteren verschütteten Sherpas. Da eine Landung in unmittelbarer Nähe viel zu riskant wäre, beschließen die beiden Piloten, die Verletzten und Toten per Taubergung (20-Meter-Seil am Lastenhaken des Helikopters) auszufliegen. Viele Verletzte können in den Rettungsbergesack gepackt und so direkt bis ins Basislager geflogen werden, wo Ärzte bereitstehen, um die zum Teil schwer verletzten Sherpas zu stabilisieren und für den Transport in ein Krankenhaus in Kathmandu vorzubereiten.

Aber die Bilanz ist niederschmetternd sechzehn Sherpas haben ihr Leben verloren, und ein Sherpa wird immer noch vermisst. Was angesichts der Tragödie allerdings oft vergessen wird: Es konnten auch Menschenleben gerettet werden. Neun Sherpas, vier davon schwer verletzt, verdanken ihr Leben dem Einsatz der beiden Helikopter. Noch vor ein paar Jahren hätten die Verletzten kaum eine Chance gehabt, diesem Eislabyrinth lebend zu entkommen…

Einsatz am Manaslu – Schweizer Bergretter im Himalaja

Donnerstag, 12. Mai 2011, Lukla, Everestregion
Seit drei Wochen bin ich nun schon in Nepal. Ich vermisse mein kleines Schweizer Bergdorf am Fuße des Matterhorns, das ich in den letzten zwei Jahren immer wieder verlassen habe, um hier im gewaltigen Himalaja Rettungseinsätze zu fliegen – und anderen das Fliegen und Retten beizubringen. Der Aufbau einer Rettungsstation in Nepal ist für mich aber nicht nur ein Projekt, es ist eine Herzensangelegenheit. Ebenso wie das Fliegen selbst...

Die Beauty Shots für die Dokumentation des Schweizer Fernsehens über unser Nepal-Projekt sind endlich im Kasten. Eine spezielle, vibrationsfreie Cineflex-Kamera, die an der vorderen Unterseite des Helikopters montiert wurde, sowie eine Begleitperson und mehr als 100 Kilogramm Technik an Bord haben das Steuern in diesen Höhen zu einer Zerreißprobe werden lassen. Das Triebwerk gelangte an seine Leistungsgrenze – und wir an den Rand der Verzweiflung. Schon seit über zwei Jahren begleitet und dokumentiert das TV-Team unsere Arbeit im Himalaja. In den letzten Tagen aber war der Druck auf die gesamte Mannschaft noch einmal enorm gestiegen, denn alles hing plötzlich von diesen einmaligen Aufnahmen rund um den Everest ab. Warum bloß hatte ich dem Produzenten und Regisseur Frank Senn versprochen, ja regelrecht garantiert, die geforderten Aufnahmen – Everest, Basecamp, Ama Dablam, das Kloster von Tengboche, der Cho La-Pass, Berge und Gletscher – zu liefern, obwohl uns der leistungsstärkere Heli AS 350 B3 nicht zur Verfügung stand? Nun war ich auf den schwachen B2 angewiesen.

Vergangene Nacht in der Himalaja Lodge habe ich deshalb kein Auge zugetan, während mein Projektpartner, der weltbekannte Bergretter Bruno Jelk, neben mir in seinen ebenfalls weltbekannten komatösen Schlaf fiel. Etwas beunruhigt schlich ich mich ganz nah an sein Bett, hörte seinen gleichmäßigen Atem und stellte erleichtert fest: Gott sei Dank, er lebt! Aber wie konnte dieser Mann einfach so die Augen schließen und einschlafen? Egal, wo wir waren und welches Problem uns beschäftigte: Sobald es Zeit war zu schlafen, schloss Bruno die Augen und schlief. Im Gegensatz zu mir…

Am Morgen waren die Probleme zwar immer noch da, und der Flug wurde wahrlich kein Spaziergang – aber dank der hochmodernen Kamera gelingen sagenhafte Aufnahmen. Augenblicklich weicht aller Druck von uns. Als uns plötzlich ein Notruf vom Manaslu, dem achthöchsten Berg der Welt (8163 Meter), erreicht: Der Sherpa einer französischen Expedition ist beim Abstieg vom Gipfel zu früh abgebogen und nun im Nebel, irgendwo zwischen Camp 4 und Camp 3, in einer steilen Bergflanke blockiert. Via Satellitentelefon hat er seinem Bruder in Kathmandu mitgeteilt, die Gäste würden ihm folgen, aber er habe sie aus den Augen verloren; auch sei er inzwischen schneeblind. Dringend brauche er etwas zu essen und zu trinken. Sein Kollege sei ohne Gäste unterwegs und bereits zum Camp 3 abgestiegen…

Nicht nur für uns wird der Tag länger als erwartet, auch das TV-Team entschließt sich spontan, den unerwarteten Einsatz zu filmen, hofft auf weitere spektakuläre Aufnahmen. Das heißt aber auch, die ungeliebte

Cineflex bleibt, wo sie ist, und macht dem Piloten das Steuern unnötig schwer. Der Pilot der Fishtail Air ist Ashish Serchan. Er fliegt uns mit Sack und Pack nach Kathmandu, wo uns die Expeditionsfirma über die Geschehnisse informiert, und wir werden von allen Seiten bedrängt, zum Manaslu zu fliegen – obwohl das Wetter an diesem Nachmittag nicht mehr besonders gut und die Route weder von Samagaon, dem Bergdorf am Fuße des Achttausenders, noch vom Basecamp aus gut einsehbar ist. Der Bruder des im Nebel feststeckenden Sherpas will aber unbedingt so nah wie möglich an den Berg heran. Also fliegen wir bepackt mit Rettungsmaterial und Nahrungsmitteln in Richtung Gorkha, Arughat Bazar. Eine Woche zuvor war ich mit den Fishtail Air-Piloten Siddharta Gurung und Ashish von Arughat Bazar aus mehrmals in das Tal des Manaslu geflogen, um Lasten in einzelne Dörfer zu liefern. Diese liegen etwa 300 Meter über der Talsohle, welche auf einer Länge von mehr als 45 Kilometern so eng ist, dass die maximale Talbreite auf Höhe des Flusses weniger als fünfzig Meter beträgt. Auf unserem ersten Flug war mir sehr mulmig, weil wir noch nicht wussten, wo die lebensgefährlichen Kabel der Transportbahnen und Halterungen der Hängebrücken verlaufen. Doch dank etlicher Flüge in dieses sehr enge Tal sind wir mittlerweile mit den Hindernissen vertraut.

Vor uns erscheinen Felsen, Wasserfälle, Flussläufe und Wälder in faszinierenden Farben. Das Wetter aber ist mittlerweile so schlecht und unsere Flugbahn in der Schlucht derart tief, dass ich mir um den Rückweg ernsthaft Gedanken mache und uns schon in einer kargen Hütte übernachten sehe... Kurz vor Samagaon wird das Tal breiter und ähnelt jetzt dem Mattertal im Wallis. Hinter dem Hochgebirgsdorf geht es in einer Linkskurve zu der großen Moräne, die zum Basecamp des Manaslu hochführt. Könnten wir das Basislager erreichen, wäre das bereits ein Erfolg. Das schlechte Wetter macht uns jedoch einen Strich durch die Rechnung – und ich breche den Anflug unterhalb des Camps ab. Stattdessen landen wir auf dem Helipad in Samagaon. Der Bruder des Sherpas bleibt am Fuße des Manaslu zurück, während wir unverrichteter Dinge und unter größten Schwierigkeiten wieder zurück zu unserem Ausgangspunkt nach Kathmandu fliegen. Im Hotel Shangri-La können wir uns endlich den Staub aus den Haaren waschen, bevor wir uns über das weitere Vorgehen der für morgen früh geplanten Rettungsaktion verständigen. Nach einem guten Abendessen sinken wir schließlich in unsere Betten und schlafen ein.

Ashish holt uns bereits um 5.30 Uhr ab. Neuigkeiten von unserem schneeblinden Sherpa gibt es nicht, der Kontakt ist abgebrochen. Also wollen wir einen neuen Versuch starten, doch schon beim ersten Blick nach draußen werden wir eines Besseren belehrt: Bodennebel. Uns bleibt nichts anderes übrig, als auf unseren Rucksäcken vor den abflugbereiten Helikoptern sitzend zu warten. Das Filmteam wird wie besprochen mitfliegen und Siddharta die schwächere B2 mit der Cineflex steuern, während Ashish und ich die B3 für den Rettungseinsatz übernehmen. Nach einer Stunde ist es endlich so weit: Ashish probiert als Erster, die Nebeldecke zu durchdringen und die kontrollierte Flugzone vom Flugplatz in Kathmandu Richtung Norden zu verlassen. Über Funk und in Maschinengewehrgeschwindigkeit informiert er auf Nepali die Kollegen sämtlicher Helikopterfirmen darüber, dass wir gerade über den ersten Pass fliegen und auf dem Weg zum Manaslu sind.

Das Wetter ist gut. Noch. Aber wir haben bereits eine Stunde im Nebel von Kathmandu verloren. Kurz nach Philim erhebt sich vor uns die mächtige Pyramide des Manaslu. Erste Quellwolken haben sich gebildet, und kaum auf unserer Basis in Samagaon gelandet, dränge ich zum Aufbruch. Siddharta wird weiterhin den Cineflex-Heli fliegen, während Ashish mir die B3 überlässt, aus der wir nun das gesamte Material – die Türen und den 15 Kilogramm schweren Bodenschutz – herausräumen. Auch die überzählige Bestuhlung muss raus, um so hoch wie möglich fliegen zu können. Bruno und unser Bergretterazubi Tshering Pande Bhote hocken auf dem Kabinenboden und sichern sich mittels Bandschlingen an den Halterungen der Sitzgurte. Dann geht es zwischen den Wolken, auf 5000 Metern über dem Meeresspiegel, vorbei am Basecamp in Richtung Camp 1. Hier oben ist das Wetter bedeutend besser, und in einer Linkskurve steigen wir an den riesigen Abbrüchen vorbei Richtung Ostwand. Plötzlich sehe ich rechts von mir eine Person, knapp unterhalb von Camp 2. Ein Bergsteiger in gelber Jacke und roten Hosen schleppt sich in knietiefem Schnee die steile Seite nach unten. Auf einer Höhe von 6300 Metern schwebe ich in langsamer Vorwärtsfahrt an dem offenbar total erschöpften Alpinisten vorbei und versuche, ihn mittels Handzeichen zum Anhalten zu bewegen. Er setzt sich in den Schnee und lässt den Kopf sinken. Ich kann seinen dunklen Teint erkennen, es könnte sich also um einen der beiden Sherpas handeln. Wahrscheinlich um jenen, der schon beim Aufstieg umgekehrt ist. Vom Rest der Truppe fehlt jedoch jede Spur an diesem riesigen Berg. Wir entscheiden uns, den Unglücklichen später auszufliegen, und steigen in einer weiten Kurve nach oben.

Beim Camp 2, auf 6400 Metern, haben Bruno und Tshering, gemeinsam mit dem Zermatter Piloten Dani Aufdenblatten, vor knapp zehn Tagen einen toten Koreaner vom Berg geholt. Gleich daneben lag der Leichnam eines Bergsteigers aus dem Nahen Osten. Leider gab die Regierung für seinen Abtransport kein grünes Licht, und wir mussten ihn im Schnee zurücklassen. Im Vorbeiflug können wir sehen, dass die große Neuschneemenge alles zugedeckt hat, von dem toten Bergsteiger ist nichts mehr zu sehen. Leider auch nichts von dem zweiten Sherpa und den Franzosen. Unser Heli erreicht mit drei Mann an Bord eine Höhe von fast 7000 Metern. Wir fliegen den North Col unterhalb des Gipfels entlang der Nordostflanke von Süden aus an. Diesmal sieht Bruno etwas, das eindeutig nicht in die Natur gehört. »Ich hab einen gesehen, etwas Rotes!«, ertönt es im Kopfhörer. Automatisch drehe ich vom Berg weg, fliege einen großen Kreis nach rechts und kehre an die Stelle zurück. Ich würde die Maschine gerne wie eine Libelle still in der Luft halten, aber ein Schwebeflug ist auf dieser Höhe und bei solcher Beladung unmöglich. Also probiere ich, die Geschwindigkeit so weit es geht zu reduzieren. Zu meiner Rechten ist alles frei für den Fall, dass der Heli absackt. So kann ich jederzeit zur Seite und nach unten weg… Gespannt fokussieren sich unsere Blicke auf das dunkle Teil dort unten im Schnee. Es scheint ein Rucksack zu sein. Aber hängt da womöglich ein Mensch dran? Eine Rettung aus dieser Höhe ist mit dem Helikopter praktisch ausgeschlossen. Verzweifelt suchen wir weiter. Zwischen Camp 3 und Camp 4, in jener steilen Seite oberhalb des Nordpasses, sehen wir Fetzen eines Zeltes, von Camp 4 aufwärts ist kein Mensch unterwegs, und oberhalb von uns – auf 7000 Metern – entdecken wir nur die gefrorene Leiche eines gebückten Bergsteigers, der schon seit Jahren mitten in der Aufstiegsspur, zur Hälfte im Eis versunken, als Mahnmal für alle Gipfelstürmer einsam die Stellung hält. Ist der schneeblinde Sherpa vielleicht im Nebel an Camp 4 vorbeigetrottet und wartet jetzt irgendwo unterhalb des Westplateaus auf unsere Hilfe? Jeden einzelnen Meter der Nordwand fliegen wir ab, wechseln dann auf die Westseite, aber nirgendwo findet sich eine Spur der französischen Bergsteiger! Allmählich geht uns der Treibstoff aus, weshalb wir über den North Col zurück zu dem erschöpften Sherpa fliegen. Wir sind inzwischen sicher, dass es sich um den am Gipfeltag umgekehrten Hochträger handeln muss. Er ist nicht im Schnee hocken geblieben, sondern hat seinen großen Rucksack zurückgelassen und kämpft sich ohne Material in die gewaltigen Abbrüche. Höchste Zeit, etwas zu unternehmen. Was der Mann da macht ist lebensgefährlich! Unter uns schließt sich langsam die Wolkendecke, und die Quellwolken türmen sich bis über das Basecamp. Wir entscheiden, dass Tshering am Seil hängend seinen nepalesischen Kollegen herausholt. Zunächst aber müssen wir zurück zur Basis, wir brauchen dringend Treibstoff. Über Funk nehme ich Kontakt mit Siddharta auf, die Cineflex an seinem Heli hat uns die ganze Zeit aus tieferen Regionen bei unserer vergeblichen Suche gefilmt.

In Samagaon füllen wir den Tank mit der kleinstmöglichen Menge an Kerosin und nehmen das nötige Bergungsmaterial an Bord… In Camp 1 auf 6100 Metern steht ein leeres Zelt, ein Fixpunkt, an dem ich mich bei der Landung im Falle eines Whiteouts jederzeit orientieren kann. Ich halte den Hubschrauber auf Höhe des Zeltes außerhalb des Bodeneffekts im Schwebeflug, ohne an Höhe zu verlieren. Insofern haben wir die Gewissheit, in dieser Höhe auch wieder starten zu können. Siddharta fliegt mit dem Filmhelikopter im Vorwärtsflug an mir vorbei und gibt mir durch seine Anwesenheit ein Gefühl von Sicherheit. In den vergangenen Jahren ist unser gegenseitiges Vertrauen gewachsen, und ich bin voller Hochachtung für diesen hervorragenden Kollegen. Ich kenne seine goldige kleine Tochter und seine Frau, die – wie wohl die meisten Pilotenfrauen – Mühe hat zu verstehen, was wir sorglosen Familienväter hier eigentlich treiben ...

In Camp 1 verlassen Bruno und Tshering den Heli und befestigen das Seil am Lasthaken. Über den zweiten Funk, den Bruno und Tshering nicht mithören können, mahnt Siddharta mich zur Eile: »Geri, mach zu, die Wolken werden dichter, und schon bald ist der Rückweg nach Samagaon zu.« Das hieße, an dieser Stelle zu dritt in einem Ein-Mann-Zelt oder sitzend im Heli übernachten zu müssen ... Die Höhe und vor allem der Neuschnee machen den beiden Bergrettern zu schaffen. Sie können die Sicherung am Lasthaken kaum lösen, und es dauert eine gefühlte Ewigkeit, bis ich sie auf meiner linken Seite unter dem Helikopter wieder hervorkriechen sehe. Kurz darauf ist Tshering bereit, er hat sich am Seil festgemacht, so dass ich ihn zu dem Sherpa fliegen kann. Bruno bleibt in Camp 1. Es kann losgehen. Und sofort schießt mir durch den Kopf: Welche Optionen habe ich, sollte in den nächsten Minuten irgendetwas schiefgehen? Siddharta ist zwar in meiner Nähe, aber er fliegt die leistungsschwache Maschine und würde es weder bis auf meine Höhe schaffen, da die schwere Kamera noch immer an seinem Helikopter montiert ist, noch hat die B2 ausreichend Leistung für eine Landung. Oder könnte es doch gelingen? Aus technischer Sicht eigentlich unmöglich ... Und so kann ich mir nur selber Mut zusprechen: ›Cool bleiben, das hier ist einfacher, als einen Bergsteiger aus der Matterhorn-Nordwand zu bergen!‹ Eine letzte Funkkontrolle, ein Blick ins Tal, um den Fluchtweg offen zu halten – und schon hängt der Bergretterazubi zwanzig Meter unter dem Heli am Seil. Gut gelaunt meldet er: »Alles klar, Sir.« Als ob er seit Jahren nichts anderes gemacht hätte, weist Tshering mich zuerst zu dem zurückgelassenen Rucksack ein. Dann versuche ich, ihn unterhalb des Sherpas auf einer stabilen Schneebrücke in den Spalten abzusetzen. Seelenruhig gibt er mir die Höhe an, »Fünf Meter, drei, zwei, einer. Kontakt!«, und vergisst dabei auch nicht, die Funksequenz jeweils mit einem »Sir« zu beenden. Ein paar Hundert Meter neben mir, etwas tiefer, steuert Siddharta den Kamera-Heli, von wo aus das TV-Team jede unserer Bewegungen filmisch festhält. Schöne Bilder interessieren mich aber gerade weniger, jetzt geht es darum, den Sherpa an das Seil zu nehmen. ›Kann ich ihn und Tshering gleichzeitig in Sicherheit fliegen?‹ Ich entscheide mich dagegen. Tshering werde ich erst beim zweiten Flug mitnehmen. Er scheint es allerdings für vollkommen normal zu halten, irgendwo zwischen Gletscherspalten am Manaslu herumzustehen: »Kein Problem, Sir!« Von Camp 1 schaltet sich Bruno in unseren kleinen Funkverkehr ein. Seine Stimme klingt ein wenig besorgt, als er sich erkundigt, ob es mir gelungen sei, beide zusammen vom Berg zu holen. Ich muss zwar verneinen, aber das Absetzen des Sherpas kurze Zeit später und die zweite Rotation mit Tshering verlaufen problemlos. Als Menschen und Material inklusive Rucksack in der Kabine verstaut sind, starte ich mit der vollbeladenen Maschine vom Camp 1. Zu meiner Rechten sehe ich, dass das nördliche Tal vom Syacha Glacier nach Samdo praktisch wolkenfrei ist, und beschließe, durch dieses kleine Seitental nach Samagaon zu fliegen. Erleichtert nehme ich über Funk die Gratulation von Siddharta entgegen, und wir landen gleichzeitig am Helipad. Wie immer springt augenblicklich das halbe Dorf herbei, um das »Mitbringsel« vom Manaslu zu bestaunen. Bruno untersucht den Sherpa und stellt beruhigt fest, dass die Zehen so weit in Ordnung sind und nicht abgenommen werden müssen: »Ist nicht so schlimm«, lautet seine fachmännische

Diagnose. Und schon ist der Sherpa wieder auf den Beinen, denn er hat die Frau eines vermissten französischen Bergsteigers entdeckt. Auch der Bruder des nach wie vor verschollenen Sherpas gesellt sich hinzu. Er mache sich große Sorgen, sei aber davon überzeugt, dass sein Bruder noch am Leben sei und dringend Hilfe brauche. Eine heftige Diskussion entbrennt, und man drängt uns, doch noch einmal aufzusteigen, um nach den Vermissten zu suchen. Aber das Wetter lässt an diesem Nachmittag keine weiteren Flüge mehr zu. Nichts zu machen.

Tshering aber hat seine Feuertaufe als Bergretter bestanden! Er ist der erste »Rettungsspezialist Helikopter« in Nepal. Vor allem Bruno ist stolz auf seinen Zögling und ringt tatsächlich ein wenig um Fassung. So habe ich den großen Zermatter Bergretter nur selten gesehen. Das letzte Mal unmittelbar nach einem Einsatz im Zuge der großen Unwetterkatastrophe von Gondo. Kurz zuvor hatte Bruno seinen Kollegen von der Grenzwacht am Unfallort getroffen, der ihm erklärte, nur noch das zu besitzen, was er in den Händen halte: seine beiden kleinen Kinder. Seine Frau war in der Schlammlawine ums Leben gekommen.

Erschöpft fliegen wir zurück nach Kathmandu. Und das Filmteam beendet den Dreh. Endgültig. Die letzte Aktion am Manaslu brachte Frank und seinem Team unverhofftes Bonusmaterial. Glücklich, das Filmprojekt erfolgreich abgeschlossen zu haben, lässt die Schweizer Fernsehcrew an diesem Abend die Korken knallen.

Nicht so wir, die Rettungscrew. Denn wir wollen zusammen mit zwei Sherpas am nächsten Tag erneut zum Manaslu fliegen, um sie oberhalb von Camp 3 auf über 6800 Metern abzusetzen. Noch nie ist ein Helikopter dort gelandet, und Siddharta bittet mich, diesen Part zu übernehmen. Auf dem Weg machen wir einen Zwischenstopp in Samagao, wo wir auf Wunsch der beiden Sherpas einen riesigen Rucksack und einen Karton voller Lebensmittel einladen. Was zum Teufel wollen die beiden da oben mit dem Zeug? Ein Picknick veranstalten? Die scheinen sich ja für das ganze Wochenende einzurichten! Dann verabschieden wir uns von Siddharta und fliegen weiter. Wie immer ab einem Basecamp jetzt mit zusätzlichem Sauerstoff. Am Camp 1 laden wir um: Bruno und ein Sherpa samt Lebensmittelkarton steigen aus, bei mir bleiben nur der andere Sherpa und sein Rucksack. Ihn fliege ich zuerst zum Nordsattel, um danach auch den anderen zu holen. Unser Weg führt an dem ominösen Rucksack vorbei, der unterhalb des Gipfels in der Nordostwand auf zirka 7000 Metern liegt. Dieser soll von den beiden Sherpas inspiziert werden. Wie schon am Vortag halte ich die Maschine 200 Meter vor dem Sattel im Schwebeflug, jederzeit bereit, nach rechts ins Tal abzudrehen. Messerscharf beobachte ich meine Landefläche und stelle fest, dass der Wind ganz leicht aus Nordwesten bläst. Automatisch hänge ich mich an die Bergflanke zu meiner Linken und fliege mit einem Winkel von 45 Grad den Sattel an. Unter mir sehe ich vor der riesigen Spalte die Zelte von Camp 3 und behalte gleichzeitig meine Instrumente im Auge: 30 Knoten Fahrt, Sinkrate gleich null und noch 15 Prozent Leistungsreserve. Ich entschließe mich zur Landung. Im Bodeneffekt wirbelt ein wenig Schnee auf. Unproblematisch. Der Landeplatz ist flach – und nach dem Absetzen des Helikopters bin ich nicht nur erleichtert, sondern auch ein wenig stolz, dass meine Taktik so gut funktioniert hat. Noch nie war ich so hoch gelandet... Damit mir der Sherpa hier oben nicht die Schiebetür aus der Verankerung reißt – der Mechanismus ist ziemlich kompliziert, und ich wage zu bezweifeln, dass die beiden Sherpas die Technik beherrschen –, bin ich schon ab Camp 1 mit offener Tür geflogen. Nachdem der Sherpa ausgestiegen ist, werde ich nervös: ›Komme ich hier auch wieder weg? Hoffentlich bin ich auch der erste Pilot, der von hier wieder startet... keine Panik‹, spreche ich mir beruhigend zu, ›du hast da draußen mit einem zusätzlichen Mann an Bord die Maschine halten können. Also Leistung kontrollieren, den Bodeneffekt nutzen, die Rotorebene flach halten – und ab die Post!‹ Die Triebwerkleistung ist noch nicht an ihrer maximalen Grenze angelangt, und die Kufen sind ganz knapp über dem Boden, da gehe ich langsam in den Vorwärtsflug über. Bereits nach wenigen Metern spüre ich den Übergangsauftrieb, der mir zusätzliche Power verschafft, und schon bin ich vom Sattel weg. Jetzt die ganze Aktion noch einmal von vorne: Bruno lädt mir den zweiten Sherpa samt Material in die Kabine; und auch mit ihm passiere ich den Rucksack in der Bergflanke. Danach konzentriere ich mich auf die zweite Landung oberhalb von 6800 Metern...

Zurück in Samagao brauche ich erst mal eine Pause. Siddharta übernimmt die Maschine für den weiteren Suchflug und hält mich auf dem Laufenden. So vernehme ich nur wenig später mit großem Erstaunen, dass die beiden Sherpas nicht wie besprochen die 400 Meter horizontal überwinden, um zu kontrollieren, ob bei dem Rucksack ein Bergsteiger unter dem Schnee begraben liegt. Stattdessen steigen sie nach 50 Metern in Richtung der Zelte von Camp 3 ab und verkriechen sich dort für den Rest des Tages. Also doch ein gemütlicher Wochenendausflug mit Hochgebirgspicknick? Dabei hatte ich die Hochträger genau instruiert und ihnen haarklein erklärt, was Bruno von ihnen erwartet. Aber hier herrschen anscheinend andere Gesetze.

Was soll's... Siddharta, Bruno und Tshering müssen die gesamte Route am Manaslu erneut abfliegen. Dabei machen sie Fotos vom obersten Teil des Plateaus. Ab Camp 4 sind sogar noch die Spuren der Aufstiegsroute bis zum Gipfel sichtbar. Dank der guten Auflösung können wir später am Computer die wichtigen Punkte einzoomen und nach möglichen Hinweisen überprüfen. Die Zelte von Camp 4 sind ziemlich lädiert, das gesamte Plateau ist wie leer gefegt. Blankes Eis schimmert im Sonnenlicht; dabei könnten einzelne dunkle Punkte auch Bergsteiger sein. Klar ist, dass die drei Männer sich nicht in einem Schneeloch oder Biwak verkrochen haben, das hätten wir gesehen. Sollten sie tatsächlich noch über 7000 Metern sein, ist ihre Überlebenschance sehr gering.

Zurück in Kathmandu: Ein neuer Auftrag wartet, denn am 7036 Meter hohen Thulagi werden ebenfalls zwei Bergsteiger vermisst. Die Sachlage ist schwierig, zumal ich den Eindruck habe, dass die ohnehin spärlichen Informationen bei der Übersetzung gefiltert werden und größtenteils verloren gehen. Für uns sind selbst kleine Details enorm wichtig. In Zermatt gehen bis zu einhundert Vermisstenmeldungen pro Jahr ein; und insbesondere Bruno hat viel Erfahrung damit. Stets geht er nach Ausschlussverfahren und Checkliste vor. Hier und heute sind die Informationen allerdings wirklich überschaubar: Vier Bergsteiger aus Weißrussland wollen den Thulagi besteigen, zwei sind am Berg, und als diese nicht zurückkommen, brechen die beiden anderen die Zelte im Basecamp ab und fahren nach Hause... Wie und über wie viele Stellen der Alarm schließlich zur Fishtail Air gelangte, ist ebenso schwer zu eruieren wie das Abreisedatum der meldenden Weißrussen. Für heute ist allerdings Schluss, vielleicht sind wir morgen erfolgreicher.

Siddharta hat sich den Sonntag freigenommen; und so begleite ich Ashish an meinem vorerst letzten Arbeitstag hier in Nepal. Da wir in Richtung Manaslu fliegen, sollen wir den beiden »Vollpfosten-Sherpas« zunächst Verstärkung in Form von zwei weiteren Sherpas liefern. Mittlerweile sind die beiden anderen sogar noch weiter abgestiegen, bis zum Camp 2, statt den Rucksack zu bergen. Irgendwie werde ich den Eindruck nicht los, dass der vermisste Sherpa und die französischen Bergsteiger diesen Jungs piepegal sind und es ihnen lediglich um den Tageslohn geht. Nicht zum ersten Mal begegne ich Hochträgern, die bei den Westlern absahnen wollen und dafür ihre Seele verkaufen. Leider bringen die wenigen Gierschlunde die vielen guten, zuverlässigen Sherpas in Verruf... Warum habe ich die beiden »Picknicker« eigentlich da oben rausgelassen? Weil ich ihnen eine günstige Ausgangslage verschaffen und einen mehrstündigen Aufstieg ersparen wollte. Bei dieser Landung auf 6800 Meter habe ich ja auch kein höheres Risiko auf mich genommen. Nein. Ich bin auch überhaupt nicht wütend. Nein. Ich habe nur mein Möglichstes getan und kann heute Nacht gut schlafen. Die Sherpas hätten die Bergflanke lediglich ein paar Hundert Meter seitlich traversieren müssen – und wir hätten vielleicht Gewissheit gehabt, was mit den Bergsteigern passiert ist. Eigentlich eine Sache von ein paar Stunden. Eigentlich...

Neben den Nummern 3 und 4 der »Super-Sherpa-Retter-Truppe« sowie Bruno ist heute noch ein weiterer Himalaja-Experte mit von der Partie: Simone Moro. Er ist berühmt in der Bergsteigerszene, weil er unberührte Berge und vor allem die Besteigung von Achttausendern ohne Sauerstoff bevorzugt. Die Berge im Himalaja kennt er wie seine Westentasche. Nun möchte Simone gerne Rettungspilot werden, die Fluglizenz hat er bereits; was ihm fehlt ist Flugerfahrung. Die will er hier sammeln.

Ashish ist ein hervorragender Pilot, er fliegt die Ecureuil AS 350 B3, 9N-AJI heute vom Copilotensitz aus. Doch eine Landung am Camp 2 hat er bislang nicht absolviert. Er sitzt ungewöhnlich weit vorne und sehr nahe an den Steuer-Kontrollen, doch seine Hände verfügen über viel Gefühl, die Bewegungen am Steuerknüppel sind ausgesprochen fein. Ashish ist zurückhaltend und grundsätzlich skeptischer als seine Kollegen Sabin Basnyat und Siddharta, landet aber sicher und präzise auf 6400 Metern. Sobald die beiden Sherpas ausgestiegen sind, geht es zurück nach Samagaon, wo Ashish stolz die Maschine am Helipad landet. Zeit zum Feiern seiner Premiere haben wir jedoch nicht, da eine erneute Teambesprechung ansteht: Der Bruder des vermissten Sherpas hat die Situation in der Nacht nochmals überdacht und meint nun zu wissen, wo sich sein Bruder aufhalten könnte. Darum will er mit dem Helikopter nochmals nach oben. Diesmal sollen wir die tieferen Regionen absuchen. Möglicherweise sei sein Bruder über die Südostwand abgestiegen und warte im südlichen Tal des Punggyen Glaciers auf Rettung, sagt er. Dort gebe es ein Kloster, bestimmt sei er dort angekommen. Und sollte diese Variante verkehrt sein, gebe es ja noch eine weitere Option: »Vielleicht ist er über die Nordwestflanke nach Norden zur ›Great Himalaja and Manaslu‹-Trekkingroute in Richtung Bhimtang oder Hampuk abgestiegen.« Im Grunde weiß der Sherpa-Bruder gar nichts, aber er ist furchtbar verzweifelt – und wir sind bereit, alle Möglichkeiten zu überprüfen.

Zusammen mit Bruno, dem besorgten Bruder und Simone neben mir auf dem Copilotensitz fliege ich in das südliche Tal, wo wir jede Spalte und jede Flanke nach Spuren absuchen. Im Kloster (Gompa) Pung Gyen gibt es ebenso wenig Anhaltspunkte wie weiter oben in der Wand. Wir steigen und überqueren den Südkamm auf fast 7000 Metern, um die berüchtigte Südwand des Manaslu abzusuchen. Aber auch hier keine Spur, weshalb der Sherpa-Bruder nun weiter Richtung Norden will. In einem kleinen Dorf hinter dem Pass setzen wir ab und erkundigen uns nach den Bergsteigern. Fehlanzeige. Ziemlich demoralisiert steigen wir wieder auf und kehren zurück. Wir haben nun zwei Tage lang an der Normalroute gesucht und sind einmal komplett um dieses riesige Massiv geflogen, ohne eine Spur der beiden Franzosen oder des Sherpas zu finden. Lediglich die Zelte der verschiedenen Camps, den Rucksack in der Nordostwand, die zerrissenen Zelte im Camp 4, den toten Bergsteiger unterhalb von Camp 4 sowie die Zeltfetzen in der Flanke oberhalb des North Col konnten wir ausfindig machen. Die Bergsteiger bleiben verschollen. Wir geben auf. An diesem Berg ist definitiv kein lebendes menschliches Wesen unterwegs, da sind wir sicher.

Nachdem wir den unglücklichen Bruder an unserer Basis haben aussteigen lassen, starten Simone am Doppelsteuer, Bruno hinten in der Kabine und ich auf dem rechten Sitz zum Thulagi. Ashish bleibt in Samagaon und gibt mir zum Start das Zeichen mit dem Daumen nach oben. Wenn wir schon die Franzosen nicht finden, dann doch hoffentlich die Weißrussen. Richtung Norden überqueren wir den langen Kamm des Manaslu, der sich im Süden vom Himal Chuli bis zum Larke im Norden über eine Distanz von zirka 30 Kilometern erstreckt. Hinter der Nordwand überqueren wir einen Pass und gelangen auf ein großes Gletscherplateau. Zu unserer Rechten muss der Thulagi liegen, während sich links die gigantische Südwestwand des Manaslu erstreckt. Wir fliegen Richtung Süden, staunen wie am ersten Tag über Berge und Gletscher und suchen nach kleinen Punkten, die sich bitte bewegen mögen. Hinter dem Gipfel des Manaslu entdecken wir den Pass, den wir vor einer Stunde für die Traversierung genutzt haben, und sinken weiter ab. Dem Gletscher nach rechts folgend erscheint der See, an dem die Weißrussen ihr Basislager aufgestellt hatten. Simone und Bruno rätseln, auf welcher Seite man wohl sein Camp errichten würde, bis wir schließlich um den See herum fliegen, um nach Zelten, Bergsteigern oder anderen Spuren Ausschau zu halten. Auch weiter unten im Dona-Tal ist keine Menschenseele unterwegs. Spielend leicht überwinden wir den Gletscherabbruch vor dem Plateau. Zu Fuß wäre dieses Hindernis längst nicht so leicht zu meistern: Gewaltige Seracs versperren auf der gesamten Länge des Gletschers den Weg nach oben. Zu beiden Seiten suchen wir nach Spuren und steigen kontinuierlich weiter, bis wir das Plateau erreichen. Und nun? Dem Plateau folgen und den Gipfel von der Rückseite in Angriff nehmen oder nach Westen weitere Seracs und Gletscherspalten abfliegen und kontrollieren? Wir entscheiden uns für die Plateau-Variante und suchen wiederum beide Seiten ab. Über das Plateau führt eine Rinne direkt zum Gipfelgrat des Thulagi, doch auch hier: keine Spuren. Dann fliegen wir direkt in die Seracs hinein – und entdecken hinter den Gletschertürmen auf einer kleinen Fläche ein grün-schwarzes Zelt. Für einen Moment herrscht Euphorie: Wir haben sie! Doch auch hier bewegt sich nichts. Wir alle sind hoch konzentriert, als wir weiter steigen. Plötzlich sehen wir sie: eine Fußspur am mittleren Grat. Auf über 6800 Meter geht dem Triebwerk allerdings langsam die Luft aus. Immer wieder muss ich den Grat in langsamer Fahrt ansteuern und so nah wie möglich daran vorbeifliegen. Bruno und Simone drücken sich ihre Nasen am Fenster platt und versuchen, irgendetwas zu erkennen. Ganz oben am Gipfelgrat sind jedoch ebenfalls keinerlei Anzeichen von menschlichen Abdrücken im Schnee zu erkennen. Also konzentrieren wir uns auf die letzten Spuren, die im steilen Grat, wenn auch nur ganz schwach, sichtbar sind. Beiderseits des Grates sind Lawinen niedergegangen. Ohne schwere Gerätschaft und mit nur zwei Rettern können wir hier nichts ausrichten; die Gefahr von Nachlawinen wird innerhalb der Crew nicht einmal erwähnt. Und wir beschließen, weiter unten im grün-schwarzen Zelt nach Hinweisen zu suchen. Sind die beiden Bergsteiger aus Belarus womöglich wieder abgestiegen? Dann hätten sie aber wohl ihr Zelt mitgenommen. Ganz vorsichtig wende ich meine altbewährte Taktik des Schwebeflugs an, bevor ich in den Landeanflug übergehe. Bruno steigt in der Nähe des Zeltes aus. Der hochgewirbelte Schnee nimmt mir die Sicht, und die Maschine lässt sich in den Verwirbelungen kaum halten. Soll ich warten oder lieber wegstarten und eine Schlaufe drehen? Wir sind auf über 6500 Metern; da wollen solche Entscheidungen gut überlegt sein. Das Zelt wackelt mächtig hin und her, und sollte der Rotorabwind es aus der Verankerung reißen, kriege ich das Ding höchstwahrscheinlich in den Rotor, und wir stürzen an Ort und Stelle ab. Also erhöhe ich die Leistung, so dass Simone und ich möglichst senkrecht nach oben steigen. Danach drehen wir in gebührendem Abstand zum Zelt einen Kreis. Noch ist nicht mal klar, ob wir Bruno überhaupt zurückholen können. Die Verwirbelungen bei der Landung hatten mich extrem behindert… Aber allein in diesen Abbrüchen? Das wäre glatter Selbstmord! »Lass mich weiter unten raus und hol zuerst Bruno«, schlägt Simone vor, aber da tritt Bruno schon aus dem Zelt und gibt mir das Zeichen, ihn wieder abzuholen. Für einen veränderten Anflugwinkel drehe ich die Maschine diesmal ganz leicht nach rechts, und Simone kontrolliert den Heckrotor: »Tutto a posto«,[1] meldet er – und Bruno steigt ein. Auf meiner rechten Seite ist alles frei, und wir können problemlos Richtung Manaslu starten. Bruno erzählt, dass in dem Zelt nur Nahrungsmittel und ein paar Kleider seien, sonst nichts. Eine ziemlich schlechte Bilanz für die letzten drei Tage. Wir verlassen den Thulagi und fliegen über das Gletscherplateau zur Südwestwand des Manaslu. Zeit, sich wieder den Franzosen zu widmen. Der Gipfel ist nun direkt über uns, und in nördliche Richtung fliegen wir auf Brunos Wunsch hin den unteren Teil der Wand ab. Eine Wand, die schon bei ihrer Erstbegehung 1972 durch Reinhold Messner traurige Berühmtheit erlangte. Bei der österreichischen Expedition unter Leitung von Wolfgang Nairz starben genau an dieser Stelle zwei Expeditionsmitglieder. Franz Jäger ist aller Voraussicht nach in der Wand oder auf dem Plateau verschollen, Andi Schlick höchstwahrscheinlich auf dem riesigen Plateau unter uns. Ein Schneesturm ist den beiden zum Verhängnis geworden.

Vom Camp 4 auf 7400 Metern Höhe waren Reinhold Messner und Franz Jäger bei starkem Wind zum Gipfel aufgebrochen. Jäger gab schnell auf und kehrte – so glaubte Messner damals – zum Camp zurück. Messner erreichte den Gipfel, aber dann zog ein Sturm auf; und als er sich wieder auf dem Plateau befand, konnte Messner bereits fast nichts mehr sehen. Nur unter großen Anstrengungen fand Messner das Zelt wieder, auch Horst Fankhauser und Andi Schlick waren da, aber von Franz Jäger fehlte jede Spur. Fankhauser und Schlick machten sich im Schneesturm auf die Suche nach Jäger; Messner, zu erschöpft vom Gipfelsturm, blieb im Zelt. Gegen Morgen kehrte Fankhauser zurück – allein.[2]

Auch heute bedeckt der viele Neuschnee mögliche Spuren, und wir brechen die Aktion ab. Irgendwo hier müssen die toten Körper der österreichischen Manaslu-Expedition liegen. Und den Franzosen ist vermutlich das gleiche Schicksal widerfahren. Es hat absolut keinen Sinn weiterzusuchen. Eine knappe Stunde sind wir schon unterwegs, der Treibstoff wird knapp. Über den Pass im Norden des Gletscherplateaus geht es um den Manaslu North im Sinkflug Richtung Camp 1. Ich schaue noch einmal hoch zum Manaslu und – da! Da liegt doch ein Bergsteiger…

Curry-Powder-Wochen in Indien

Bei jeder großen Liebe gibt es einen Moment, in dem der Funke überspringt und die Leidenschaft erwacht. So war es bei mir mit dem Fliegen im höchsten Gebirge der Welt, dem Himalaja-Massiv. Als ich erstmals von diesem verrückten Plan erfuhr, keimte der Wunsch in mir – und ließ mich nie mehr los.

Im Grunde begann alles in einer Nobeldiskothek in Verbier. Der Helikopterpilot Denis Christin saß an der Bar, als sich ein Freund dazugesellte und ihm den Amerikaner Chris vorstellte. »Und was machst du so?«, erkundigte sich Chris eher beiläufig nach Denis' Beruf. Dieser erzählte, dass er für die Air Zermatt in den Walliser Alpen alles fliege, was man mit einem Helikopter fliegen könne. Der Amerikaner wurde hellhörig. Er und sein Partner Roddy hatten nämlich den Plan, im indischen Himalaja, genauer in Manali eine Heliskibasis zu eröffnen. Jetzt waren sie auf der Suche nach einem Operator, der ihnen einen gebirgstauglichen Helikopter vermieten würde, und einem fähigen Piloten, der bereit wäre, in dieses Abenteuer einzusteigen. Damit war der Amerikaner bei Denis genau an der richtigen Adresse, und einige Drinks später hatten die beiden den Deal klargemacht. Nun musste nur noch der Verwaltungsrat der Air Zermatt von diesem tollkühnen Plan überzeugt werden. Doch dort stieß man ebenfalls auf offene Ohren. Verträge wurden ausgehandelt, Bewilligungen eingeholt... bis dann, an einem verschneiten Januartag 1990, plötzlich allen Mitarbeitern der Air Zermatt bewusst wurde, dass wir nun mittendrin waren, in dem Abenteuer Himalaja.

Seit Tagen schneite es, und auf unserem Heliport in Raron/Wallis herrschte reges Treiben. Die Mechaniker hatten die Lama SA 315B so weit in ihre Einzelteile zerlegt, dass sie auf eine Flugzeug-Frachtpalette passte: Die Kabine stand auf einer speziellen Halterung, das Landegestell war festgeschnallt, der Heckausleger, vom Rumpf getrennt, lag verzurrt daneben, und die Rotorblätter waren rutschfest in einer Kiste verpackt. Etliche weitere Kisten waren randvoll mit Reservebatterie, Föhn, Scheibenputzzeug, Öl, Funkgeräten, Sprechfunkgarnituren und vielem mehr, eigenhändig zusammengestellt von René Lauber, der sich für das Projekt als verantwortlicher Mechaniker zur Verfügung gestellt hatte. Unsere Lama war nun also bereit für ihre Reise in den Himalaja.

Fast ein Vierteljahrhundert ist das nun her. Ich war damals seit sieben Jahren bei der Air Zermatt,[3] und kaum einer von uns hatte bis dahin etwas von Flügen im indischen Himalaja gehört. Wenn doch, so nur im Zusammenhang mit dem Krieg zwischen Pakistan und Indien, mit den Kämpfen im Karakorum-Gebirge, dem höchsten Schlachtfeld der Erde. Und nun sollten ebenso abenteuerlustige wie skiverrückte Touristen auf einer Höhe von 5000 Metern durch die Gegend geflogen werden? Als die Flugzeugpalette mit dem zerlegten Helikopter den Hangar in Raron verließ, um erst nach Genf transportiert und von dort mit einer Frachtmaschine nach Delhi geflogen zu werden, waren wir immer noch nicht sicher, was wir von der ganzen Aktion halten sollten. Ein Diskothekendeal? Ein Himmelfahrtskommando? Oder der Beginn von etwas ganz Großem?

Denis und René flogen in der gleichen Maschine wie die Lama und setzten die einzelnen Heliteile am Indira-Gandhi-Flughafen wieder zusammen. Alles unter den wachsamen Augen eines indischen Offiziers, der später als Flight Observer darauf achtete, dass die fremden Weißen nicht irgendwo hinflogen, wo sie nicht hinsollten. Schließlich brachten unsere Kollegen die Lama sicher in die kleine Stadt Manali, 500 Kilometer nördlich von Neu Delhi und südlich der Kaschmirregion.

Dort angekommen, wurden sie von Roddy und Chris empfangen. Die Basis für die kommenden Wochen lag etwas außerhalb von Manali, im »Ambassador«, einem für indische Verhältnisse ausgezeichneten 5-Sterne-Hotel. Um sich an die neue Umgebung zu gewöhnen, unternahm Denis zunächst zusammen mit den Bergführern vor Ort einige Erkundungsflüge, bevor die Gäste dann direkt von der Hotelterrasse in die atemberaubenden Berge des Himachal Pradesh geflogen werden sollten. Himachal Helicopter Skiing war der erste Heliskibetrieb im Himalaja. Für die Skifahrer, die auf 5000 Meter abgesetzt wurden, war die Abfahrt durch den unberührten Pulverschnee ein einzigartiges Bergerlebnis. Für Denis aber bedeuteten diese Flüge noch viel mehr, denn er leistete echte Pionierarbeit. Am Steuer des Helikopters war er vollkommen alleine in dieser tief verschneiten Gegend unterwegs und sich immer darüber im Klaren, dass er Risiken und Gefahren richtig einschätzen und sich an unbekannte Grenzen langsam herantasten musste. Ein einziger Fehler konnte tödlich sein. Die Schneedecke war bis zu sieben Meter dick; und sollte ihm etwas zustoßen, hätte ein Abstieg, sofern er unverletzt blieb, unter Umständen mehrere Tage gedauert. Auf Rettung aus der Luft konnte man damals noch nicht hoffen.

Dass die Gäste dieses brandneuen Heliski-Unternehmens nicht nur ein einzigartiges, sondern auch ein sicheres Himalaja-Erlebnis hatten, dafür mussten unsere beiden Jungs sorgen. Im Hinblick auf die Technik konnte sich Denis hundertprozentig auf René verlassen. Der war sowohl für die Wartung als auch für die Versorgung des Helikopters mit zuverlässigem Treibstoff zuständig. Dass René zudem ausgebildeter Rettungssanitäter war, konnte für etwaige Notfälle von unschätzbarem Wert sein.

Um die Flugwege beim Auftanken zu verkürzen, verharrte René stets mit gefüllten Kanistern auf einem Zwischenlandeplatz am Eingang des jeweiligen Tales. So saß er denn auch die meiste Zeit des Tages ganz alleine auf 4000 Meter im riesigen Himalaja, fast sehnsüchtig auf einen Funkspruch von Denis wartend. Da oben war es derart ruhig, dass ihm manchmal angst und bange wurde und das vertraute, stärker werdende Heulen der herannahenden Lama wie Musik in den Ohren klang.

Über einen Monat verbrachten Denis und René in dem atemberaubenden Bergmassiv Indiens, flogen Skitouristen in schwindelnde Höhen und sammelten jede Menge neue Flug- und Lebenserfahrungen. Als sie Anfang März zurück ins Wallis kamen, machte Denis seine Pilotenkollegen ganz «heiß» aufs Fliegen im Himalaja. Keiner von uns war jemals so hoch geflogen... Denis betonte aber auch, dass mit zunehmender Höhe alles viel schwerer würde. Es habe mehrere Tage gebraucht, bis er sich an die Umstände gewöhnt, seine Taktik und Technik der Höhe angepasst habe. An eines aber habe er sich nur schwer gewöhnen können: »Ganz alleine im riesigen Himalaja unterwegs zu sein.« Auch René wusste Spannendes zu berichten. Insbesondere seine Improvisationsfähigkeit bei technischen Problemen war bewundernswert: Wir staunten, dass er trotz sehr beschränkter Mittel immer eine Lösung fand, den Flugbetrieb aufrechtzuerhalten.

Die Jungs konnten stundenlang erzählen. Von der ungeplanten Pinkelpause auf dem Hinflug nach Manali und der dafür nötigen Außenlandung[4] in einem Feld, als plötzlich von überall her dunkle Gestalten aus dem hohen Gras auftauchten – und die beiden vor Angst zitternd, aber vor allem unverrichteter Dinge wieder davonfliegen mussten. Von den ärmlichen Lebensverhältnissen der Bevölkerung, der unbeschreiblichen Hitze und dem Durcheinander in der Hauptstadt Indiens. Von Menschen, beeindruckenden Begegnungen, neuen Erfahrungen und aufregenden Erlebnissen. Nach einigen langen gemeinsamen Abenden jedoch waren Indien und das Fliegen im Himalaja wieder weit weg, wir hatten genug in unseren eigenen Bergen zu tun, und das Heliskiprojekt in Indien sollte erst im kommenden Winter fortgeführt werden. Denis aber, unser wagemutiger Himalaja-Pionier, sollte nie wieder zurückkehren auf das Dach der Welt…

Am Abend des 29. März wütete im Raum Leuk ein Waldbrand. Ich hatte erst fünf Tage vorher die Feuerlöschkübel-Einweisung erfolgreich absolviert und war ziemlich aufgeregt, als unser Chefpilot und Flugbetriebsleiter Toni Lötscher mich zum Einsatz aufbot. Mit mehreren Helikoptern sollte der Brand bekämpft werden. Auch Denis steuerte einen Lösch-Heli. Zur Verstärkung sollte ich nach Raron fliegen, dort einen Löschkübel fassen und mich dann in Leuk beim Kommandanten zum Einsatz melden. Doch kurz bevor ich in die Maschine stieg, änderte sich mein Auftrag: Der Rettungssanitäter Thomas Lauber und ich mussten nach Gspon fliegen, um einem Patienten mit Herzproblemen zu helfen. Sofort beluden wir unsere Rettungsmaschine, die Alouette III, mit medizinischem Material. Während unseres Einsatzes hörte ich die zahlreichen Funküberlagerungen auf dem Rettungskanal und konnte mir die Hektik in Leuk bildlich vorstellen. Bei Anbruch der Nacht waren bis zu fünf Helikopter auf etwa zehn Quadratkilometern Bergfläche gleichzeitig unterwegs, um die Lage in den Griff zu bekommen. Als wir das Spital von Visp anflogen und der Notfallcrew den Patienten übergaben, war es längst stockdunkel. Der Rückflug war dank des Nachtsichtgerätes völlig problemlos. Doch kaum war ich zu Hause angekommen, rief mich unser Einsatzleiter Roger Perren an: »Sitzt du? Sonst setz dich lieber hin… Denis ist abgestürzt! Toni und René haben ihn geborgen und fliegen ihn gerade nach Lausanne. Es sieht sehr schlecht aus…« Noch vor ein paar Wochen hatten René und Denis im Himalaja Pionierarbeit geleistet – und nun musste René seinen lebensgefährlich verletzten Freund bergen. Ich konnte es nicht fassen.

Bei der Autorotation infolge eines Triebwerkausfalls hatte Denis in der Dunkelheit die Distanz zum Boden nicht mehr korrekt einschätzen können, die Drehzahl war zusammengesackt und Denis mit seiner Lama wie ein Stein vom Himmel gefallen. »Ma turbine, ma turbine«, hatte René ihn noch über Funk rufen gehört, dann war der Helikopter am Boden aufgeschlagen. Dabei war das Landegestell gebrochen und die Kabine nach oben abgeknickt. Die Rotorblätter krachten in die Kabine. Bei dem harten Aufprall wurde Denis mit voller Wucht gegen das Instrumentenpanel geschleudert und erlitt einen schweren Schädelbruch. Zwei Tage später starb er.

Wir waren geschockt. Warum gerade Denis? Jedem hätte das passieren können. Ich selbst hätte in dieser Nacht eigentlich zusammen mit den anderer Piloten unterwegs sein sollen, bei Dunkelheit, dichtem Rauch und Feuer, einem Szenario, das an die Hölle erinnerte. Das Schicksal wollte es anders. Die Karriere und das Leben von Denis endeten viel zu früh. Wir hatten einen großartigen Freund und Kollegen verloren.

Unser Leben ging weiter. Und so mussten wir schließlich auch nach einer Lösung für die kommende Heliskisaison in Indien suchen. Mit Boris Hangartner und Christi Kalbermatter waren schnell zwei hervorragende Männer gefunden – und das Projekt HHS – Himachal Helicopter Skiing von Chris, Roddy und Denis gewann an Fahrt. In den folgenden vier Jahren führten und organisierten Boris und Christi, der eine als Pilot, der andere als Techniker, erfolgreich den Betrieb. René ist seit dem Tod seines Freundes nie wieder nach Indien gereist... Immer mehr Menschen interessierten sich für diese außergewöhnliche Heliskibasis und buchten eine Reise nach Manali. Der Schnee in diesem Teil des Gebirges war so ausgezeichnet, dass Manali zum Geheimtipp in der Skiszene wurde. Die »Curry-Powder-Wochen« waren der Renner. Ein Pilot alleine konnte die Nachfrage kaum noch decken. Als Ersatz waren Patrick Fauchère und ich im Gespräch. Allerdings war ich meinem Himalaja-Traum bereits auf anderem Wege nähergekommen: Während meine Kollegen weiterhin die ersten Monate des Jahres mit unseren Helikoptern in Indien umherflogen und neue Grenzen austesteten, war ich – zumindest gedanklich – in Nepal unterwegs.

Seit einem Jahr liefen intensive Vorbereitungen zu einem Projekt, das sich »Vier Matterhörner« nannte: Neun Zermatter Bergführer unter der

Leitung von Bruno und seinem Stellvertreter Kurt Lauber wollten von Juli 1994 bis Mai 1995 die vier »Matterhörner« in vier Ländern auf drei verschiedenen Kontinenten besteigen. Nach dem Hausberg der Zermatter (4478 m) im Juli sollte es im Herbst die Ama Dablam (6814 m) in Nepal sein, gefolgt vom peruanischen Alpamayo (5947 m) im April und dem kanadischen Mount Assiniboine (3618 m) im Mai, alles Berge, die dem Matterhorn ein wenig ähnlich sehen.

Geplant war, diese Vierfach-Expedition in einer TV-Dokumentation festzuhalten. Infolge zahlreicher gemeinsamer Drehs für die Sendung »Notruf« beim deutschen Sender RTL hatte sich zwischen den Filmcrews und der Zermatter Rettergilde eine eingespielte Gemeinschaft gebildet. Sogar Freundschaften fürs Leben waren entstanden. Bruno organisierte die Besteigungen, und der »Notruf«-Regisseur Chris Heininger schrieb das Exposé für den Dokumentarfilm. Grundvoraussetzung für die Realisierung des Films waren Aufnahmen aus der Luft. Diese Bilder, vor allem in den gewaltigen Höhen Nepals, sollten dem Projekt seine Einzigartigkeit verleihen – und potenzielle Sponsoren überzeugen. Mein Part bestand darin, folgenden Fragenkatalog rund um die Fliegerei abzuarbeiten:

- Wie kriegen wir unsere Lama von Zermatt nach Kathmandu?
- Gibt es eine Speditionsfirma, die nicht nur nach Delhi, sondern auch nach Kathmandu fliegt?
- Wie teuer ist ein solcher Transfer?
- Falls wir nur über Delhi fliegen können: Bekommen wir später auch die Flugbewilligung für Kathmandu?
- Wo können wir tanken und den Ausgangszoll nach Nepal tätigen? Müssen wir andernfalls auf ein Schiff nach Kalkutta ausweichen?
- Und bekommen wir von den Indern die Erlaubnis, den am Hafen zusammengebastelten Helikopter nach Kathmandu zu fliegen?
- Wie steht es um Drehgenehmigungen in Nepal?
- Woher bekommen wir in Lukla Treibstoff?

Ich machte mich an die Arbeit und ging all den Fragen nach, um einen detaillierten Budgetplan für die Sponsoren erstellen zu können. Bruno besorgte mir einen guten Kontakt zur Familie Singh, die eine Trekkingagentur in Kathmandu leitete und für Bruno bereits Expeditionen zum Lhotse Shar und zum Manaslu organisiert hatte. Über J. B. Singh wiederum entstand der Kontakt zum nepalesischen Luftamt. Nach diversen Diskussionen mit den dortigen Kollegen stellte sich heraus, dass wir die Flugbewilligungen nur bekämen, wenn wir unseren Helikopter auch für Rettungen in der Region um die Ama Dablam zur Verfügung stellten. Daran hatten wir natürlich auch schon gedacht... Und zum ersten Mal nahm ein Traum, wenn auch ganz zaghaft, konkrete Formen an: Rettungen im Himalaja zu fliegen... Das wäre gigantisch! Was für die nepalesischen Behörden die Bedingung zur Bewilligung unseres »Vier Matterhörner«-Projekts war, erwies sich für uns als äußerst reizvoller Nebeneffekt. Bis es aber so weit war, sollten noch einige Liter Wasser die Vispa[5] hinabfließen, weit mehr, als wir damals für möglich gehalten hätten.

Als Chris Heininger verkündete, in dem deutschen Autohersteller »Audi« einen potenziellen Sponsoren gefunden zu haben, war die Freude groß. Doch nur wenig später erhielten wir die Hiobsbotschaft, die Chefs des Autokonzerns hätten ihre Marketingstrategie geändert. Das war's. Aus und vorbei mit der eindrucksvollen Dokumentation – aber vor allem mit dem Fliegen im Himalaja!

Die Besteigungen der »Vier Matterhörner« machten trotzdem Furore, wenngleich eine Dokumentation mit bewegten Bildern und Luftaufnahmen natürlich nicht geschadet hätte. Heil und glücklich kamen die Bergführer und Trekker im Mai 1995 von ihrer vierten und letzten Expedition zurück. Die folgende Diashow ist mir bis heute in besonderer Erinnerung. Ich musste mich also (vorerst) an Bildern und Geschichten vom Himalaja erfreuen. Indien war allerdings alle Jahre wieder ein Thema bei der Air Zermatt. Nach wie vor waren wir für den fliegerischen Teil des Unternehmens zuständig, bis sich Roddy eines Tages entschied, keine Helis der Air Zermatt mehr nach Indien zu transportieren. Er hatte sich von seinem Partner Chris getrennt und führte Himachal Helicopter Skiing nun alleine weiter. Anstelle unserer Helis wollte er welche aus Nepal oder Indien nehmen. Und die Piloten für das Unternehmen wurden jetzt von meinen Freunden Hansueli Bärfuss und Dänel Brunner organisiert.

Für mich hieß das in den kommenden zwei Jahren Fliegen und Retten in den Schweizer Alpen. Der Himalaja war weit weg und aus meinen Gedanken verdrängt. Entsprechend kam die Anfrage von Hansueli und Dänel im September 1997 wie aus heiterem Himmel: Hansueli, genannt Hänsel, wollte seinen Pilotenpool in Nepal mit Schweizer Piloten erweitern. Weil Denis von der Air Zermatt damals der Erste gewesen war, der sich an Flüge im Himalaja gewagt hatte, war es für Hänsel selbstverständlich, nun zuerst bei uns anzufragen. Und mit einem Mal war er wieder wach, mein Himalaja-Traum! Ich musste mich allerdings noch ein weiteres Jahr gedulden, bis der Verwaltungsrat der Air Zermatt grünes Licht gab und ich endlich in den Himalaja durfte. Aber: Konnte ich meine junge Familie wirklich zurücklassen, mich aus der Verantwortung stehlen und meiner Frau die ganze Bürde übertragen, nur um mich unnötig einer objektiven Gefahr auszusetzen? Was, wenn ich einen Unfall habe und diesen überleben sollte? Wer sollte mich dann aus dem Himalaja holen? Es war ja nur ein Helikopter im Einsatz – und von Boris wusste ich, dass auf die indische Armee erfahrungsgemäß nicht unbedingt Verlass war. Wie stand es um die medizinische Notfallversorgung? Wie sollte ich gegebenenfalls nach New Delhi gelangen, in jene Privatklinik, die mir Rudi Anderhub von der Schweizer Rettungsflugwacht Rega empfohlen hatte? Fragen, die mir den Schlaf raubten. Letztlich überwog aber der Wunsch, mich diesem Abenteuer zu stellen, die positive Aufregung, in eine mir völlig fremde Welt zu reisen und ganz neue Lebens- und Berufserfahrungen machen zu können. Meine Frau Sabine kannte meinen innigsten Wunsch nur zu gut und gab mir – wie schon unzählige Male zuvor – volle

Rückendeckung. Dank dieser bewundernswert starken Person, meiner großen Liebe und wichtigsten Bezugsperson, ging ich die Aufgabe mit dem nötigen Mut und Selbstvertrauen an. »Du würdest es irgendwann bitter bereuen, wenn du jetzt nicht gingest. Um mich und die Kinder musst du dir keine Gedanken machen, wir kommen zurecht. Versprich uns nur, auf dich aufzupassen – und kehre gesund wieder zu uns zurück!« Ich versprach es und wusste dabei doch genau, dass das nicht nur in meiner Hand lag. Aber ich wollte alles unternehmen, um das Risiko so gering wie möglich zu halten.

Schon Tage vor meiner Abreise kontrollierte ich wieder und wieder mein Gepäck. Wie einst beim Militärdienst, als ich vor dem Einrücken zum Wiederholungskurs jedes einzelne Teil vor dem Effektensack[6] ordentlich ausgelegt und mein persönliches Inventar erstellt hatte, lag nun das gesamte Material für mein Himalaja-Abenteuer auf dem Fußboden bereit. Vor lauter Aufregung und bei aller Vorbereitung bemerkte ich nicht, wie sehr die anstehende Reise meine Frau und unsere beiden Töchter belastete – und was für ein Opfer sie auf sich nahmen, nur damit ich mir diesen Traum erfüllen konnte ...

Jahrelang war es mein Wunsch gewesen, den Himalaja aus der Nähe zu sehen –, und nun, Anfang Februar 1999, sollte er endlich in Erfüllung gehen. Der Abschied von meiner Frau und unseren beiden kleinen Töchtern – Valerie war damals erst neun und Leonie sechs Jahre alt – fiel mir jedoch viel schwerer als gedacht. Erst als ich meinen Sitzplatz im Flugzeug eingenommen hatte und wir starteten, beruhigte ich mich langsam, dem Entertainmentprogramm an Bord sei Dank ... Beim Verlassen des Flugzeugs umfing mich südliche Wärme, und ich roch den speziellen süßlichen Duft des Smogs, der New Delhi in Dunst hüllte. Nach einer fünfzehnstündigen Reise kam ich gegen zwei Uhr morgens im Hotel an. Viel Zeit auszuruhen hatte ich allerdings nicht, denn meine Reise war ja noch lange nicht zu Ende. Bis Manali am Nordende des Kullu-Tals, zur HHS-Basis, lag noch ein weiter Weg vor mir. Der Abholdienst am nächsten Morgen funktionierte ausgezeichnet: Der junge, gut gekleidete Mann mit Brille namens Siri erwartete mich in jenem komischen Automobil, das ich aus »Tim und Struppi« kannte. Als in Großbritannien 1959 das neue Modell des Morris Oxford eingeführt wurde, übernahm das damalige Hindustan die ältere Morris Oxford-Serie III. Dieses Modell wird mit zahlreichen Modifikationen bis in die Gegenwart hinein unter der Bezeichnung Hindustan Ambassador gebaut und findet vor allem als Taxi und Behördenlimousine Verwendung. Dieser kugelige Ambassador, der sich neben den vielen »Tuk Tuk« und Fahrrädern im indischen Straßenverkehr behaupten musste und innerhalb von wenigen Sekunden im Zickzack über sämtliche Fahrspuren bewegen konnte, kutschierte mich nun zum Bahnhof. Erwähnenswert sind die hervorragenden Sitzpolster, die den Gast fast zwischen Sitzbank und Rückenlehne versinken lassen und ihn bei einem abrupten Fahrspurwechsel von einer Tür zur anderen katapultieren. Außerdem spielten in der morgendlichen Rushhour weder eine mit allen Schikanen versehene Elektronik eine Rolle, noch musste das Auto über eine Servolenkung oder intakte Bremsen verfügen. Das wichtigste Teil in diesem Chaos war eine gut funktionierende Hupe, die wie eine Art Geheimsprache dazu genutzt wurde, sich mit den übrigen Verkehrsteilnehmern zu unterhalten und die Absichten unmissverständlich klarzumachen. Es ist mir bis heute schleierhaft, wie wir diesen Ritt überleben konnten, aber für Siri war es die normalste Sache der Welt.

Am Bahnhof gelangten wir durch einen von einem Polizisten mit Sturmgewehr schwer bewachten Seiteneingang auf den Perron[7]. Hunderte Menschen lagen hier aneinandergereiht am Boden, eingehüllt in Decken sahen sie aus wie Kartoffelsäcke. Der Großteil schlief, während sich andere ihrer Morgenwäsche widmeten oder die Haare kämmten. Fast ehrfürchtig zogen Siri und ich in weniger als einem Meter an ihnen vorbei. Mir war nicht ganz wohl dabei, fühlte mich als Eindringling und Privilegierter, der die Nacht in einem Bett verbracht hatte – und die neidischen Blicke bestärkten mich in diesem Gefühl. Auf meine weiße Hautfarbe aufmerksam geworden, sprang ein Mann hoch und streckte mir die hohle Hand entgegen. »Tshallo«, schrie Siri den Mann so unfreundlich an, dass dieser sich augenblicklich entfernte. ›Tshallo also. Nicht gerade nett, aber sehr effektiv‹, dachte ich, ›dieses Wort muss ich mir merken.‹ Außen am Zug hingen seitlich vom jeweiligen Einstieg ellenlange Zettel mit unzähligen Namen darauf. Siri hatte mein Fahrticket und suchte nun meinen Namen auf einer der Listen. Wortlos folgte ich ihm durch den Zug, bis er mir einen Platz zuwies. »This is your seat until Chandi, my colleague will pick you up there. Just watch out for the sign of HHS!« Jemand würde mich am Bahnhof in Chandigarh abholen, und ich sollte auf ein Zeichen von HHS achten. ›Na prima, hoffentlich lassen die mich nicht im Stich!‹ Wie im Flugzeug hatte hier jeder Fahrgast einen reservierten Sitz, und während der dreistündigen Fahrt wurde sogar ein Essen serviert, auf das ich aber verzichtete. Ich folgte Hänsels Ermahnung, nur aus versiegelten Flaschen zu trinken und beim Essen penibel aufzupassen. Schließlich musste ich noch ein paar Tage flugtauglich bleiben…

Wie versprochen holte mich mein Chauffeur in Chandigarh vom Bahnhof ab. Erneut stieg ich in einen Ambassador ein, versank in der weichen Sitzbank und kam in den kommenden acht Stunden aus dem Staunen nicht heraus. Mein Fahrer, schon etwas in die Jahre gekommen, beherrschte sein Fahrzeug im Schlaf, was vermutlich jahrzehntelanger Übung zu verdanken war. Nach der grünen Ebene ging es in die Berge. Im Schneckentempo erklommen wir den ersten von sechs Pässen. Ich musste an den Spruch eines Pilotenkollegen denken: »Bitte während der Fahrt keine Fahrräder anstellen.« Die längste Zeit krochen wir hinter den orangefarbenen Lkws her, deren Ziel eine Zementfabrik in der Nähe von Bilaspur war. Fahrradfahrer hatten sich an die Kette der Plane gehängt und ließen sich die Hügel hochziehen. Am Straßenrand entdeckte ich Affen, Ziegen und Kühe; Frauen klopften Steine, während Kinder dem indischen Nationalsport Cricket frönten. Mitten auf der Straße. Hinter Mandi ging es schließlich über eine schmale Bergstraße, entlang an einem einige hundert Meter tiefen Abgrund, an dessen Ende ein See lag. Wir fuhren in das Tal der Götter. Und zum ersten Mal sah ich die weißen Spitzen des Kullu-Tales. ›Das sieht ja aus wie bei uns im Rhonetal‹, dachte ich. Ich war begeistert! Obgleich todmüde und noch immer über zwei Stunden von meinem Ziel entfernt, genoss ich die Fahrt durch zahlreiche Dörfer. Alles war unglaublich bunt, und die Menschen machten einen glücklichen Eindruck. Erstaunlicherweise kam mir vieles vertraut vor: So musste es vor Jahrzehnten auch in Zermatt ausgesehen haben… Allmählich ging die Sonne unter und inzwischen sehnte ich Manali regelrecht herbei, damit diese Holperei endlich ein Ende hatte. Doch kurz vor dem Ziel ächzte der Ambassador fürchterlich, und irgendetwas kratzte über den Boden. Mein Fahrer stoppte den Wagen, stieg aus und schlug die Hände über dem Kopf zusammen. Der hintere linke Stoßdämpfer hatte sich verabschiedet. Also hievte ich mich aus den Untiefen der Rückbank, schaute mir die Sache an und setzte mich kurzentschlossen vorne rechts auf die Kühlerhaube. Eventuell konnte damit das Schleifen eliminiert werden. Leider ein vergeblicher Versuch. Was sollten wir nun machen? Doch da hielt auch schon ein kleiner Subaru-Bus, und der Fahrer erkundigte sich nach unserem Problem. Ohne zu zögern stieg er aus, öffnete die kleine Schiebetür seines Autos und lud mein Gepäck hinein. Ich staunte nicht schlecht über die Selbstverständlichkeit, mit der er das tat. Kaum eine Viertelstunde später kamen wir endlich im Hotel »Timbertrail« an. Mein langjähriger Freund Paddy Kalbermatten und der Basemanager von HHS Manjeev Bhalla begrüßten mich draußen vor dem Hotel. Neben ihnen, in der Dunkelheit, stand abgedeckt die Bell 407.

Am nächsten Morgen wurde ich schon früh von mir wohlbekannten Geräuschen geweckt. Der Startvorgang eines Helikopter-Triebwerkes drang an mein Ohr, ich schlüpfte aus dem Bett, zog den Vorhang zur Seite… und begegnete der ganzen Pracht und Schönheit dieses Tals. Mein Pilotenkollege Serge Müller startete gerade mit der ersten Gruppe zum Skifahren. Ich selbst konnte mich nach meiner abenteuerlichen Anreise noch ein wenig ausruhen, erst am Nachmittag wollte Serge mich in die Operation einführen. In den vergangenen Jahren hatte er für die Air Glaciers gearbeitet und absolvierte bereits seine dritte Saison in Indien. Somit gehörte er zu den erfahrensten Himalaja-Piloten und kannte die Gegend mittlerweile in- und auswendig. Nach Serges Rückkehr bekam ich meine erste Übungseinheit. Auf der Bell 407 hatte ich zwar noch nicht sehr viel Erfahrung, trotzdem behagte mir die Maschine mit ihrem speziellen Vier-Blatt-Rotorsystem. War ich bislang der Meinung gewesen, von unseren Lehrmeistern bei der Air Zermatt alles mitbekommen zu haben, um im Hochgebirge bestehen zu können, so wurde ich von Serge eines Besseren belehrt. Was für ein Pilot, was für ein Gefühl und welche Präzision! Wie ein Schuljunge saß ich auf dem verantwortlichen Pilotensitz und staunte, wie Serge die Maschine bei schwierigen Sichtverhältnissen im blendend weißen, aufwirbelnden Schnee vom Copilotensitz aus landete... Bei einem sogenannten Whiteout kann der Pilot weder die Distanz zum Boden noch seine Geschwindigkeit richtig einschätzen, was gerade im Endanflug zu einer gefährlichen Situation führen kann. Denn selbst wenn er das eine wie das andere gut im Griff hat und ein paar Meter vor der Landung glaubt, der Rest sei ein Kinderspiel, wirbelt vielleicht genau in diesem Moment Neuschnee auf, der ihm die Sicht raubt – und der Pilot verliert die lebenswichtige Referenz. Ein Absturz wäre unweigerlich die Folge.

Wir flogen bis auf 5000 Meter. Und schlagartig wurde mir bewusst, dass dieses Abenteuer kein Zuckerschlecken sein würde. Noch nie zuvor war ich mit dem Helikopter so hoch gelandet. Hier war Fingerspitzengefühl gefragt. Trotzdem sollte es bei dieser einstündigen Lektion bleiben. Die HHS-Operation war schließlich nicht darauf ausgelegt, mit zusätzlichen Crewmitgliedern tagelang übend in der Gegend herumzugondeln. Eine Unterrichtsstunde mit Serge musste reichen. Und tatsächlich begleiteten mich von nun an die wertvollen Tipps, die er mir während dieses Einführungsfluges gegeben hatte.

An meinem ersten Arbeitstag flog ich bis auf 4700 Meter. War ich am Anfang noch ziemlich nervös, so löste sich meine Anspannung nach jeder erfolgreichen Landung ein wenig mehr. Den Bergführern, allesamt erfahrene Leute aus Neuseeland, Kanada und Australien, die im Cockpit sitzend als Einzige über einen Kopfhörer mit mir in Verbindung standen, ging es wahrscheinlich ebenso. Immerhin waren sie mir während des Fluges ausgeliefert. Dennoch gaben sie mir ihre volle Unterstützung. Und ich kommentierte, um ihr Vertrauen zu gewinnen, jeden Anflug, informierte sie ausführlich über meine Absichten: »Ich drehe von links her zum Landeplatz ein und behalte mir meine rechte Seite als Fluchtweg offen, sollten wir nicht über genug Leistung verfügen und gezwungen sein, den Anflug abzubrechen. Geschwindigkeit dreißig Knoten, Sinkrate unter 300 Fuß pro Minute, die Leistung stimmt, decision, wir landen … «, tönte es über die Bordsprechanlage. Es funktionierte: Fünf Flugstunden und sechzig Landungen später war mein erster Tag als Pilot von HHS vorüber, mein Selbstvertrauen wieder auf einen gesunden Normalwert gestiegen. Ein erfahrener Bergführer klopfte mir anerkennend auf die Schulter: »Good flying job, Geri, and thank you very much for the information you are sharing with us during the approach.« Kaum zu glauben, aber selbst hartgesottene Bergführer waren dankbar, über die Landeabsichten eines Piloten Bescheid zu wissen. Meine zeitweilige Befürchtung, sie könnten mein Geplapper doch als Unsicherheit interpretieren, war unbegründet gewesen. Ich hatte die Feuertaufe im Himalaja bestanden. Überglücklich sank ich an diesem Abend ins Bett und freute mich bereits auf den nächsten Tag…

Der bekannte Weinproduzent John Fetzer wollte zum Dalai Lama nach Dharamsala. Ganz in der Nähe, südlich der tibetischen Enklave, liegt der Flugplatz Gaggal. Serge war der verantwortliche Pilot für diesen Flug, und ich durfte ihn als Copilot begleiten. Für jeden Flug in Indien benötigt man sowohl eine Flight Information Clearance (FIC) als auch eine Air Defence Clearance (ADC). Diese Nummerncodes muss der Pilot auf

Nachfrage eines Offiziellen jederzeit mitteilen. Unser kalifornischer Fluggast – er hätte ein Bruder von Richard Gere sein können – nahm hinter uns Platz, und wir machten uns auf den Weg zum Oberhaupt der Tibeter. Der Flug dauerte knapp zwanzig Minuten und führte nach Westen über den hohen Berlinga-Pass und an vielen Landeplätzen von HHS vorbei nach Gaggal. Bei der Gelegenheit erklärte Serge mir die Tücken und Eigenarten, die bei den einzelnen Landungen zu beachten waren. Als wir uns unserem Ziel näherten, versuchte Serge, mit dem Flugplatz Kontakt aufzunehmen, aber auf der Frequenz von Gaggal Airport erhielten wir keine Antwort. Da kein Flugverkehr herrschte, setzten wir, wie in einem solchen Fall üblich, zur Landung an. Die Asphaltpiste war knapp eineinhalb Kilometer lang und dreißig Meter breit, und wir benutzten sie wie ein Flugzeug für den Anflug. Ordnungsgemäß stellten wir den Helikopter im dafür vorgesehenen Bereich ab.

Für Mr Fetzer stand ein Taxi bereit, und wir versprachen, hier auf ihn zu warten, bis seine Audienz beim Dalai Lama beendet wäre. Da saßen wir nun auf einer Mauer neben der Bell, redeten übers Fliegen und Retten, Frauen und Kinder, Gott und die Welt, als in der Ferne ein Jeep auftauchte und näher kam. Der Wagen stoppte und vier Personen stiegen aus: der Fahrer, ein Mann mit Anzug und Krawatte und zwei Polizisten mit Maschinengewehren. Ein herzliches Willkommen sah anders aus. Der Mann im Anzug schien der Flugplatzchef zu sein. Er sprach, als hätte er eine heiße Kartoffel im Mund, wir verstanden nur etwas von »codes« und »present«. Seinen Gebärden nach zu urteilen war er nicht besonders glücklich, seine Stimmlage verhieß nichts Gutes. Und nachdem wir ihm die Codes genannt hatten, erkundigte er sich erneut ziemlich barsch nach einem Geschenk. Ein Geschenk? Bei uns klingelte nichts. Serge und ich schauten uns ungläubig an und verneinten. »Mitkommen! Einsteigen!«, lautete der knappe Befehl des gagallischen Flugplatzchefs. Also kletterten wir mit einem mulmigen Gefühl in den Jeep. Im Büro des Flugplatzchefs bot man uns zwar erst einmal einen Tee an, doch dann wurde es wieder sachlich: »Können wir bitte noch einmal Ihre Genehmigungen sehen?« Nun erkannten wir auch endlich die Ursache für das Sprachproblem des Chefs: Dem Armen hatte man wohl kurz zuvor ein paar Zähne gezogen, denn er hatte den ganzen Mund voller Tampons. Mehrfach musste Serge nachfragen, was den Mann allerdings nicht unbedingt milder stimmte. Immer wieder spuckte er Blut in seinen Papierkorb. Glücklicherweise hatten wir die Telefonnummer von Manjeev dabei, und so baten wir den Chef, persönlich mit unserer Basis Rücksprache zu halten. Allmählich löste sich die merkwürdige Verkrampfung ... und schließlich konnten wir zusammen mit John Fetzer alias Richard Gere wieder nach Manali zurückfliegen. Was aber meinte der Blut spuckende Flugplatzboss mit »present«? Was, außer den vorgeschriebenen Bewilligungen, hätten wir für Mr Wattebäuschchen dabei haben sollen? Beim Abendessen stellte sich heraus, dass unser Kollege Dänel dem armen Mann im Jahr zuvor versprochen hatte, ihm beim nächsten Besuch ein paar europäische Männermagazine mitzubringen. Jetzt verstanden wir seine Enttäuschung – und seither hatten wir, wenn es darum ging, die Landetaxen in Gaggal zu bezahlen, neben FIC und ADC immer auch ein *Playboy*-Magazin im Gepäck.

Am selben Abend gab es zum Abschied von Serge ein großartiges Fest. Für mich hingegen fing die harte Arbeit im Himalaja jetzt erst richtig an. Und wie einst Denis musste auch ich mich an die Grenzen herantasten, mir ein neues Risikomanagement erarbeiten. Die einzige Variable war die Zuladung des Treibstoffes. Anfangs hielt ich die Menge relativ gering, was eine Gewichtsersparnis von vierzig bis fünfzig Kilogramm ausmachte, so dass ich in der Höhe nicht gleich am Limit operieren musste. Der Nachteil war, dass ich öfter zum Tanken flog und weniger effizient war. Mit der Zeit wurde ich mutiger und traute mich dank guter Flugvorbereitung mit der maximalen Beladung in die Höhe. In diesen Wochen erlebte ich nur eine einzige kritische Situation: Zwei Bergführer waren in eine Lawine geraten, als sie ein Schneeprofil im Skigebiet erstellen wollten. Sie konnten sich zwar selber aus den Schneemassen befreien, hatten aber ihr gesamtes

Material verloren. Da ein Abstieg ins Tal lebensgefährlich gewesen wäre, holte ich sie bei stürmischen Winden und schlechter Sicht vom Berg. Hier kam mir die Flugerfahrung aus Zermatt zugute, wo wir für Rettungseinsätze oft trotz miserabler Wetterbedingungen aufsteigen müssen.

In meinen ersten vier Wochen in Indien flog ich insgesamt achtzig Stunden und landete jeden Tag durchschnittlich sechzig Mal bis auf 5000 Meter. Immer wieder sollte ich in den kommenden Wintern für einen Monat die Gelegenheit bekommen, dorthin zurückzukehren. Als wir begannen, indische Helikopter für die Operation von Himachal Helicopter Skiing einzusetzen, mussten wir Piloten jedes Jahr nicht nur mündliche Prüfungen beim indischen Luftamt ablegen, sondern auch Checkflüge mit den Piloten der jeweiligen Helikopterfirmen über uns ergehen lassen:

»So so, du möchtest meinen Helikopter fliegen? Ich möchte mich erst vergewissern, ob du das auch kannst. Bist du schon mal in den Bergen geflogen? Du bist doch noch grün hinter den Ohren, ich glaube nicht, dass du eine Ahnung davon hast, um was es bei uns im Himalaja wirklich geht. Wir haben hier in Indien das höchste Schlachtfeld der Welt... blablabla... höchster Landeplatz... blablabla... hier musst du viel steiler als irgendwo sonst anfliegen... blablabla... nirgends sind die Berge so hoch wie bei uns in Indien – und überhaupt, kannst du das eigentlich?«

Auf ausdrücklichen Wunsch von Manjeev durften wir auf all diese Fragen und Ermahnungen nur mit einem braven »Yes, Sir« antworten und uns nicht auf Diskussionen einlassen. Neben der Theorie gab es natürlich auch die Praxis. Da war ich jedoch weniger kompromissbereit... Als ich meinen ersten Testflug mit dem Copiloten antrat, verlangte ich von einem Mechaniker, auf der Seite von Captain »Gebirgschefpilot« das Doppelsteuer auszubauen. Ich wollte nicht plötzlich mitten im Flug um die Kontrolle des Helikopters raufen müssen. Denn genau das war zwei Tage zuvor in Delhi geschehen, als wir den Helikopter nach Manali überfliegen mussten. Ich durfte hinten Platz nehmen und schweigen, vorne hatten die

Besitzerpiloten das Sagen. Bis zur Generalpredigt in Manali würdigten mich die Piloten keines Blickes, ich durfte aber Zeuge eines merkwürdigen Schauspiels werden: Beim Start kamen sich die beiden Piloten dermaßen ins Gehege, dass im Cockpit ein Kampf entstand, der beinahe zu einem Absturz am Indira-Gandhi-Flugplatz geführt hätte. Der Helikopter schwankte hin und her, und der laute Streit auf Hindi und Englisch im Cockpit schockierte mich. ›Jetzt ist alles aus‹, dachte ich, und seitlich aus dem Fenster schauend stellte ich fest, dass wir uns um die Hochachse zu drehen begannen. In knapp fünf Meter Entfernung entdeckte ich eine Rollwegbefeuerung. Diese dreißig Zentimeter hohe Lampe bedrohte unseren Heckrotor, und sofort spannte ich sämtliche Muskeln an. Auf den Inpact[8] wartend duckte ich mich nach vorne und hielt die Hände schützend über den Kopf. Gott sei Dank blieb die Kollision aus, und der Kampf wurde augenblicklich beendet. Auch die beiden Streithähne schienen bemerkt zu haben, dass wir beinahe abgestürzt wären. Nach diesem Erlebnis war ich mit meiner Geduld am Ende. Ich hatte schlichtweg keinen Bock, mich während eines Fluges zu streiten, dazu ist mir mein Leben wirklich zu lieb. Also kein Doppelsteuer für den Flugprüfer...

Als unser Helikopter mit voller Drehzahl zum Start bereit war, bombardierte ich den Kollegen auf dem Copilotensitz mit Fachausdrücken. Der arme Kerl wusste überhaupt nicht, wie ihm geschah. Als er schließlich auch noch realisierte, dass er ohne Doppelsteuer war und mir die Kontrolle »seines« Helikopters somit kampflos überlassen musste, waren wir glücklicherweise schon in der Luft. Ganz kampflos wollte er sich aber offenbar nicht ergeben, beschwerte sich und wollte den Flug sofort abbrechen. Ich ließ mich nicht beeindrucken und quasselte einfach weiter drauflos. An meinen fliegerischen Fähigkeiten hatte der Prüfer nichts auszusetzen, doch ich schäme mich heute doch ein wenig, seine missliche Lage so schamlos ausgenutzt zu haben.

Als mein »Copilot« die Maschine wieder verließ, waren seine Hosen nass. Hatte er nur eine Flasche Wasser verschüttet oder etwa...? Die Geschichte musste die Runde gemacht haben. Denn als wir im Jahr darauf zur erneuten Prüfung antanzten, befahl sein Kollege, ein ehemaliger ranghoher Militärpilot, das Doppelsteuer auf seiner Seite auf jeden Fall einzubauen. Robi Andenmatten, der mich begleitete, sollte in Kürze seinen denkwürdigen Auftritt als Spitzendiplomat hinlegen... Ich war allerdings als Erster an der Reihe. Bereits beim Startvorgang gerieten der indische Captain und ich aneinander. Gemäß Flughandbuch stellte ich am Overheadpanel die Schalter auf »On«, mein Copilot schaltete sie aber gleich wieder auf »Off«. Das ging natürlich nicht! Den gesamten Flug über herrschte eine miese Stimmung. Haarklein erklärte mir der Prüfer, was ich zu tun hätte und was er auf gar keinen Fall dulden würde. Bei jeder Kurve nörgelte er an mir herum und schnauzte mich an. Wenigstens pfuschte er mir nicht allzu grob ins Handwerk – und nach einer Viertelstunde kehrten wir zurück. Vollkommen entgeistert stieg ich aus, mein Entsetzen über die indische Auffassung eines sicheren Gebirgsfluges muss mir ins Gesicht geschrieben gewesen sein. Jedenfalls brach Robi bei meinem Anblick in lautes Lachen aus. Jetzt aber war er selbst an der Reihe, und da ich seine bisweilen sehr direkte, unverblümte und hemmungslose Auslegung freier Meinungsäußerung bestens kannte, flehte ich ihn an, all die Demütigungen einfach über sich ergehen zu lassen, um Himmels willen ruhig zu bleiben und einfach den Mund zu halten. Robi schaute mich an, als käme ich vom Mond: »Ich habe keine Ahnung, was du meinst.« Robi, der erfahrene Fluglehrer, musste nun in die Rolle des Schülers schlüpfen. ›Oh, du Fröhliche!‹, dachte ich und war mir sicher, dass dieser Testflug in einem Desaster enden würde... Doch die beiden kehrten wie ein Herz und eine Seele von ihrem zehnminütigen Flug zurück. Schmunzelnd sagte Robi: »Alles klar!« »Wie hast du das denn geschafft?«, fragte ich erstaunt. »Ganz einfach: Ich bat den indischen Pilotenkollegen, mir doch mal genau zu zeigen, wie ich seine Maschine behandeln solle, und mir noch ein paar Tipps und Tricks zu verraten.« Von diesem versteckten Talent hatte ich bis dato nichts gewusst, und ich war angenehm überrascht, nun gerade in

Sachen Diplomatie einiges von ihm lernen zu können. Ein Talent, von dem wir noch profitieren sollten.

Die gesamte Operation und das Team verbesserten sich kontinuierlich, und ich war stolz, Teil dieser Truppe zu sein. Obwohl der Gebirgsflug daheim mein täglich Brot bedeutete, wollte ich meine Technik vor allem in großen Höhen optimieren und so gut werden wie meine Vorbilder Sigi Stangier, Toni Lötscher, Bernd van Doornick, Claude Vuichard und Fritz Althaus. Aber ich blickte auch bewundernd auf die jüngeren Kollegen Serge, Dänel, Beni, Roli, Matthias, Ferdi und Hänsel aus der zweiten Generation der Schweizer Helikopterpiloten. Ich war stets dankbar für jeden Tipp von all diesen Meistern ihres Fachs. Das Gespür für einen perfekten Anflug und die richtige Geschwindigkeit erarbeitete ich mir selbstständig, fliegen muss man schließlich selber. Unermüdlich feilte ich an meiner Technik, und nach und nach bekam ich auch in diesen Höhen das richtige Gefühl für die Maschine. Anflüge in einem flachen Winkel waren die Regel, und wir gingen so weit, dass wir sie – ähnlich einem Adler, der zu seinem Horst fliegt – von unten her durchführten. Diese Flugmethode kannte ich aus Zermatt; Toni und Bernd hatten sie mir ausführlich erklärt und demonstriert. In Indien setzte ich sie nun in die Praxis um und lernte, dass man mit bedeutend weniger Triebwerksleistung die nach oben beschleunigte Masse des Helikopters direkt bis in den Bodeneffekt steuern kann. Diese Technik ermöglichte mir also, mit maximaler Beladung ein Training an der Leistungsgrenze des Helikopters durchzuführen. Die Folge war allerdings, dass wir mehr Mühe hatten, mit derselben Zuladung an Skifahrern nach deren Abfahrt – nun bis zu 1000 Meter tiefer – vom Landeplatz wegzukommen. Ein Start mit dem Hubschrauber im Tal ist bedeutend schwieriger als eine Landung oben am Berg. Dieses Problem lösten wir, indem wir die Bergführer dafür sensibilisierten, die Aufnahmeplätze möglichst nicht in einem Talboden oder einer Senke zu präparieren, sondern fünfzig Meter oberhalb auf einer Kuppe. Je nach örtlicher

Gegebenheit legten wir genaue Prozeduren fest, in welche Richtung um die Hochachse ein Start durchzuführen war. Für uns Piloten hieß das: freier Abflugsektor ohne Hindernisse ab einer Kuppe mit der Möglichkeit für die Beschleunigung = Start um das Antidrehmoment Pedal möglich. Hindernisse und Abflugsektor in Talsohle oder Senke mit ansteigendem Gelände = Start um das Drehmoment Pedal zwingend nötig. Eine Gleichung, die für uns überlebenswichtig war. Und so waren diese Flüge im indischen Himalaja stets vom Üben und Lernen geprägt: Die vielen neuen Tricks gaben wir später an unsere Kollegen und Flugschüler in den Alpen weiter. Wie oft waren wir während eines Rettungseinsatzes bei schlechtem Wetter froh, diese Techniken unter guten Verhältnissen beim Heliskiing geübt zu haben… Auch wenn manch einer unser Treiben im Himalaja argwöhnisch beäugte: Daheim in den Schweizer Bergen profitierten die Menschen von unserer angeblichen Schönwetterfliegerei in Indien. Mitunter flossen diese Erfahrungen, die gleichbedeutend waren mit erhöhter Sicherheit, auch in die Gebirgsausbildung des Schweizer Bundesamtes für Zivilluftfahrt ein.

In all den Jahren für HHS hatte ich Kontakt zu etlichen Pilotenkollegen aus der indischen Armee. Gerne hätten wir einen indischen Piloten in die Geheimnisse der Heliskioperation eingeweiht und ihn längerfristig eingestellt, um unsere Erfahrungen weiterzugeben. Noch haben wir diesen Mann oder diese Frau leider nicht gefunden, denn aus kulturellen und ideologischen Gründen waren die indischen Flieger bislang nicht bereit, von unseren Erfahrungen zu profitieren. Obwohl wir oft zu hören bekamen, dass diese kriegsgestählten Helipiloten der indischen Luftwaffe ihre Erfahrungen im Karakorum-Gebirge auf 6000 Metern gemacht hatten, mussten wir feststellen, dass ein fundiertes Basiswissen für einen sicheren Gebirgsflug nicht vorhanden war. Gerade im Himalaja wäre das jedoch wünschenswert. Jeder Jungpilot in der Schweiz, der die Ausbildung zum Berufspiloten mit der Gebirgsausbildung beendet, hat besseres Rüstzeug und Know-how für Flüge im Hochgebirge als der erfahrenste und beste

Helikopterpilot der indischen Armee. Daran hat sich leider bis heute nichts geändert.

Neben unseren Flugkenntnissen konnten wir über die Jahre auch die Infrastruktur in Indien verbessern. In den benachbarten Tälern, weit entfernt von der Zivilisation, legten wir Rescue Cashes an. Das sind Notbiwaks mit Schlafsäcken, Zelten, Gaskocher, Medikamenten und ausreichend Nahrungsmitteln, um eine Woche zu überleben. Und dank neuer Relaisstationen verfügt die Basis in Manali heute jederzeit über Sprechkontakt zu den Helikoptern und Skigruppen. Über diese Fortschritte freuen sich Bergsteiger und Skitouristen ebenso wie Einheimische.

Im Jahr 2000 meldete sich der bekannte ehemalige deutsche Skirennfahrer, Modedesigner und Filmemacher Willy Bogner in Manali an. Er plante seinen neuesten I-Max-Breitformat-Film »Ski to the Max«. Bei Hänsel erkundigte er sich, ob der Pilot vor Ort als Kamerapilot geeignet sei, und entschied sich, das Abenteuer mit einer schweren und teuren Kamera zu wagen. Willy musste die Bilder aus der offenen Helikoptertür drehen und hatte lediglich eine Halterung für die Entlastung des Gewichtes, jedoch keine Kreisel, um die Bilder zu stabilisieren. Anders als bei diesen modernen, fix am Helikopter montierten Dingern, die hochaufgelöste und messerscharfe Bilder liefern, spielte das Können des Piloten bei solchen »Freihandaufnahmen« eine entscheidende Rolle. Der männliche Hauptdarsteller und Skifahrer war kein Geringerer als John Eaves, das Double von James Bond, der Bobkanäle hinuntersauste oder als 007 über Klippen sprang. Alles, was man mit Skiern machen konnte, war für John kein Problem. Seine weibliche Begleiterin war außerordentlich attraktiv und konnte ebenfalls hervorragend Ski fahren. Die gesamte männliche Crew führte sich wie eine Horde Gockel auf, und die Bergführer stritten darum, wer für Willys Truppe zur Verfügung stehen durfte. Normalerweise waren solche Drehs verbunden mit elendig langen Wartezeiten, fürchterlichem Chaos und sehr wenigen Gelegenheiten, Ski zu fahren. Bei den morgendlichen Besprechungen krümmten wir uns vor Lachen, wenn wir hörten, mit welchen Argumenten sich die Jungs plötzlich um diesen sonst so verhassten Job rissen. Ich musste da nicht mitspielen, ich war ja der Pilot und somit zuständig für den Transport der ganzen Bagage. Frühmorgens, bevor wir die Skifahrer auf den Berg flogen, setzte ich John und seine Begleiterin ab und holte dann Willy samt seiner riesengroßen I-Max-Kamera. Den Rest des Tages kümmerten sich der indische Skiführer Chuni Thakur und Paddy um das Filmteam. Für mich waren diese Flüge enorm lehrreich, konnte ich doch mit den Besten der Besten zusammenarbeiten. Wir flogen immer höher – und im Rahmen von Erkundungsflügen absolvierten wir Landungen bis auf 6600 Metern. Darunter auch welche auf den Heimbergen des Himachal: Deo Tiba, Indrasan, Ali Ratna Tibba, Parvati Peak, Papsura und Dharmasura, den Zwillingen am Tosh und auf dem Bara-Shigri-Gletscher, einem der größten Gletscher des Himalaja. Aus Respekt vor der lokalen Bevölkerung landeten wir immer einige Meter unterhalb der Gipfel. »The top is for the gods«, sagte mir Chuni jedes Mal, wenn er hörte, dass wir wieder so hoch wie möglich landen wollten. Als wir zum ersten Mal auf dem Indrasan, dem Thron der Göttin, landeten, waren Chrigel von Allmen und ich so hoch, dass wir den Garhwal sehen konnten. In diesem Teil des Himalajas befindet sich der Satopanth, der Pfad zum Himmel. 1947 wurde der 7075 Meter hohe Berg von einem Schweizer Bergsteigerteam, dem auch ein Zermatter Bergführer angehörte, erstbestiegen. Erst 33 Jahre später erfolgte die Zweitbegehung. Bei dem Bergführer handelte es sich um den legendären Alexander Graven aus Zermatt. Dessen Enkel Pauli, der mein Schwager ist, hatte mir vor einigen Jahren die Erstbesteigung seines Opas in allen Einzelheiten geschildert und den von seiner Mutter Elsie geschriebenen Bericht für mich kopiert. Und nun waren wir hoch genug, um die weißen Spitzen im Süden deutlich zu sehen. So wie Alexander Graven seinerzeit hatte auch ich lange vom Himalaja geträumt… bis wir uns beide – jeder auf seine Art – unseren Traum erfüllen konnten.

Neben den fliegerischen Highlights bescherten mir meine Indienaufenthalte auch persönliche Erfahrungen, die mich tief beeindruckten. Dank des direkten Kontaktes mit unseren einheimischen Mitarbeitern hatten wir uns bald einen großen Freundeskreis aufgebaut. An »down days«, also an Schlechtwettertagen, an denen wir nicht fliegen konnten, wanderten wir oft durch die Dörfer: Die Menschen lebten wie unsere Großeltern, einfach und bescheiden. In jedem Dorf liefen Kühe herum, und die Kinder spielten mit Steinen oder Holz, rutschten in den schmalen Gassen laut johlend mit ihren selbstgebastelten und mittels Lederriemen an Gummistiefeln befestigten Holzskiern die kleinen Hänge hinunter. Jeder Sturz wurde von den Zuschauern mit schallendem Gelächter begleitet, und die Jungs versuchten, den Mädchen mit riskanten Abfahrten zu imponieren. Das war mir neu… Oder sollten wir das früher etwa auch gemacht haben? Die Frauen saßen an ihren Webstühlen und arbeiteten, ohne dabei ihre Umgebung aus den Augen zu lassen. Die Männer rauchten Bidis (indische zigarettenähnliche Tabakware aus einem Tendublatt, Tabak oder anderen Kräutern) und machten eigentlich nichts. ›Wie früher bei uns‹, schoss es mir durch den Kopf. Die Menschen waren freundlich und aufgeschlossen und hatten einen Schalk, der ansteckend wirkte. Überall wurden wir herzlich empfangen und zu Buttertee eingeladen, was nicht gerade ein Vergnügen war. Die oftmals ranzige Butter wird dem schwarzen Tee als Zeichen von Wohlstand beigemischt. Bei jedem Schluck stellten sich mir die Nackenhaare auf, und mein ganzer Körper schien förmlich »NEIN« zu schreien, aber meine gute Kinderstube verbot mir, den Tee einfach stehen zu lassen. Ich musste mich jedoch mächtig konzentrieren, um meine Gesichtsmuskeln zu einem Lächeln zu formen… Die gemächliche Geschwindigkeit des hiesigen Lebens hingegen gefiel mir außerordentlich gut. Das war mein Tempo! Aber auch weil die Natur im Kullu-Tal der im Rhonetal ähnelt, fühlte ich mich hier ganz heimisch. Wären meine Frau und meine beiden Töchter nicht gewesen, ich hätte mein Hochgeschwindigkeitsleben in Zermatt zu keiner Zeit vermisst. Ich war dankbar, die Kultur dieser einfachen Menschen zu erfahren und von ihnen zu lernen, ich genoss die Zeit und die Gespräche. Gerade im Frühling, wo beinahe täglich in irgendeinem Dorf ein Fest mit farbenprächtigen Umzügen, Tanz und Musik stattfand, waren wir vom Himachal Helicopter Skiing-Team und unsere Gäste oft dabei. In Verbindung mit den fantastischen Bergerlebnissen machten diese kulturellen Ereignisse das Unternehmen HHS so einzigartig. Dieser wild zusammengewürfelte Haufen um unseren Manager Manjeev, die Multikulti-Truppe aus Bergführern, Fuelboys, Hotelangestellten, Helfern, Mechanikern und Piloten wurde Teil meiner Familie.

Bis heute habe ich über ein Dutzend Mal Zermatt verlassen, um in Indien zu fliegen und diesen Ausschnitt des Himalajas noch etwas mehr zu erkunden. Die meisten Flüge fanden in unmittelbarer Umgebung der Basis statt, ab und zu ging es jedoch in den Norden, Richtung Ladakh oder Spiti. Die Operation beschränkte sich auch nicht mehr auf Heliskiflüge: Wir führten Versorgungsflüge durch, flogen Rettungen oder im Auftrag lokaler Unternehmen. Dabei führten unsere Wege über den Rotang-Pass bis ins wunderschöne Zanskar-Tal und zum Baralacha-La-Pass auf 4900 Metern, einem der höchsten befahrbaren Pässe der Erde. Und waren die Schneeverhältnisse nicht optimal, unternahmen kulturinteressierte Gäste gerne Ausflüge in die Gompas der Umgebung. Von diesen buddhistischen Klöstern gibt es im Norden Indiens dank der Nähe zu Tibet sehr viele. Neben dem Ki-Gompa in Spiti/Lahaul gehört das Phuktal Gompa im Zanskar-Tal zu den bekanntesten und schönsten Klöstern im Himalaja. Also bemühten wir uns um Flugbewilligungen. Doch angesichts des Konfliktes in der angrenzenden Kaschmirregion hatte die indische Armee verständlicherweise kein Interesse daran, Flugkarten für dieses Gebiet zu publizieren. Insofern waren wir und die Armee damals auch die Einzigen, die Flüge in dieser verlassenen Gegend durchführten. Auf unserer Basis in Manali arbeitete auch ein ehemaliger Pilot der indischen Luftwaffe, Col. Sunil Bhutani, genannt Buts. Buts war während des Krieges am Siachen-Glacier, dem höchsten Schlachtfeld der Welt, als ranghoher Offizier stationiert gewesen. Da wir die Gegend weder kannten noch wussten, ob wir an dem Gompa auch landen konnten, musste unsere Flugvorbereitung sehr präzise sein. Und es galt sicherzustellen, dass ein Schwebeflug möglich war. Schließlich planten wir, in einer verlassenen, extrem ungastlichen und schlecht erreichbaren Gegend zu landen – ohne mögliche Unterstützung durch einen zusätzlichen Heli. Da durfte nichts schiefgehen. Weil sich Berg an Berg, Gletscher an Gletscher, Tal an Tal reiht und alles ein wenig gleich aussieht, ist das Navigieren im Himalaja schwierig. Besonders wichtig aber war die exakte Kalkulation des Treibstoffes, denn wir wollten ja nicht nur zu dem Gompa hin, sondern auch wieder zurück nach Manali. Die Beladung musste außerdem so berechnet werden, dass ein Start von dort mit der verbleibenden Triebwerksleistung[9] tatsächlich möglich war. Und für den Fall, dass wir uns verfliegen sollten – auch so etwas kann vorkommen –, musste eine Reserve von dreißig Minuten Flugzeit einkalkuliert werden. Unsere vier Gäste und Dachan, unsere Ladakhi, nahmen hinten in der Bell 407 Platz. Buts und ich saßen im Cockpit. Über den Rhotang-Pass fliegend, der von Dezember bis Juni unbefahrbar ist und den Norden von der Außenwelt abschneidet, bogen wir im Chandra-Tal nach links Richtung Keylong und Darcha ab. Diese Dörfer werden im Winter ausschließlich aus der Luft versorgt. Wir stiegen bis auf 5500 Meter, um den 5100 Meter hohen Shingo-La-Pass in östlicher Richtung zu überqueren. Inzwischen waren wir in der Kaschmirregion. Während unsere Gäste ein wenig müde und schlapp waren, fühlten Buts und ich uns dank des Sauerstoffs wohl, und wir bestaunten das wunderschöne Tal. Vereinzelt tauchten erste Hütten auf – und je tiefer wir in das Tal vordrangen, umso grüner wurde es. Im Winter gelangten die Menschen aus dem oberen Teil des Zanskar-Tals samt ihren spärlichen, mühsam produzierten Landwirtschaftserzeugnissen nur unter Lebensgefahr und in einem einwöchigen Fußmarsch über den gefrorenen Fluss bis in die Hauptstadt Leh. Hier tauschten sie ihre

Gerste, Rüben oder Felle gegen andere wichtige Produkte wie Zucker und Mehl ein. Kurz vor Char bogen wir ab und folgten nach Osten einem Nebenfluss des legendären Zanskar-Flusses, bis wir das Phuktal Gompa entdeckten: Einige hundert Meter über dem Fluss standen die Häuser des Klosters geschützt in einer Art Höhle. Welch fantastischer Anblick! Das türkisblaue Wasser des Flusses, die kargen, gelblichen Felder und die strahlend weißen Häuser bildeten einen Kontrast, der jedes Auge erfreute ... Aber ich musste hier einen heiklen Job erledigen. Manjeev hatte um besondere Vorsicht gebeten, da manche Bewohner des Klosters vermutlich noch nie einen Helikopter gesehen hatten. Darum sollten wir zunächst dicht an dem Kloster vorbeifliegen und die Reaktionen beobachten. Würden die Mönche Steine nach uns werfen, wäre es ratsam, uns schnell aus dem Staub machen. Doch die Jungs in den rotorangefarbenen Kutten sprangen wie verrückt hin und her, winkten uns zu und deuteten nach Osten. Was meinten sie? Warum zeigten sie alle in dieselbe Richtung? Da die Mönche sich aber offenbar riesig freuten, unser lärmendes Vehikel am Himmel zu sehen, übertrug Buts mir die Kontrolle des Hubschraubers, und ich hielt Ausschau nach einem Landeplatz. Ein Blick auf die Treibstoffanzeige verriet mir, dass wir noch relativ schwer waren und somit kaum im Schwebeflug verharren konnten. Also folgte ich einfach den Zeichen der Mönche und bemerkte tatsächlich keine 500 Meter vom Kloster entfernt eine perfekte ebene Fläche. Vor dem Anflug kontrollierte ich die Leistung, den Wind, die Hindernisse, die Beleuchtung, die Beschaffenheit und Schräge der Landefläche und schließlich das Umfeld: Gab es Tiere oder Menschen, die man stören oder gefährden könnte? Nach kurzer Rücksprache mit Buts entschied ich mich für einen Anflug aus Osten und drehte die Maschine in den Wind. Ich fühlte, wie mein Puls und die Anspannung stiegen. Mit voller Konzentration überprüfe ich bei reduzierter Geschwindigkeit verschiedene Parameter, die mich darin bestärkten, die Landung zu wagen. Meinen Fluchtweg ließ ich solange wie möglich offen und gab über die Bordsprechanlage bekannt:

»Decision, we go for a landing«, damit vor allem Buts wusste, was ich vorhatte.

Die Landung erfolgte mit maximaler Leistung, und sobald die entsprechende Warnung auf der Anzeige erschien, reduzierte ich den Blattanstellwinkel und ließ den Hubschrauber sachte zu Boden gleiten. ›Geschafft … Aber hoffentlich kommen wir hier auch wieder weg‹, dachte ich besorgt. Als wir den Heli verließen, schlug uns augenblicklich eine Eiseskälte entgegen. Das Kloster liegt auf über 4000 Metern, und die Temperatur beträgt Anfang Februar etwa −15°C. Viel Zeit zum Frieren hatten wir allerdings nicht, die ersten Mönche kamen bereits angelaufen und direkt dahinter einige Novizen. Die Handinnenflächen wurden aneinander und in Herzenshöhe an die Brust gelegt, um sodann als Zeichen der Ehrerbietung ein freundliches Namasté auszutauschen. Anschließend gaben wir uns zwar noch kurz die Hände, aber die Blicke der buddhistischen Mönche waren bereits staunend auf den Helikopter gerichtet. Denselben Blick musste ich als Kind gehabt haben, als ich zum ersten Mal einen Hubschrauber aus der Nähe sah. Wie damals der kleine Gerold, so hatten auch die Mönche Respekt vor diesem Gerät, das dort nun still und unbeweglich stand. Sofort lud ich sie ein, sich hineinzusetzen. Dachan übersetzte, doch die Mönche lehnten dankend ab. Was ging wohl in ihren Köpfen vor? Hatten sie vorher schon mal einen Helikopter gesehen? Möglich, aber bestimmt nicht zum Greifen nah! Erst jetzt nahm ich die Nachwuchsmönche wahr: Sie rochen nach Rauch, und der Rotz zwischen Nase und Oberlippe war gefroren, ein Novize war sogar barfuß. Unter den zerzausten Haaren aber sah man hellwache Augen, die jede Bewegung genau registrierten. Ich holte eine Tafel Schweizer Schokolade aus meiner Tasche und brach einen Riegel ab. Die Kleinen zögerten zunächst, doch schon im nächsten Moment schnappte sich jeder ein Stück und machte sich mit der Beute auf und davon. Buts überreichte den Mönchen unterdessen unsere Gastgeschenke: Gemüse und Früchte. Nachdem wir in das Innere des Klosters geführt worden waren, kamen wir alle aus dem Staunen nicht mehr heraus. Dieses in eine Höhle gebaute Gompa verfügte sogar über eine eigene Quelle, die im Inneren des Baus entspringt. Die ausgeklügelte Architektur in dieser unwirtlichen Landschaft, das war einmalig. Große Ehrfurcht vor diesem Ort erfüllte uns. Doch wie überall gab es zur Begrüßung Buttertee mit Yakmilch. Der ranzige Geschmack erinnerte mich an Hänsels mahnende Worte, der Respekt gegenüber diesen gastfreundlichen Menschen verbot es allerdings, die angebotene Tasse abzulehnen. Ich trank einen Schluck und war mir sicher: Sollte ich diesen Tee überleben, hätte ich nie mehr etwas zu befürchten, was den Genuss von exotischen, verdorbenen oder wie auch immer gearteten Speisen oder Getränken anbelangte. Wenig Zeit später brodelte es zwar mächtig in meinen Eingeweiden, ansonsten aber überstand ich diese Teestunde völlig unbeschadet…

Fasziniert lauschten wir den Erzählungen der Mönche, die Dachan für uns übersetzte, und erfuhren auf diese Weise viel über ihre Bräuche und Rituale. Einer der Mönche, so hörten wir, meditiere seit Monaten in einem kleinen Raum, den er nie verließ. Ungläubig folgte ich den Ausführungen des Obermönchs über Meditation, die Kontrolle der einzelnen Organe und die Reisen der Seele in fremde Regionen. Ist so etwas möglich? Mittels Meditation den eigenen Körper zu verlassen und in die Ferne zu reisen? Ich weiß es nicht. Bis dato ist es mir jedenfalls noch nicht gelungen. Geduldig beantworteten die Mönche unsere Fragen. Wahrscheinlich war unser Besuch für sie eine angenehme Abwechslung im üblichen Klosteralltag. Wir durften sie sogar bei ihren Gebeten beobachten, die, von tiefem Gemurmel und dem nicht enden wollenden Ohhmmmm begleitet, aus der Höhle in die Berge hallten. Es war einer dieser Momente, so real und eigenartig zugleich, ohne beängstigend zu sein, den ich Zeit meines Lebens nicht vergessen werde. Ein magisches Gänsehauterlebnis.

Als der Moment des Abschieds kam, der uns allen erstaunlich schwerfiel, umarmten uns die Mönche – und wir versprachen, wieder vorbeizuschauen. Obgleich noch immer fasziniert von so viel Spiritualität, von

Seelenreisen und Meditation, musste ich nun auf harte Fakten umschalten: auf den Start mit einem vollbeladenen Helikopter in einer Höhe von mehr als 4000 Metern. Während wir wieder in unsere Bell kletterten, dachte ich: ›Hoffentlich läuft das Ding vernünftig an und produziert keinen überhitzten Start…‹ Denn sonst bekämen wir hier im Kloster eine unverhoffte Auszeit, um nicht den Heli, sondern die Seele auf die Reise zu schicken…

Operationen in derart abgelegenen Gebieten verlangen von einem Piloten, dass er seine Maschine bestens kennt und im richtigen Moment die richtigen Entscheidungen trifft. Und so startete ich das Triebwerk diesmal auch nicht wie üblich. Statt die Zündung gleich einzuschalten, drückte ich den Starter, der zunächst die Batteriespannung zusammenfallen ließ. Doch sobald das Triebwerk den ersten Kraftakt überstanden hatte und die Turbinenschaufeln sich in Bewegung setzten, erholte sich die Batteriespannung wieder. Das Triebwerk beschleunigte nicht weiter, die maximale Erholungsphase der Batterie war erreicht… und erst jetzt zündete ich das Treibstoffgemisch. Buts sah mich verwundert an. Seelenruhig kommentierte ich jeden meiner Schritte, weshalb Buts wohl annahm, ich wisse genau, was ich gerade tat. Bei der Umschulung auf die Bell 407 hatten wir diesen Vorgang zwar kurz besprochen, ihn in einer solchen Höhe aber nie ausgeführt. Ich konnte also nur hoffen, das Richtige zu tun. Als dann auch der Start in Bodennähe funktionierte, waren wir nach fünf bis sechs Metern Beschleunigung im Vorwärtsflug in der Luft… Unter uns sahen wir die winkenden Mönche. Adieu, Gompa!

Was 1990 in einer Disco in Verbier begonnen hatte, entwickelte sich tatsächlich zu etwas Einmaligem. Immer wieder durfte ich in den indischen Himalaja reisen, inmitten dieser faszinierenden Bergwelt fliegen, Land und Leute erleben und mit hoch professionellen Freunden eine einzigartige Operation betreiben. Wie versprochen war ich auch noch einige Male zu Gast im Phuktal Gompa. Bei einem dieser Besuche lud ich die Passagiere nur rasch an dem »Kloster-Helipad« aus, begrüßte meine buddhistischen Freunde und startete dann alleine zu einer Entdeckungstour durch das Zanskar-Gebiet, das sich im westlichen Teil des Himalaja auf 7000 Quadratkilometer erstreckt, in einer Höhe von 3500 bis 7000 Metern. Das indische Zanskar war einst ein unabhängiges buddhistisches Königreich und trotzt bis heute der modernen Welt, zumal es im Winter aufgrund von Schnee und Eis über Monate isoliert ist.

Ich schraubte die Maschine so hoch es ging und genoss den Ausblick in Richtung Norden. Am Horizont sah ich die Gebirgsgruppe um den Gasherbrum (8080 m) im Karakorum, zu der noch drei weitere Achttausender gehören, darunter der berühmte K2, der zweithöchste Berg der Welt. Und weiter links thronte majestätisch der weltberühmte Nanga Parbat. Dieser gewaltige Riese sollte mir noch manch schlaflose Nacht bescheren...

Gefangen im Eisloch – Rettung am Nanga Parbat

Der Nanga Parbat, dieser mächtige und gefährliche Berg, sollte eine Reihe von Ereignissen und Schicksalsschlägen auslösen. Während er den einen Ruhm und Ehre brachte, würde er für andere stets mit unendlich viel Leid, Trauer und Schmerz verbunden sein.

Sonntag, 31. Juli 2005, Zermatt, Monte-Rosa-Hütte
Am Vorabend des Schweizer Nationalfeiertages hatte sich eine dreiunddreißig Mann starke Delegation von Bergsteigern, Bergführern, Politikern und Leistungsträgern aus Zermatt auf der Monte-Rosa-Hütte versammelt. Anlass war die Erstbesteigung der Dufourspitze vor 150 Jahren, am 1. August 1855. Von hier aus wollten wir am nächsten Morgen den höchsten Berg der Schweiz in Angriff nehmen. Zuvor jedoch hatte ich noch einen anderen Auftrag: Ich sollte den Schweizer Volkswirtschaftsminister, Bundesrat Joseph Deiss, der ebenfalls zu unserer illustren Bergsteigergruppe gehörte, zur Cabana Margherita fliegen, zur höchstgelegenen Hütte Europas (4554 Meter). Dort war er mit seinem italienischen Amtskollegen Giovanni Alemanno verabredet. Zu unserem besonderen Schutz war Hochwürden Pfarrer Roth aus Zermatt mit an Bord. Obwohl das Wetter unbeständig war, starteten wir zu diesem besonderen Gipfeltreffen. Unter uns sah man den Grenzgletscher und seine großen Spalten. In der

Ferne zogen dunkle Wolken auf, und auf der Leeseite des Monte-Rosa-Massivs war der Wind als Turbulenzen spürbar. Überall türmten sich die Wolken, und die Cabana Margherita lag fast vollständig im Nebel. Ein ausgedehntes Meeting zwischen zwei Ministern hielt ich für ausgeschlossen. Dennoch versuchte ich einen Anflug. Plötzlich vernahm ich Hochwürdens Stimme im Kopfhörer: »Gehen Sie bitte kein Risiko ein, lassen Sie uns lieber umkehren.« Da Pfarrer Roth sicherlich über besonders gute Verbindungen zu unserem Big Boss verfügt, sollte man seine Bedenken um Gottes Willen ernst nehmen... Unverrichteter Dinge kehrten wir zur Monte-Rosa-Hütte zurück, landeten wohlbehalten und verbrachten dort eine geruhsame, wenn auch kurze Nacht.

Montag, 1. August 2005, Zermatt, Monte-Rosa-Hütte
Es war vier Uhr in der Früh, als der Hüttenwart uns aus den Kojen warf und wir alle aufgeregt unsere Bergausrüstung anlegten, um mit dem Aufstieg zur Dufourspitze zu beginnen. Wir hatten Dreierseilschaften gebildet. Ich ging zusammen mit zwei topfitten Jungs: meinem Zermatter Gemeinderatskollegen Ralph Schmidhalter, der die Schweizer Skischule in Zermatt leitet, und meinem alten Schulfreund Heiri Julen, der aus einer traditionsreichen Bergführerfamilie stammt. Schon sein Vater Otto und sein Onkel Felix waren ausgezeichnete Bergführer gewesen. Heiri ist mit meiner Cousine Regula verheiratet – und das bestärkte mich in meinem Glauben an seine Fähigkeiten. Denn niemals würde jemand aus dem Clan der »Güninis«, wie die Biner-Sippe von den Einheimischen genannt wird, einen unfähigen Menschen in den Familienkreis aufnehmen!

Montag, 1. August 2005, Nanga Parbat, Rupalwand – Wallis,
Dufourspitze
Zur gleichen Zeit, aber 6000 Kilometer entfernt im Himalaja, machte sich Tomaž Humar, ein weltbekannter Bergsteiger aus Slowenien, auf,

einen seiner größten Träume zu verwirklichen: die Besteigung der Rupalwand an der Südseite des Nanga Parbat. Dieser 4500 Meter hohe und beinahe senkrechte Albtraum aus Stein, Schnee und Eis gilt als die weltweit größte alpine Wand. Eine echte Herausforderung für erfahrene Kletterer, nichts für zahlungskräftige, aber unfähige Kunden. Tomaž Humar, mit ausgezeichneten Sponsorenverträgen ausgestattet, wollte als erster Solobesteiger einer neuen Route an der Rupalwand in die Geschichtsbücher eingehen. Das gleiche Ziel verfolgte der amerikanische Bergsteiger Steve House. House und Humar kannten sich. Nachdem Tomaž bereits seit Wochen dem miserablen Wetter zugeschaut hatte, stieg der Druck nochmals enorm, als House plötzlich im Basecamp des Nanga Parbat auftauchte. Jede Bewegung von Tomaž wurde registriert, auf seiner Website veröffentlicht – und an diesem 1. August entschloss er sich, in die Wand einzusteigen. House hingegen, mit weniger Sponsoren im Nacken und somit nicht so unter Druck stehend, wartete ab.

In Zermatt erklommen wir in knapp vier Stunden ohne große Mühe die 4634 Meter hohe Dufourspitze und somit den höchsten Punkt der Schweiz. Und nachdem eine Erinnerungstafel am Gipfel montiert war, erfolgte der Abstieg, ebenfalls bei besten Wetterverhältnissen und ebenso problemlos. Ein Spaziergang verglichen mit dem, was Tomaž zur selben Zeit in Pakistan vollbringen wollte.

Nachdem Tomaž das Basecamp auf 4230 Metern verlassen hatte, kämpfte er sich an der Rupalwand bis auf 6000 Meter hoch. Immer wieder gingen Lawinen nieder und drohten, ihn aus der Wand zu fegen. Allmählich wurde seine komplette Ausrüstung nass.

Dienstag, 2. August 2005, Nanga Parbat, Rupalwand
Nach einem Tag mit weiteren Lawinenabgängen traf Tomaž eine folgenschwere Entscheidung: Er stieg ab, bis er einen Platz am Grat gefunden hatte, an dem er vor Lawinen geschützt war und seine Ausrüstung vielleicht ein wenig trocknen konnte. Dort buddelte er sich ein Schnee-

loch – gerade groß genug, um darin liegen zu können – und sicherte sich mit Eisschrauben und einem Seil, um nicht abzustürzen.

Donnerstag, 4. August 2005, Nanga Parbat, Rupalwand
Während Tomaž durchnässt und frierend in einem Schneeloch saß, drehte sich die Erde weiter. Ich flog zehn Rettungseinsätze, unter anderem am Matterhorn, am Gornergrat, im Goms und im Lötschental. Seit drei Tagen hockte Tomaž mittlerweile auf 5900 Metern – und die Situation wurde immer prekärer: Seine Sachen trockneten nicht, und die Vorräte gingen zur Neige. Während für ihn die Zeit stillstand, verbreiteten sich die Nachrichten dank Internet rasend schnell. Vor allem in seiner Heimat Slowenien war jedermann über das sich anbahnende Drama im Bilde und entsprechend besorgt. Nach zwei weiteren Tagen wollten Tomaž' Familie und Freunde in Slowenien und Kroatien nicht länger tatenlos zusehen…

Samstag, 6. August 2005, Kroatien
Der kroatische Bergretter Srdjan Vrsalović griff zum Telefon und wählte die Nummer der Einsatzleitung der Air Zermatt. Srdjan, genau wie ich in der Internationalen Kommission für Alpine Rettung (IKAR) tätig, wollte mich dringend sprechen. Doch erst als ich nach einem Rettungseinsatz wieder auf der Basis eintraf, klappte es. Srdjan verlor keine Zeit, und was er in kurzen präzisen Worten berichtete, schockierte mich. »Tomaž Humar ist seit mehreren Tagen in der Rupalwand in einem Schneeloch gefangen. Seine einzige Rettung ist die aus der Luft, aber die Pakistani sehen keine Möglichkeit, eine Luftrettung durchzuführen!« Srdjan wusste von unserer Heliskitätigkeit in Indien: Wenn also Piloten Erfahrung auf über 6000 Meter hatten, dann wir. »Könntet ihr so eine Rettung durchführen? Oder kennt ihr eine Helikopterfirma, die uns helfen könnte?« Da ich mehr über Tomaž' Aktion und seinen aktuellen Zustand erfahren wollte, gab Srdjan mir die Internetadresse des bekannten Bergsteigers, auf der ein verzweifelter Hilferuf zu lesen war:

Can YOU help Tomaž Humar? Plea for help from Nanga Parbat!

Mit einem leistungsstarken Helikopter und unter normalen Bedingungen könnten wir die Rettung natürlich durchführen. Die pakistanische Luftwaffe hatte dieselben Lamas vom Typ Eurocopter wie wir, und mit diesem würden wir Tomaž unverzüglich vom Berg holen können. Der Aufruf und die Äußerungen von Srdjan über die Situation vor Ort waren aber so ernst, dass ich erst mal zwei andere Möglichkeiten abklären wollte, um Tomaž wirklich so schnell wie möglich zu helfen. In Pakistan hielten sich zu der Zeit zwei Schweizer Pilotenkollegen auf, die im Auftrag der Aga-Khan-Stiftung Krankenhäuser und Schulen aufbauten. Den einen – meinen ehemaligen Fluglehrer und damaligen Flugbetriebsleiter der Air Zermatt Toni Lötscher – erreichte ich nicht, doch gegen 21 Uhr hatte ich endlich Serge Müller in der Leitung. Der hatte allerdings keine guten Nachrichten für mich: »Tut mir leid, der Helikopter, mit dem wir momentan in Pakistan arbeiten, ist nur bis 4000 Meter zugelassen.« Mir lief die Zeit davon, aber da in Indien um diese späte Uhrzeit niemand mehr ans Telefon ging, konnte ich erst am nächsten Tag wieder aktiv werden.

Sonntag, 7. August, Zermatt – Manali
Es war bereits Mittag, als ich Manjeev endlich erreichte. Schon sein vertrautes »Hello« beruhigte mich: Sollte ein Mensch Unmögliches möglich machen können, dann der Basemanager von Himachal Helicopter Skiing. Unsere Heliski-Lama SA 315B war für die Sommeraktivitäten im Kashmir-Gebiet stationiert, um Pilger zum Amarnath-Tempel zu fliegen, einer Art Höhle, die jeder gläubige Hindu einmal in seinem Leben besuchen sollte. Von dort wäre es nur eine knappe Stunde Flugzeit bis zum Nanga Parbat. Als ich Manjeev die Sachlage erklärt hatte, schwand meine letzte Hoffnung, Tomaž schnell Hilfe leisten zu können. Selbst unser Daueroptimist gab der Aktion nicht den Hauch einer Chance: »Seit über fünfzig Jahren führen die Inder und Pakistani Krieg in diesem Gebiet. Heute dürfen wir unter größten Sicherheitsvorkehrungen Reis und Zucker über die Grenze

bringen, das ist alles. Glaubst du ernsthaft, die Regierungen lassen es zu, dass ein Schweizer Pilot mit einem indischen Helikopter nach Pakistan fliegt, um einen Slowenen zu retten? Vergiss es, mein Freund!« Das war eindeutig. Für Tomaž wäre es zwar die beste Option gewesen, aber ich sah ein, dass wir hier nur Zeit vergeudeten. Und trotz aller Not im fernen Himalaja, wir durften unsere hiesige Arbeit nicht vergessen. Nach Feierabend jedoch nahmen mein Kollege Robi und ich uns die Website von Tomaž noch einmal vor, um weitere relevante Informationen zu bekommen. Auch Robi war davon überzeugt, die Rettung mit unserer Lama in weniger als einer halben Stunde durchführen zu können. Vorausgesetzt, wir hatten das nötige Material und einen Bergretter mit Funkausrüstung an Bord. Aber wie sollten wir mit all dem nach Pakistan kommen? Im Laufe des Tages riefen slowenische Kollegen an, die wir aus der IKAR kannten, und baten uns um Mithilfe. Nun war es höchste Zeit, den Chef der Zermatter Bergretter zu informieren: Bruno setzte sofort alle ihm zur Verfügung stehenden Hebel in Bewegung und brachte seine Kontaktdrähte zum Glühen... Seit knapp einer Woche saß Tomaž in seinem Schneeloch in der Rupalwand.

Montag, 8. August 2005, Zermatt – Ljubljana, Slowenien,
Bruno rief mich in den frühen Morgenstunden an und sagte, Danilo Skerbinek aus Slowenien, ebenfalls Vorstandsmitglied der IKAR, habe vorgeschlagen, einen Helikopter der Air Zermatt nach Pakistan zu entsenden, um Tomaž Humar zu retten. Inzwischen hatte die Geschichte eine politische Tragweite angenommen, die uns ungeahnte Möglichkeiten eröffnete. Vielleicht war es ja doch nicht so ausweglos, wie Manjeev meinte. Denn nun mischten allerhöchste Stellen mit. Die Slowenen bekamen über ihren Präsidenten sogar die Hilfe der Nato zugesichert. Wann wir denn mit unserer Maschine auf dem Nato-Stützpunkt im norditalienischen Aviano sein könnten, wollte Danilo wissen. Ein russischer Iljushin-Großraumtransporter des Typs IL76 würde uns nach Gilgit im Norden

Pakistans bringen, wo wir unseren Helikopter ausladen, die Rotorblätter montieren und Tomaž retten könnten. Theoretisch ein machbarer Plan, aber dazu müsste uns die pakistanische Regierung sehr entgegenkommen. Auf diese Weise bekam ich erstmals persönlich Kontakt zu Viktor Grosělj, der die Aktion von Slowenien aus organisierte. Viktor war ein sehr erfahrener Expeditionsleiter; er kannte nicht nur die Gegebenheiten in Pakistan, sondern auch ein paar wichtige Leute in Islamabad. Mit ihm sowie mit der slowenischen Luftwaffe und Toni Grab, dem Präsidenten der IKAR, tauschten wir uns von nun an permanent aus. Fieberhaft wurden Bankgarantien, Bewilligungen, Deklarationen und Visa beschafft.

Gegen 16 Uhr desselben Tages teilte uns die pakistanische Botschaft mit, wir müssten mit unseren Pässen nach Bern kommen, um die Visa abzuholen. Die Büros waren aber nur bis 17 Uhr geöffnet und am Dienstag erst wieder ab 10 Uhr. Aus Slowenien erfuhren wir schließlich, dass uns der pakistanische Außenminister eine Einreisegenehmigung erteilen würde – auch ohne gültiges Visum. Dann bestätigten Danilo und Viktor, es gebe eine mündliche Bewilligung seitens der pakistanischen Regierung für den Betrieb unserer Lama am Nanga Parbat. Aber sollten wir nur mit mündlichen Zusagen aufbrechen? In Pakistan würde man nicht sonderlich erfreut sein, wenn wir einfach mit einer Nato-Maschine antanzten, unseren Heli auspackten, Tomaž retteten und dann wieder abdüsten. Aber auch der Verwaltungsrat der Air Zermatt wollte den Helikopter nicht mir nichts dir nichts hergeben. Wenn irgendetwas passierte oder die Pakistani den Helikopter konfiszierten, wäre das ein finanzieller Verlust von rund einer Million Schweizer Franken. Niemand schien dieses Risiko auf sich nehmen zu wollen, obwohl es wahrscheinlich die einzige Möglichkeit war, den Bergsteiger zu retten. Sollte er bis dahin überhaupt noch am Leben sein. In Rücksprache mit unseren slowenischen Freunden verschoben wir die endgültige Entscheidung auf den nächsten Tag, und ich arbeitete noch bis zum späten Abend an der Lösung diverser Verlade- und Transportprobleme. Mittlerweile war es via Funk zu Tomaž durchgedrungen, dass seine

Landsleute ein Team mit Schweizer Bergrettern auf die Beine stellten, um ihn aus seinem Schneeloch herauszuholen. Das gab ihm neuen Mut, und er versprach seinen Leuten, mit der verbleibenden Nahrung – einem Schokoriegel und einem Teebeutel – sowie einer Kartusche für den Gaskocher alles dafür zu tun, am Leben zu bleiben.

Dienstag, 9. August 2005, Zermatt – Islamabad, Pakistan
Die erste schlechte Nachricht erreichte uns frühmorgens aus Slowenien: Auf Order der pakistanischen Regierung durften wir keine Lama der Air Zermatt nach Pakistan fliegen. Warum, Herrgott, konnten die Jungs da unten nicht einfach lostuckern und die Rettung durchführen? Warum erklärte man den Slowenen, die pakistanische Luftwaffe verfüge nur über rettungsuntaugliche Helikopter? Schließlich waren es die gleichen Kisten, wie wir sie flogen... Waren diese Ausreden Zeichen von falschem Stolz, um sich nicht das eigene Unvermögen vor Augen führen zu müssen? Eines war klar: Ohne den Druck der Regierung aus Ljubljana und das Netzwerk der IKAR wäre man in Pakistan längst zur Tagesordnung übergegangen. Nun aber konnte Pakistans Ansehen ernsthaft Schaden nehmen, überließe man diesen Bergsteiger seinem Schicksal. Immerhin saß er an ihrem Berg fest, in der Rupalwand, wo bereits Reinhold Messner seinen Bruder verloren hatte... Die Möglichkeit einer Rettung durch ein europäisches Rettungsteam verschärfte den Druck – und mit ihren Ausreden manövrierten sich die Pakistani zunehmend in eine Sackgasse. Nur eine erfolgreiche Rettung durch pakistanische Luftwaffenpiloten konnte die Situation beruhigen. General Pervez Musharraf beorderte seine besten Piloten, Col. Rashid Ullah Beig und Lt. Khalid Rahna, zum Nanga Parbat und gab persönlich den Befehl zur Rettung von Tomaž Humar – und der Ehre Pakistans! Die Piloten sollten alles Menschenmögliche unternehmen, im Zweifelsfall unter Missachtung sämtlicher Vorschriften. Das hieß im Klartext: »Unter Einsatz eures Lebens, holt den Mann vom Berg!« Dennoch bewilligte General Musharraf auf Bitten des slowenischen Präsiden-

ten die Reise eines Schweizer Rettungsteams: Sollten Rashid und Khalid den slowenischen Bergsteiger nicht aus seinem Schneeloch befreit haben, wenn die Schweizer eintrafen, würde man ihnen eine pakistanische Militär-Lama zur Verfügung stellen. Ein Wettlauf hatte begonnen.

Unsere beiden obersten Bergretter Bruno und Kurt machten sich sofort bereit. Ich wollte eigentlich gar nicht mit, aber die beiden insistierten: »Wir reisen nicht ohne unseren ›eigenen‹ Piloten.« Bei einer so heiklen Aktion wollten sie sich keinem fremden Piloten anvertrauen. Ich war mir allerdings sicher, dass ich höchstens als Expeditionskoch zum Einsatz käme, weil man uns nie und nimmer eine Militärmaschine aushändigen würde. Trotzdem willigte ich ein.

Derweil diskutierte man im Basecamp des Nanga Parbat mit dem Team von Tomaž Humar über den genauen Ablauf der Rettung. Denn die Lama-Piloten der pakistanischen Luftwaffe hatten so etwas noch nie gemacht. Ihre Fragen gelangten über Viktor direkt zu uns aufs Handy. So informierten wir uns während unserer Reise laufend über die Lage am Berg und gaben Ratschläge. Eine Rettung mit der Seilwinde war nicht möglich, weil auf den Helikoptern der Pakistani keine entsprechende Vorrichtung existierte. Deshalb sollte die Rettung mit einem am Lasthaken befestigten Seil durchgeführt werden. Auf dem Flughafen zwischen Check-in und Sicherheitskontrolle stehend, instruierten wir Viktor, der die Informationen seinerseits an die Crew im Basecamp weitergab. Den Kollegen aus Pakistan, die extrem unter Druck stehen mussten, ließen wir ausrichten, auf gar keinen Fall ein Bergseil am Lasthaken zu montieren; die große Dehnung könne problematisch werden. Wir hatten das geeignete statische Material im Gepäck samt einer zusätzlichen Sicherung, um die Aktion redundant, also doppelt gesichert, fliegen zu können. Der Lasthaken war so konzipiert, dass der Pilot – mit nur einer Bewegung – die gesamte Last vom Helikopter trennen konnte. Bei einer Rettung aber hätte eine falsche Bewegung unter Umständen fatale Folgen, weshalb man eine zusätzliche Sicherung einsetzte, die separat gelöst werden musste.

Zudem betonten wir, dass eine solche Rettung der guten Kommunikation zwischen dem Rettenden am Seil und dem Piloten im Helikopter bedurfte. Der Pilot sieht während einer Aktion nicht vertikal nach unten – es sei denn, er löst die Tür auf seiner Seite aus der Verankerung und schaut über seine rechte Schulter. Um diese Technik zu beherrschen, ist allerdings eine entsprechende Ausbildung und jahrelange Erfahrung nötig. Jeder Air-Zermatt-Pilot fliegt jedes Jahr 5000 bis 7000 Flüge am Lasthaken, ein Training von unschätzbarem Wert. Denn bei einer Rettungsaktion müssen sie den Bergretter am Seil punktgenau absetzen. Jährlich sind es über 400 Rettungseinsätze, welche die Air-Zermatt-Piloten mit dieser Technik oder mittels einer Winde fliegen. Aber es kann sich auch nicht jeder einfach ans Seil hängen, um zum Beispiel aus der Nordwand des Matterhorns einen Bergsteiger zu retten. Zu der Ausbildung dieser »Rettungsspezialisten Helikopter« gehören sowohl eine Bergführerausbildung als auch umfangreiche Spezialkurse. So vergehen Jahre, bis ein Bergretter sich an das Seil hängen darf, um mit dem Piloten ein schicksalhaftes Team zu bilden. Im Oberwallis arbeiten ungefähr dreißig solcher Bergretter. Die Abläufe zwischen ihnen und den Piloten sind exakt definiert, jeder weiß, wer welches Kommando zu welchem Zeitpunkt gibt. Daher ist die einwandfreie Kommunikation über Funk einer der wichtigsten Sicherheitsaspekte bei einer Winden- oder Seilbergung.

Über diese technischen Möglichkeiten und Erfahrungen verfügten die Pakistani jedoch nicht. Weder gab es ein funktionierendes Team aus Piloten und Bergrettern noch die richtigen Funkgeräte und -helme, ganz zu schweigen von dem richtigen Einsatzmaterial. Dennoch sollten die beiden Piloten nun erstmals eine derartige Rettung durchführen – an der mächtigsten Wand der Welt... Aber Befehl war Befehl. Und so starteten sie an jenem nur mäßig schönen Morgen zu dem allerersten Rettungseinsatz mit Tau im Himalaja auf knapp 6000 Meter. Immer wieder versuchten Rashid und Khalid mit ihrem Helikopter in die Nähe des Schneelochs zu gelangen, in dem der entkräftete Bergsteiger seit Tagen festsaß. Starke Winde und eine schlechte Sicht erschwerten das heikle Unterfangen zusätzlich. Tomaž hingegen, der begonnen hatte, seine verbliebene Energie mittels Meditation einzuteilen, schöpfte Hoffnung, als er das Rotorgeräusch vernahm. Sollte er hier, nach so vielen Tagen in diesem Schneeloch, doch noch lebend herauskommen? Ein Abstieg aus dieser Mörderwand war unmöglich und sein Schicksal quasi besiegelt gewesen… Nun aber liefen die Rettungsversuche auf Hochtouren – doch entgegen unserer Warnung hatten die Pakistani in ihrer Not ein Tau aus elastischen Bergseilen zusammengebastelt und am Heli befestigt. Rashid und Khalid versuchten zunächst, Nahrung und trockene Kleidung bei Tomaž abzusetzen, was wegen der schlechten Witterung und ihrer mangelnden Erfahrung aber misslang. Sie kamen einfach nicht an den Bergsteiger heran. Frustriert und die imaginäre Pistole des Generals im Nacken, gaben sie ihr Bestes, doch gegen die Naturgewalten hatten sie keine Chance. Am Abend gaben sie auf – und Tomaž verlor allen Mut: »Morgen wird der letzte Tag sein, an dem ich lebe«, gab Tomaž über Funk an das Basecamp. Hier hatten seine Leute ängstlich die vergeblichen Bemühungen der Pakistanis am Himmel verfolgt. »Bei der Nuptse-Besteigung, bei der ich meinen Partner sterben sah und drei Tage ohne Nahrung blieb, war ich in demselben Zustand, an der Grenze zwischen Leben und Tod. Wenn es morgen nicht klappt, dann gibt es keinen Plan mehr«, sagte Tomaž – und seine Freunde wussten, was das bedeutete. Während der vergangenen Tage hatten sie ihm alle Nachrichten aus der slowenischen Heimat über Funk mitgeteilt. Herzzerreißende SMS und Emails, die ihn zum Durchhalten ermutigen sollten. Mittlerweile waren es täglich mehr als 15 Millionen Klicks auf seiner Internetseite. Bergsteiger, Freunde und Neugierige auf der ganzen Welt wollten wissen, ob dieser Ausnahmekönner praktisch online sterben musste. Aber noch war es nicht so weit: Die internationalen Medien, von BBC bis New York Times, berichteten über die möglicherweise bevorstehende Rettung.

Kurt, Bruno und ich waren mittlerweile in London eingetroffen und bekamen gerade noch rechtzeitig den Flieger nach Islamabad. Als wir an Bord des Flugzeugs gingen, wurde es langsam dunkel. Noch rund 6000 Kilometer und neun Stunden Flugzeit trennten uns von unserem Ziel.

In der Nacht fand Rashid keinen Schlaf. Nicht nur das Leben von Tomaž, auch die Hoffnungen vieler Menschen ruhten in seiner Hand. Immer wieder ging er die Leistungsberechnungen durch und stellte sich die alles entscheidende Szene vor: Tomaž hing sich in das Seil ein, und sie flogen ihn heraus. Happy End.

Derweil saßen wir drei Schweizer in der Linienmaschine nach Islamabad; und auch wir besprachen, sollten wir zum Einsatz kommen, die mögliche Rettung. Kurz vor dem Abflug hatte uns Viktor auf den neuesten Stand gebracht: »Die pakistanischen Piloten waren heute leider erfolglos. Morgen, sobald es hell wird, werden sie es erneut versuchen. Aber ich denke, dass ihr euch auf einen Einsatz vorbereiten solltet.«

Unser Szenario sah vor, einen Bergretter (Bruno oder Kurt) bei Tomaž abzusetzen, sobald wir im Anflug genau überprüft hatten, wie der Standplatz des Retters aussah. In der Regel setzt man den Retter nicht unmittelbar neben dem oder den Verunfallten oder zu Rettenden ab. Man kennt ihren Zustand nicht, möglicherweise sind sie verwirrt oder panisch und springen ihren Retter an. Ein Absturz könnte die Folge sein. Falls Tomaž nicht mehr bei Bewusstsein war, wollten wir auch den zweiten Mann einfliegen. Meinen Berechnungen nach müsste – mit einem Piloten und zwei Bergrettern oder einem Bergretter und Tomaž – ein Schwebeflug in dieser Höhe möglich sein. Wir gingen davon aus, in einer halben Stunde alles erledigt zu haben. Vorausgesetzt das Wetter spielte mit. Aber für den nächsten Morgen waren die Prognosen gut. Noch waren wir allerdings nicht am Ziel, denn von Islamabad aus mussten wir erst noch mit der Militärmaschine, einer russischen Mi-8, zum Basecamp des Nanga Parbat fliegen. Eine weitere Stunde, in der unsere pakistanischen Kollegen alles versuchen würden. Für Tomaž und Pakistans Ehre…

Mittwoch, 10. August 2005, Nanga Parbat

Am nächsten Morgen machten sich Rashid und Khalid um 6 Uhr startklar. Das Wetter war perfekt und das Ziel in der Rupalwand vom Basecamp aus gut sichtbar. Über Funk wurde Tomaž gebeten, sich für den Abtransport bereitzuhalten. Rashid und Khalid befestigten das Seil an ihrer Lama und flogen los. Ihnen blieben nur noch wenige Stunden, den Befehl von General Musharraf auszuführen, bevor wir am Nanga Parbat eintrafen. Zwar fehlte der direkte Funkkontakt mit dem Helikopter und somit auch die Möglichkeit, sich mit dem Bergsteiger über den Ablauf der Rettung absprechen zu können. Doch das war Tomaž mittlerweile egal: Einhängen und weg, das war alles, was er wollte. Rashid steuerte den Helikopter ganz nah an die Rupalwand heran und probierte, sich über dem Schneeloch von Tomaž zu positionieren. Als das nicht klappte, musste er durchstarten und zu einem erneuten Anflug ansetzen. Diesmal gelang es ihm, einige Meter oberhalb von Tomaž in den Schwebeflug überzugehen. Das Seil schwang hin und her, war aber immer noch zu hoch. Die beiden Piloten konnten die Höhe nicht einschätzen, ihnen fehlten die Erfahrung und die Kommunikation zur Unfallstelle. Sie schwebten vor und zurück. Ganz langsam sank der Helikopter Stück für Stück ab, und der Rotorabwind blies Tomaž kalt und hart ins Gesicht. Wer schon einmal unter einem Helikopter stand, weiß, was das heißt. Insbesondere auf knapp 6000 Metern, in einer fast senkrechten Wand, die den Abwind zusätzlich kanalisierte. Bei Minustemperaturen traf dieser nun einen Mann, der bereits mit dem Tode rang. Tomaž nahm seine Eisaxt in die Hand, doch es dauerte über eine halbe Stunde, bis er damit das Seilende zu fassen bekam. Jetzt musste er mit gefrorenen Fingern seinen Karabinerhaken befestigen … und die ganze Zeit schwebte der Heli über ihm. Mit allerletzter Kraft öffnete Tomaž seinen zugefrorenen Karabiner und montierte ihn an das Seil. Khalid, der die Szene vom linken Copiloten-Sitz aus teilweise beobachten konnte, gab seinem Kollegen das Zeichen zum Aufziehen. Rashid zog den Heli zügig in die Höhe – und unsere schlimmste Befürchtung wurde wahr: Tomaž war noch immer mit zwei Eisschrauben im Schneeloch gesichert! Aus seinem Tiefkühlgehäuse herauskatapultiert, hing er nun mit dem rechten ausgestreckten Arm am Seil zum Heli, mit dem linken am Seil zum Schneeloch, das ihn nicht hergeben wollte. Fatal aber war die Tatsache, dass der Helikopter jetzt ebenfalls am Berg befestigt war und jede abrupte Bewegung zum Absturz führen konnte. Tomaž war so weit weg vom Berg und die Seile standen derart unter Spannung, dass er keine Chance hatte, das Seil in Richtung Schneeloch zu lösen. Und sein Schweizer Taschenmesser von Viktorinox steckte unerreichbar in einer Jackentasche. Alles ging blitzschnell – und nach einem Blick auf seine Instrumente zog Rashid instinktiv am Blattverstellhebel, um die Leistung des Helikopters zu erhöhen. Das Seil zum Schneeloch löste sich aus der Verankerung, und Tomaž schnellte in den Himmel. Direkt auf den Helikopter zu. Sein Kopf stieß gegen die Kufe. Wäre er in die Rotoren katapultiert worden, wären alle drei Männer verloren gewesen… Unten im Tal verfolgte man die Szene mit dem Feldstecher, doch viel erkennen konnte man nicht, nur hoffen und beten. Dann aber tönte ein Jubelschrei aus dem Basecamp, als Rashid mitteilte, Tomaž hinge am Seil und sei gerettet. Rashid und Khalid hatten den Bergsteiger tatsächlich lebend aus der Wand geholt.

Diese dramatischen Sekunden habe ich mir wiederholt auf YouTube angesehen, ich bin davon überzeugt, dass der Absturz des Heli kurz bevorstand und die Rettung um Haaresbreite in einer Katastrophe geendet wäre. Nur die drei Beteiligten wussten, wie viel Glück sie an diesem Sommermorgen dort oben in der Rupalwand gehabt hatten.

Gut eine Stunde später, es war mittlerweile 8 Uhr, landeten wir in Islamabad, erwartet von einem Betreuer des pakistanischen Rettungsdienstes. Er hüpfte vor Freude, als er die gute Botschaft verkündete: »Tomaž ist gerettet!« Unser Einsatz war beendet, bevor er begonnen hatte. Und so löste sich auch bei uns nach und nach die Spannung. »Dann gehen wir halt wieder heim«, lautete Kurts lapidarer Kommentar. Stattdessen aber wurden wir von Rashids Cousin Nazir Sabir, dem Präsidenten des

Alpine Club of Pakistan, zum Essen eingeladen. Nazir hatte in den vergangenen Tagen die wichtige Rolle des Vermittlers zwischen Pakistan und Slowenien übernommen. Die Stimmung war ausgezeichnet, alle waren froh und vor allem stolz, dass Tomaž gerettet werden konnte, und Nazir erzählte uns seine Version der Geschichte in allen Einzelheiten. Oft war er mit Viktor Grosělj auf Expeditionen und auch selbst schon auf dem Everest gewesen. Viktor und Nazir vertrauten einander. Diesem Netzwerk und den fleißigen Strippenziehern im Hintergrund war es zu verdanken, dass die bürokratischen Hürden – mit viel Aufwand zwar, am Ende jedoch erfolgreich – umgangen werden konnten. Spontan luden wir unsere neuen pakistanischen Freunde nach Zermatt ein.

Donnerstag, 11. August 2005, Islamabad
Am nächsten Morgen flogen wir mit unserem Rettungsmaterial und den Funkhelmen von Islamabad via Katar nach Hause. In der Wüste des Ölstaats am Persischen Golf, Bruno noch immer in kompletter Bergsteigermontur, ließen wir uns von bärtigen, in weiße Tücher gewickelte Männer bestaunen ...

Tomaž war inzwischen auf dem Weg nach Islamabad, zurück in die Zivilisation. Der Heli hatte ihn im Basecamp abgesetzt; und nach einer Nacht im Zelt mit ärztlicher Versorgung, Nahrung, warmem Tee und trockener Kleidung bestand er darauf, mit einem Esel ins Tal zurückzukehren. Ein echter Kerl eben.

Steve House hatte dem ganzen Drama vom Basecamp aus zugeschaut. Wäre er nicht am Nanga Parbat aufgekreuzt, Tomaž Humar hätte wahrscheinlich auf besseres Wetter gewartet und die Rupalwand wie geplant bezwungen. Nun aber war Houses Zeit gekommen, das Wetter war gut, und so stieg er in die gefürchtete Rupalwand ein. Ohne Druck. Und mit Erfolg.

Doch obgleich Humar sein ehrgeiziges Ziel nicht erreicht hatte, ein paar Tage später wurde er zusammen mit Rashid und Khalid von General

Musharraf empfangen und geehrt. Für ihre Rettungsaktion zollte man den beiden Piloten aber auch internationale Anerkennung: Von der Helicopter Association International erhielten sie den Heroism Award.

Da Bruno, Kurt und ich ja nicht nur von Humars heroischer Rettung erfahren hatten, sondern auch von den Schwierigkeiten und dem Beinahe-Absturz, berieten wir auf dem Rückflug, wie man in solchen Fällen zukünftig vorgehen sollte. In den einschlägigen Bergsteiger-Blogs wütete unterdessen ein Streit auf niedrigstem Niveau. Was nicht ungewöhnlich war, diese Szene ist von Egoismus und Neid geprägt. Es wurde heftig darüber diskutiert, ob es Sinn machte, mit einer ganzen Mannschaft an Sponsoren und unter großem öffentlichem Tamtam in die Berge zu gehen. Tomaž Humar wurde (auch anonym) von vielen Seiten, hauptsächlich aber aus den USA, aufs Gröbste beschuldigt und beleidigt: »Er soll einfach die Schnauze halten, in die Berge gehen und wie ein Mann sterben«. Leute wie Michael Kennedy von *Climbing*-Magazine, Kelly Cordes und Mark Twight, allesamt Extrembergsteiger mit ebenso extremen Ansichten, hielten sich für die Alleswisser des Planeten und stellten jede andere Meinung kategorisch in Frage. »Eine Direktrettung mit dem Tau am Nanga Parbat, eine Landung auf dem Everest ... und jetzt wird jeder nicht trainierte Sack, der den hohen Ansprüchen des Himalajas nicht genügt, in Zukunft zum Funkgerät greifen, um Hilfe schreien, um dann von der Kavallerie gerettet zu werden«, war von Mark Twight zu vernehmen. Er und seine Berggurus verdammten die Luftrettung im Himalaja als unheilvolle Sache und beschworen, dass nunmehr die letzte Herausforderung »Mensch gegen Natur« endgültig gestorben sei. Ähnliches war auch hierzulande aus berufenem Munde zu hören: Der Arzt und Bergsteiger Dr. Oswald Oelz ließ sich zu einem Statement hinreißen, das uns sehr verwunderte. Er meinte, wir würden mit der Einführung der Luftrettung im Himalaja »das Abenteuer killen«. Er selbst hatte allerdings jahrelang auf der Cabana Margherita die Höhenkrankheit erforscht, um Menschen zu helfen. Das einzige probate Mittel neben Viagra war immer noch der rasche Abstieg in tiefere Regionen. Also: Gibt es in dem Fall etwas Besseres als den Helikopter? Wie viele Leute haben wir schon bei Nacht und Nebel aus der Cabana-Margherita-Hütte geholt, die sonst gestorben wären? Skeptisch äußerte sich auch Reinhold Messner, der 1970 seinen Bruder Günther bei der Erstbegehung der Rupalwand am Nanga Parbat hatte zurücklassen müssen. Wenn damals in Pakistan eine Bergrettung mit Helikoptern möglich gewesen wäre, hätte Messner dann nicht alles unternommen, um seinen Bruder zu finden? Hätte er diese Hilfe etwa abgelehnt? Zumindest relativierte er später seine Meinung, als er im Rahmen eines Podiumsgesprächs zu diesem Thema sagte, Luftrettungen müssten von Profis durchgeführt, Retter professionell ausgebildet werden.

Männer wie Mark Twight & Co. sind meist egoistische Einzelgänger. Alles, was sie tun, denken oder sagen, ist extrem. Sie ignorieren gerne die Tatsache, dass jedem noch so erfahrenen Bergsteiger etwas zustoßen kann. Sollen diese Menschen als Helden sterben? Wer denkt dabei an die Familien, die hoffen und bangen, dass ihre Lieben wieder heil nach Hause kommen? Muss man nicht alles unternehmen, um Menschen in Not zu helfen? Ist es verwerflich, Techniken zu beherrschen, die es anderen unter Umständen ermöglichen weiterzuleben? Sollten wir nicht alle immer unser Bestes geben?

Eine lebhafte Diskussion zwischen Kurt, Bruno und mir war im Gange – und noch bevor wir in der Schweiz landeten, hatten wir einen konkreten Plan. Denn obwohl nicht jede Rettung erfolgreich sein kann, so muss man es doch in jedem Fall versuchen. Wir wollten unsere Erfahrung an andere Piloten weitergeben. Rashid und Khalid sollten von unserem Know-how profitieren.

Schneller als gedacht stand ich knapp zwei Monate nach unserer Rückkehr aus Pakistan bereits wieder in Kontakt mit Rashid Ullah Beig. Kurz vor Einbruch des Winters hatte ein starkes Erdbeben die Bevölkerung im pakistanischen Himalaja heimgesucht. Sofort organisierte die Air

Zermatt eine Sammelaktion im Oberwallis: Zwanzig Tonnen Kleider und Schuhe kamen zusammen und stapelten sich am Zermatter Heliport. Überwältigt von dieser Solidarität schickten wir die Sachen nach Islamabad. Wie hätten die pakistanischen Piloten unsere Einladung nach Zermatt da noch ausschlagen können …

Und Tomaž Humar? Ende November erreichte mich überraschend folgende Email[10]:

Lieber GEROLD, BRUNO, KURT.
Gott segne euch, und habt vielen Dank dafür, dass ihr bereit wart, euer Leben für mein Leben zu riskieren. Es ist schon eine Weile her, über drei Monate, seit ihr die Rettung an der Südwand des NANGA PARBAT organisiert habt. Ältere Menschen pflegen zu sagen, dass die Zeit die Wunden heilt … Ich kann dieser Aussage nur zur Hälfte zustimmen. Für mich ist es immer noch, als wäre es gestern Nacht gewesen. Für mich sind die Geschichte und die Emotionen noch nicht vorbei, und es wird niemals mehr so sein, wie es einmal war. In meiner Vergangenheit war ich in sehr vielen schwierigen Situationen, aber dieses Mal war es anders. Dieses Mal wäre ich höchstwahrscheinlich gestorben, wenn Gott nicht entschieden hätte: ›Du stirbst jetzt noch nicht.‹ Ihr kennt die Geschichte, das Seil war zu kurz, mir war sehr kalt, ich konnte weder etwas sehen noch hören, und am Schluss war der Helikopter zu schnell. Ich konnte weder aushängen noch das Seil mit meinem Schweizer Messer durchtrennen. Zwischen Wand und Helikopter hängend, konnte ich nur noch Gott um Hilfe bitten. Das Wunder geschah – oder besser gesagt: Gott hatte sich entschieden ›fürs Leben‹. Darum kann ich euch diese Nachricht schreiben. Mein doppeltes 4-Millimeter-Seil hält ungefähr 500 Kilogramm, und die Leistung des Helikopters lag bei 270 Kilo.

Von außen betrachtet sieht es so aus, als ob diese Dinge der Vergangenheit angehören, aber ich sage: ›Es ist immer noch hier.‹ Und es wird immer in meiner Seele bleiben.

Ich weiß nicht, wie ich euch danken soll, Jungs, gerne würde ich euch alle, die ihr an der Rettung beteiligt wart, eines Tages treffen.
Das Leben ist wunderschön.
Tomaž HUMAR

Fortan ging dieser Ausnahmebergesteiger ohne großen Tross und Sponsorendruck in die Berge… und zeigte seinen schärfsten Kritikern mit außergewöhnlichen Leistungen, wer der wahre Meister war.

Oktober 2006, Kranjska Gora, Slowenien
Die Elite der Bergretter traf sich zum alljährlichen Kongress der Internationalen Kommission für Alpines Rettungswesen (IKAR). Vier Tage lang tauschte man im slowenischen Kranjska Gora Erfahrungen und Kenntnisse in den Bereichen Boden-, Lawinen- und Flugrettung sowie Medizin aus. Stets geht es darum, Rettungstechniken zu verbessern und die Sicherheit der Bergretter zu erhöhen, denn fast jährlich sterben Retter bei der Ausübung ihres Berufes – und jeder Unfall ist einer zu viel. Die gemeinsam erarbeiteten Ergebnisse und Empfehlungen der IKAR sollen die Bergrettung professioneller und sicherer machen. »Lerne aus den Fehlern anderer, denn du lebst nicht lange genug, um alle selber zu machen« – nach diesem Motto wurden auch auf dem Kongress in Slowenien Unfälle und schwierige Einsätze thematisiert und analysiert. Den Fall »Humar« hatten wir bereits im Jahr zuvor besprochen, und ich hätte es nie für möglich gehalten, Tomaž gerade hier persönlich zu treffen…

Während des Kongresses fragte mich der slowenische Bergretter Klemen Volontar, ob ich ein paar Minuten Zeit für ihn hätte. Er habe mit seinem Freund Tomaž Humar gesprochen: Der wolle die Gelegenheit nutzen und gerne Bruno und mich am Flughafen treffen, kurz bevor er erneut gen Himalaja abreise. Natürlich sagten wir zu und fuhren mit Klemen zum Flughafen in Ljubljana. Dort trafen wir einen nicht allzu großen, aber kräftigen, durchtrainierten Mann. Bei der Begrüßung wurden wir fast erdrückt. Tomaž war voller Energie und hatte eine enorme Ausstrahlung. ›Mister Zehntausendvolt!‹, dachte ich spontan. Er lachte über das ganze Gesicht und konnte es kaum erwarten, seine Version der Nanga-Parbat-Geschichte zu erzählen. Und dann redete er ohne Punkt und Komma. Bis ins letzte Detail bekamen wir all jene Informationen, die wir bis dahin nur geahnt hatten. Er war überzeugt, ohne unseren unbedingten Willen, seine Rettung voranzutreiben, wäre unser heutiges Treffen nicht möglich gewesen. »Wärt ihr nicht aufgebrochen, sie hätten mich einfach sterben lassen!« Es war, als ob wir uns schon Jahre kannten. Plötzlich aber sprang Tomaž auf, machte rasch ein paar Erinnerungsfotos und verkündete: »Ich muss weiter, in den Himalaja, eine neue Route klettern!« Mehr dürfe er nicht verraten. »Aber ich ruf euch an, wenn ich zurück bin.« Schnell tauschten wir die Handynummern aus, und bevor er aus der Tür war, rief ich ihm hinterher, er könne Tag und Nacht anrufen, wenn er in Schwierigkeiten stecke. »Wo immer du auch auf diesem Planeten bist, wir holen dich!«

November 2006, Zermatt
Rashid und Khalid folgten unserer Einladung nach Zermatt und nahmen an der jährlichen Rettungsübung der Kantonalen Walliser Rettungsorganisation (KWRO) teil. Die Helikopterpiloten aus Pakistan führten mit unserer Lama eine Long-Line-Übung an einem senkrechten Felsen durch und übten mit einhundert Meter langen Seilen die Übergabe eines Rettungsspezialisten samt optimierter Funkausrüstung, statischen Seilen, der redundanten Sicherung und allem anderen technischen Material. Wir versuchten, den beiden Pakistani unsere Flug- und Rettungsoperationen näherzubringen... Leider blieb es bei dem einen viertägigen Besuch. Denn Rashid und Khalid, diese freundlichen, gebildeten Menschen, waren Gefangene eines militärischen Systems. Sie hatten keinerlei Chance, die Entscheidungsträger in der pakistanischen Luftwaffe dazu zu bewegen, die Luftrettung im eigenen Land mit den Erfahrungen aus dem Wes-

ten voranzutreiben. Somit blieb die Direktrettung von Tomaž Humar am Nanga Parbat die bislang einzige in Pakistan. Viele Familien mussten seither um einen geliebten Menschen trauern, für den eine Luftrettung vielleicht die letzte Hoffnung gewesen wäre.

Der Traum vom Fliegen

Traum ist ein Stück vom Leben.
(Rainer Maria Rilke)

Wenn Gott wollte, dass wir Menschen fliegen, hätte er uns Flügel geschenkt. Sich aus freier Kraft von der Erde zu lösen bleibt ein Traum. Der Traum vieler Menschen. Auch ich hatte diesen unbändigen Wunsch, fliegen zu können, und träumte oft davon. Doch der Anfang von allem war ein Albtraum …

Zunächst bewegte sich nichts. Weder vor noch zurück. Ich stellte mich quer, so dass meine Eltern gezwungen waren, in die Kantonshauptstadt Sion zu fahren. An eine Hausgeburt war einfach nicht zu denken. Aber auch bei aller professionellen Hilfe: Es war ein ausgezeichneter Schutzengel vonnöten, damit meine Mutter und ich diesen Kraftakt überlebten. Meine Eltern mussten sich also vom ersten Moment an um mich sorgen. Daran hat sich bis heute nichts geändert …

Wir schrieben das Jahr 1963 – und in den folgenden Jahren, glücklicherweise unter weniger dramatischen Umständen, kamen noch drei Geschwister hinzu. Cornelia, Stefan, Claudia und ich wuchsen, wie schon meine Eltern und Großeltern, in Zermatt auf.

Gemeinsam mit unseren Großeltern väterlicherseits lebte meine Familie im »Haus zur Brücke«. Ich erinnere mich noch gut an die ruhigen Schritte auf dem Holzboden, die über unserer Wohnung zu hören waren, wenn wir Kinder Hausaufgaben machten oder im Bett lagen.

Mein Großvater Alfons war zugleich Bäcker, Bergführer, Schlittschuh- und Skilehrer. Seine klaren hellblauen Augen leuchteten, wenn er seine Horde Enkelkinder um sich hatte. Immerhin waren es mitunter bis zu sechzehn Knirpse, die in der großelterlichen Wohnung herumtollten. Im Alter von etwa sechzig Jahren übergab mein Großvater seinen Söhnen die von ihm aufgebaute Bäckerei Biner, um sich fortan mit großer Begeisterung dem Skifahren zu widmen. Zu seinem 85. Geburtstag bekam er von seinen Kindern ein neues Paar Skischuhe geschenkt. Da er diese neuartigen, klobigen Dinger aber nicht gewohnt war, übte er erst einmal ohne Publikum im heimischen Flur. Noch mit über neunzig Jahren stand Alfons Biner auf den Brettern – und als er sich am Riffelberg die Schulter ausrenkte, wollte er partout nicht mit dem Heli ins Tal gebracht werden. Stattdessen fuhr er unter starken Schmerzen mit der Gornergrat-Bahn nach Zermatt und ging zum nächsten Arzt. Diese staubaufwirbelnden Helis waren ihm nicht ganz geheuer, lieber biss er die Zähne zusammen.

Da seine Frau Gertrud aus einer Winzerfamilie stammte (und als einzige meiner Vorfahren nicht aus Zermatt), legte sich mein Großvater in den sechziger Jahren ein Weingut in Noes (Rhonetal) zu, wo die beiden fast den gesamten Sommer und Herbst verbrachten. Hier durften wir als Kinder Trauben lesen und so viele davon verzehren, bis eintraf, wovor uns Großmutter Gertrud gewarnt hatte.

Meine Großeltern mütterlicherseits wohnten auf der Heji – der Höhe auf Hochdeutsch –, einem wunderschönen Ort nördlich des Dorfes. Hier baute Großvater Basil, der ebenfalls Bergführer und Skilehrer war, zusammen mit seinem älteren Bruder Theo die Pension Welschen. Basil und Theo hatten keine einfache Kindheit. Ihre Mutter musste die beiden Jungs alleine großziehen, denn ihr Vater war vor Basils Geburt an einer Blutvergiftung gestorben. Angeblich war es Schafmist, der ihn das Leben gekostet hat. Seitdem liebe ich dieses Tier nur, wenn es springlebendig daherkommt, sein Fleisch hingegen wäre nie meine erste Wahl. Obgleich ich zugegebenermaßen ab und zu kleinste Bissen davon im Chez Heini, Darioli oder im Julen esse ...

Großvater Basil war ein lustiger Mensch, immer zu Späßchen aufgelegt. Und er konnte so gute »Bozugschichte«[11] erzählen, dass man selbst in der warmen Stube vor lauter Angst »die Bei uf dä Sässel het gno«[12]. Viele dieser Geschichten sind leider in Vergessenheit geraten, man hätte sie aufschreiben sollen. Gerne würde ich Erzählungen meiner Großeltern, die mich an meine schöne Kindheit erinnern, von Zeit zu Zeit wieder hören. Seine Frau Julia war für mich eine der liebsten Frauen der Welt. Sie verwöhnte uns immerzu, es gab köstliches Softeis oder Weißenburger Orangina. Julia und Basil hatten einen Sohn, Christian, der – obwohl mein Onkel – nur sieben Jahre älter war als ich und mit dem mein Bruder Stefan und ich oft spielten. Onkel Christian war angehender Skirennfahrer, und wenn er unterwegs war, durfte ich in seinem Zimmer schlafen und seine Comichefte durchstöbern: *Tim und Struppi* und *Captain Cooper*. Vor allem Dan Cooper, der ultracoole Flugzeugpilot der Royal Canadian Air Force, faszinierte mich; ich kannte die Geschichten in- und auswendig, wollte so sein wie er. Knapp über dem Meer fliegen, auf einem Flugzeugträger landen und all die Sachen machen, die man mit einem Flugzeug eben machen kann. Eine Geschichte hatte mich besonders beeindruckt: Cooper flog gerade übers Meer, als er abstürzte. Sofort zog er den Fallschirm und landete im Wasser. Ein Helikopter kam und holte ihn mittels Winde heraus. Ein Helikopter! Genau so ein Ding hatte ich auch schon einmal gesehen, aber nicht in einem Comicheft, sondern live und in Farbe ... Vor dem Cash and Carry-Laden hatte es einen Unfall gegeben, und wahrscheinlich war der Hubschrauber der Heliswiss zur Rettung angefordert worden. Wir Burschen nahmen die Sikorsky S-58 ganz genau unter die Lupe. Das war schließlich die Gelegenheit. Doch der Pilot verscheuchte uns wie einen lästigen Schwarm Mücken.

Als ich fünf Jahre alt war, wurde die Air Zermatt gegründet. Von nun an sah man öfter mal einen Heli, doch ich fand auch sonst immer wieder Gelegenheiten, um die heißgeliebten Flugobjekte zu besichtigen: Meine Tante Lilly wohnte in Sion, und wann immer wir sie besuchten, drängte ich meinen Vater, mit uns zum Flugplatz zu fahren. Denn hier hatte die 1965 gegründete Air Glaciers ihren Stützpunkt. Der Pilot Bruno Bagnoud hatte die Air Glaciers aufgebaut, um den Traum seines Partners, des famosen Gletscherpiloten Hermann Geiger, weiterzuführen, nachdem dieser im selben Jahr bei einem Schulflug tödlich verunglückt war. Tante Lilly und mein Vater kannten Monsieur Bagnoud persönlich, weshalb wir ziemlich oft Ausflüge zu dem Helikopterstützpunkt unternahmen. Bis meine Geschwister sich irgendwann beklagten: »Immer müssen wir das machen, was Gerold sagt!« Danach konnte jedes der Geschwister mal wählen, was es gerne machen würde. Aber letztlich gingen wir doch meistens zum Flugplatz. Entweder hatte ich meinen Bruder oder meine Schwestern bestochen. Vom Haag des Flugplatzes aus den Maschinen beim Starten und Landen zuzusehen war fantastisch … Eines Tages aber reichte mir das nicht mehr, ich wollte selber in die Luft. Dieser Traum, einmal wie Captain Cooper fliegen zu können, wurde allmählich immer bedeutender und ließ mich nicht mehr los. Zu Hause spielten Stefan und ich mit den Haarbürsten unserer Mutter »Helikopter«, befestigten alle möglichen Sachen an einer Schnur und transportierten sie vom Bubenzimmer in die Küche und wieder zurück. Später folgten erste Besuche im »Graupner«-Laden, wo ferngesteuerte Modellflugzeuge zum Verkauf angeboten wurden. Stefan war ein hervorragender Kumpan und unterstützte mein Hobby eifrig. In unserer Werkstatt bastelten wir, was das Zeug hielt – und bekamen kein einziges Modell zum Fliegen. Beim UHU, dem einfachsten Segelflugmodell, hörte die Modellfliegerei schon wieder auf: Wir brachten es zwar in die Luft, doch leider überstand es den ersten Flug nicht. Auch der Versuch, ein richtiges Flugzeug zu bauen mit einem Holzgerüst und Flügeln aus Styropor à la Otto Lilienthal, scheiterte kläglich. Also widmeten wir uns – vorerst – Fahrzeugen am Boden, genauer der Konstruktion von Seifenkisten. Nun musste unser erstes Modell nur noch fahrtüchtig sein. Die hauseigene Rennbahn Beau Site Knubel am Ende der Straße, die von unserem Haus steil hangaufwärts in Richtung Hotel Beau Site führte, war eine perfekte Teststrecke! Die Kiste stand bereit. Und sobald das erste Tageslicht in unser Zimmer fiel, waren Stefan und ich hellwach. Das Wetter meinte es gut mit uns, und wir beschlossen, unverzüglich mit den Testfahrten zu beginnen. Schnell schlüpften wir aus dem Bett, schlichen uns hinunter in die Werkstatt und rollten unseren Prototypen an den Start. Dann ging's los: Wir rasten mit der kaum steuerbaren Kiste die Straße hinab über die Brücke in Richtung des alten Dorfkerns. Unsere Freude war grenzenlos: Das Ding fuhr! Unter lautem Gejohle wiederholten wir die Fahrten noch ein paar Mal und stellten fest, dass sich die schmalen Kinderwagenräder unter dem schweren Brett kaum verbogen hatten. Allerdings hatte wir leider übersehen, zu welch ungünstigem Zeitpunkt unsere Testfahrten stattfanden. Es war erst kurz nach 5 Uhr in der Früh… Und bei der nächsten Abfahrt blieb uns unser Gejohle im Halse stecken. Vater stand mit verschränkten Armen und in voller Bäckermontur mitten auf unserer Rennstrecke und bat uns, nachdem wir eine Vollbremsung hingelegt hatten, wieder ins Bett zu gehen. »Ruht euch doch bitte noch ein wenig aus!«

Als unsere Seifenkistenzeit zu Ende ging, kehrte unser Interesse an Flugobjekten zurück. Hinter der Patisserie der Bäckerei bastelten Stefan und ich unter dem Balkon unserer Wohnung eine grandiose Helikopterkabine aus Plastik und Holz. Instrumente schnipselten wir aus Tortenuntersätzen, und für die Steuerung klauten wir verschiedene Utensilien aus der Konditorei. Mein Bruder Stefan, Robert Stangier (der Sohn des damaligen Chefpiloten der Air Zermatt) und ich spielten »Rettung am

Matterhorn«. Nach einer Stunde aber mussten wir dringend verpflegt werden, weshalb ich aus unserer Bäckerei, die an diesem Tage geschlossen war, kurzerhand einen Haufen jener Tütchen mit Schoko- und Ovomaltinepulver besorgte, die man in warme Milch einrühren konnte. Wir hatten jedoch weder warme Milch noch Wasser, also würgten wir das klebrige Zeug einfach so runter. Wohin nun mit den vielen leeren Päckchen? Da wir sie nicht einfach in den Hof werfen konnten, noch weniger aber unseren schönen »Heli« verschandeln wollten, verbrannten wir sie... Das plötzlich um sich greifende Feuer erfasste unseren Rettungsheli, züngelte bis zum Balkon im zweiten Stock und drohte, das ganze Haus in Brand zu setzen. Als unser Vater und Onkel Armin, die gerade mit ihren Damen gemütlich beim Tee in der Stube saßen, der Rauchentwicklung auf den Grund gingen, hatten wir drei »Piloten« schon das Weite gesucht. Mein Vater, damals Kommandant der hiesigen Feuerwehr, wollte ungern seine Kollegen rufen, und so löschten er und mein Onkel das Feuer alleine. Der verrußte Balkon musste »nur« ersetzt werden, doch unser Heli war vollkommen zerstört. Das gab vielleicht ein elterliches Donnerwetter...

Die Familie Stangier wohnte gleich gegenüber der Bäckerei im Haus Ascot. Nach Günther Amann war Sigi der zweite Pilot der noch jungen Air Zermatt. Seine Frau Greta und er waren nicht einfach nur unsere Nachbarn, sondern Freunde der Familie. Folglich bekamen wir von den spektakulären Rettungseinsätzen der Air Zermatt einiges mit. Vor allem die Bergung abgestürzter Bergsteiger hinterließ bei uns allen einen bleibenden Eindruck. Damals wurden die Leichen mit dem Heli aus den Bergen nach Zermatt gebracht und mit einem Elektrokarren in die Leichenkapelle transportiert. Dieser seltsame Karren bestand aus einer schmalen, ungewöhnlich hohen Kabine vorne, in welcher der Fahrer stand und den Rädern mit den Füßen die Richtung gab, sowie einer kleinen Transportpritsche hinten, auf der die zerschundenen Körper der

Bergsteiger lagen, verpackt in weiße, kartoffelsackähnliche Tücher. Für uns Kinder war das ein fürchterlicher Anblick – und Sigi Stangier unser Held. Jeder meiner Schulkameraden wollte ihn besser kennen als der andere. Er genoss ein weitaus größeres Ansehen als der Zermatter Präsident und der Pfarrer zusammen. Sigi war mein lebendiger Captain Cooper.

Seit der Heliport am Ortseingang von Zermatt gebaut worden war, standen wir immer wieder oberhalb am Zaun und warteten stundenlang, bis endlich wieder ein Helikopter abhob oder landete. Dann kletterten wir über den Zaun und schoben unseren Allerwertesten Zentimeter für Zentimeter an die Plattform heran, um ganz nahe an eine dieser roten Libellen zu gelangen. Kaum waren wir bis auf drei Meter herangekommen, ging die Türe des Hangars auf, und unser Lieblingsfeind, ein bärtiger Mechaniker, brüllte: »Ihr elenden Rotzlöffel, macht, dass ihr wieder hinter den Zaun kommt!« Schnurstracks nahmen wir die Beine in die Hand, zitterten am ganzen Leib – und waren am nächsten Tag trotzdem wieder da. Eines Tages saßen mein Freund Yuri Bellodi und ich nur zu zweit am Heliport, geduldig auf einen startenden oder landenden Heli wartend. Plötzlich trat Sigi aus dem Büro heraus und ging geradewegs auf die Lama zu. Wir hielten den Atem an. Das sah nach einem Abflug aus, unser Warten hatte sich also gelohnt. Sigi blickte sich kurz um und entdeckte mich. »Gerold!« Ich zuckte zusammen und traute meinen Ohren nicht, als er hinzufügte, mein Freund und ich sollten mit ihm kommen. Mein Herz klopfte wahnsinnig. Yuri war bereits wie von der Tarantel gestochen aufgesprungen. Instinktiv machte ich es ihm nach, ungläubig und selig zugleich lachten wir uns an; dann rannten wir auf Sigi zu. Mein Lächeln muss wohl ein wenig gequält gewirkt haben, denn Sigi wies mich an, vorne neben ihm Platz zu nehmen: »… dann kannst du Einheimischer mir erklären, wo es lang geht!« Ich hatte wirklich Schiss, wollte mir aber auf keinen Fall eine Blöße geben. Kurz darauf saßen wir mit Sigi, meinem Superhelden mit der blauen Fliegerkappe, in der Kanzel der Maschine und verfolgten gebannt jeden Handgriff. Als die Rotoren die volle Geschwindigkeit erreicht hatten, zog er mit der linken Hand am Hebel … und schon waren wir in der Luft. Dann kippte er die Lama nach vorn und ließ sie am Ende der Plattform in die sich vor uns erstreckende Tiefe fallen. Ich hatte Todesangst, starrte auf den uns zurasenden Boden und klammerte mich an meinem Sitz fest. »Reiß mir nicht den Sitz aus der Halterung, Gerold«, mahnte Sigi schmunzelnd hinter seiner coolen Pilotenbrille. Ich musste mich kneifen: ›Mensch, ich fliege mit einem Heli, zusammen mit Captain Cooper!‹ Der Flug dauerte bestimmt nicht mehr als vier Minuten. In Furi, oberhalb von Zermatt, stiegen wir aus. Obwohl der Flug so kurz gewesen war, war es mir wie eine wunderbare Ewigkeit vorgekommen. Diesen Moment werde ich nie vergessen, denn es war das Aufregendste, was ich bis dahin erlebt hatte. Und nun stand endgültig fest: ›Ich werde eines Tages Helikopterpilot, genau wie Sigi! Und, klar doch, bei der Air Zermatt.‹ Aus dem Kindheitstraum wurde ein Wunsch, ein Ziel, ein Plan.

Allerdings war da noch meine andere große Leidenschaft: der Sport. In Zermatt konnte man genau fünf Sportarten ausüben, Eishockey und Skifahren im Winter, Tennis, Fußball und Klettern im Sommer. Mein Vater war immer mein großes Vorbild: ein ausgezeichneter Skiläufer, Walliser Meister in der Abfahrt und beim legendären Gornergrat-Derby immer unter den Schnellsten. Als er und sein Bruder Egon die Bäckerei übernahmen, rückte seine Karriere als Sportler zwar in den Hintergrund. Doch wann immer es seine Zeit erlaubte, spielte er Tennis oder Eishockey, trat später sogar bei den Curling-Europameisterschaften in Schweden (1983) an und gewann Gold.

Da Klettern für viele von uns ausschied, die Angst der Eltern um ihre Kinder war einfach zu groß, traf man sich bei den anderen vier Sportarten. Ich mochte alle, aber je älter ich wurde, desto mehr konzentrierte ich mich auf Tennis und Eishockey. Immerhin hatte ich schon auf dem Eis gestanden, als ich kaum laufen konnte... Zusammen mit meinem Onkel Peter-Anton, der in der 1. Schweizer Eishockeyliga mitmischte, und meinem Vetter Patrick spielte ich als Vierzehnjähriger in der ersten Mannschaft des Eishockeyclubs von Zermatt. Und auf der sechzig Quadratmeter großen Terrasse des Tearooms droschen wir Kinder, wann immer wir Zeit hatten und die Terrasse frei war, die Tennisbälle gegen die glatte Wand. Tausende Tennisbälle flogen über den Zaun und in den nahe gelegenen Bach Matter Vispa. Wieder und wieder, gefühlte Millionen Mal prallten die kleinen harten Bälle an die weiß getünchte Wand, weshalb diese alle paar Jahre einen neuen Anstrich benötigte. Mein Freund Martin Julen, Vetter Reto und ich fuhren bereits als Knirpse ganz allein nach Brig ins Trainingscamp. Keine Juniorenmeisterschaft ließen wir aus. Für mich war Sport die beste Schule meines Lebens. Beim Tennis musste ich ganz allein Entscheidungen treffen, mich auf mein Gefühl verlassen und Selbstvertrauen haben, beim Eishockey war es die Einbindung in eine Mannschaft, das Unterordnen eigener Pläne und Ziele. Es bedeutete aber auch, Verantwortung und eine Leaderrolle zu übernehmen, die Kollegen zu motivieren und alles für den anderen zu geben.

Als ich mit 14 Jahren in die Sekundarschule kam, musste ich mir langsam Gedanken über meine berufliche Zukunft machen: Ein Leben als Profisportler, als Bäcker und Konditor oder als Pilot? Aber ich hatte mich ja eigentlich längst entschieden. Pilot wollte ich werden! Dazu solle ich aber, hatte Sigi geraten, erst eine anständige Lehre absolvieren, ich solle mich über den Beruf des Helikoptermechanikers meinem Traum nähern. »Die größten Pioniertaten in der Helifliegerei sind allerdings vollbracht, Gerold... Werde lieber Linienpilot bei der Swissair«, meinte Sigi. Aber ich ließ mich von meinem Plan nicht abbringen. Auch das Angebot von Dr. Stojan Svatopluk, dem Nationaltrainer der Schweizer Tennismannschaft, ein Sportstudium in Bern zu beginnen, lehnte ich ab. Ich war 16 Jahre alt, als ich mich für eine Lehre als Maschinenmechaniker entschied. Mein Vater war nicht begeistert, aber meine großartigen Eltern unterstützten letztlich auch dieses Unterfangen. Dass die Bäckerei Biner in der dritten Generation weitergeführt wurde, dafür sorgten später mein Cousin Reto und mein Bruder Stefan.

Die Lehre beim Bundesamt für Militärflugplätze in Sion stand kurz bevor. Da die gesamte Ausbildung auf Französisch erfolgen würde, musste ich die Sprache erst mal lernen. Bevor ich im Herbst 1979 zur Mechanikerlehre antrat, bemühte ich mich daher um einen Sommerjob in Sion und bekam – dank Tante Lillys und Monsieur Bagnouds Bekanntschaft – einen Job als Scheibenputzer bei der Air Glaciers. Ich war ausgesprochen nervös, wurde aber herzlich aufgenommen. Hin und wieder durfte ich sogar Bruno Bagnoud oder Fernand Martignoni auf einem Materialtransportflug begleiten. Da deren Flughelfer René Minnig jedoch auch unseren Schweizer Dialekt sprach, profitierte ich kaum von seinem Französisch. Das war mir aber egal: Hauptsache, ich konnte bei den Helis sein und Scheiben putzen. Ein paar Wochen später begann meine Ausbildung in den Hangars des Militärflugplatzes…

Die nächsten vier Jahre sollten die härtesten meines Lebens werden. Fern von daheim musste ich in Nullkommanichts alle mechanischen Fachausdrücke in zwei Sprachen beherrschen. Unser Lehrmeister Othmar Ritz war ein strenger, aber fairer Mann, und da meine Leistungen zufriedenstellend waren, durfte ich nach zwei Jahren Lehrzeit beim Eishockeyverein EHC Visp der Nationalliga B einen Vertrag unterschreiben. Dort hatte ich die Ehre, an der Seite der kanadischen Profis Chris Helland und Kevin Primeau zu spielen. So musste ich meine zweite Leidenschaft nicht aufgeben. Die Zeit auf dem Eis war sogar ein ganz wichtiger Ausgleich zu den anstrengenden Lehrjahren und die sportlichen Erfolge ein steter Antrieb. Hoch motiviert versuchte ich am Arbeitsplatz, das in mich gesetzte Vertrauen meines Chefs zu rechtfertigen, und verspürte einen besonders großen Druck, weil ich glaubte, wegen dieses sportlichen Privilegs noch mehr leisten zu müssen. Zu dieser selbstauferlegten Bürde gesellte sich allerdings ein weiteres Problem: Da der Großteil der dreißig Lehrlinge in Sion Anhänger des welschen Sportclubs Sierre waren, dem Erzrivalen des EHC Visp, musste ich mir einiges anhören und gefallen lassen. Das änderte sich erst, als unsere Sturmlinie in einem erbitterten Derby den gegnerischen Paradesturm um die Kanadier Dubé, Métivier und den jungen Walliser Giachino neutralisieren und die Mannschaft von Sierre bezwingen konnte. Von da an war Schluss mit den Sticheleien.

Die Doppelbelastung aus Beruf und Profisport ging jedoch nicht spurlos an mir vorbei. Und so jammerte ich nach einem anstrengenden Eistraining, dass ich zu viel um die Ohren hätte und mit dem Gedanken spielte, meine Eishockeylaufbahn zu beenden. Chris Helland erzählte mir daraufhin von seiner Kindheit in Kanada. Die Familie lebte auf einer Farm und war darauf angewiesen, dass jedes Familienmitglied mithalf. Die Tage waren lang und von mühsamer körperlicher Arbeit geprägt. Aber Chris biss sich durch. »Du wirst noch staunen, wie viel Arbeit ein Mensch ertragen kann… Verliere nie den Mut und arbeite weiterhin hart.« Chris behielt Recht. Denn ich erlangte sogar noch vor Abschluss der Lehre meine erste Fliegerlizenz. Ich wollte und konnte einfach nicht länger warten und hatte Herrn Ritz förmlich angefleht, wenigstens den »kleinen Pilotenschein« machen zu dürfen. Wäre an meinen Leistungen in der Lehre etwas auszusetzen gewesen, Herr Ritz hätte im Nu den Stecker gezogen. Doch so durfte ich endlich mit kleinen Motorfliegern in die Luft! Mit meiner Eishockeykarriere aber war es ein paar Jahre später trotzdem vorbei: Bei dem Versuch, einen schweren Kabelbock zu verschieben, sprang mir die linke Kniescheibe heraus. Diese Patellaverletzung bedeutete das Ende auf dem Eis.

Kaum hatte ich meine Mechaniker-Prüfung bestanden, nahm ich mit dem Chefmechaniker der Air Zermatt, Kari Kathriner, Kontakt auf mit dem Ziel, mich bei der Air Zermatt zum Helikopter-Mechaniker weiterbilden zu lassen. Kari verwies mich an den Präsidenten der Firma. Und so kam es zu meiner ersten Begegnung mit Beat H. Perren, jenem Mann, dem ich außerordentlich viel zu verdanken habe und der bis heute mein Chef ist. Für mich und viele andere Mitarbeiter eine Vaterfigur.

Beat H. Perren, der Gründer der heutigen Air Zermatt AG, war damals Gemeinderat und als solcher um das Wohl unseres Bergdorfs samt seinen Bewohnern bemüht. Immer wieder wurde Zermatt durch Schneelawinen oder Steinschlag vom Rest der Welt abgeschnitten – und Perren hatte die Notwendigkeit erkannt, die Versorgung aus der Luft dauerhaft sicherzustellen. Als Besitzer einer florierenden Apotheke hätte er es ruhiger haben können. Perrens Willen und unermüdlichem Einsatz ist es jedoch zu verdanken, dass unser Dorf heute über eine so gut funktionierende Luftrettung und Infrastruktur verfügt, wie sie nicht jede Feriendestination in der Schweiz vorweisen kann. 1968, als die Air Zermatt gegründet wurde, operierte man zunächst mit einer Bell 206, erwarb aber wenig später die leistungsstarke Alouette III, HB-XDA, der erste Helikopter in der Schweiz, der über eine Rettungswinde verfügte. Anfänglich saß Beat H. Perren bei den Absetzmanövern in der Eiger-Nordwand selbst im Helikopter: Er war Windenmann, Bergretter, Fotograf und Apotheker. Wurde für einen Rettungseinsatz ein Bergretter benötigt, so ging er höchstpersönlich durch das Dorf und suchte in den Restaurants nach freien Bergführern. Manch einer soll sich versteckt haben, wenn der imposante Mann mit dem leicht ergrauten Haar in seinem weißen Kittel auftauchte. Fand er niemanden, ging er selber und ließ sich, wenn es sein musste, auch in der gefürchteten Matterhorn-Nordwand absetzen.

Die Erfolge der Schweizerischen Rettungsflugwacht (SRFW) waren zu Beginn der 1970er Jahre eng mit der Air Zermatt AG verbunden. Zu Fritz Bühler, dem Vater der Rettungsflugwacht, pflegte Perren ein ausgezeichnetes Verhältnis. Da die SRFW, die sich hauptsächlich aus Mitgliedsbeiträgen sogenannter Gönner finanziert, damals noch nicht über eigene Helikopter verfügte, führte die Air Zermatt Rettungseinsätze in ihrem Auftrag durch – und wurde mit mehreren Awards ausgezeichnet. Unter anderem für die erste Direktrettung aus der Eiger-Nordwand und die spektakuläre Rettung aus der Badile-Nordostwand. Günther Amman (mit dem Robert E. Trimble Memorial Award), Sigi Stangier und Beat H. Perren (mit dem Heroism Award) wurden für ihren heldenhaften Einsatz unter Gefährdung des eigenen Lebens geehrt. Diese Auszeichnungen trieben die Anzahl der Gönner in die Höhe und trugen maßgeblich dazu bei, dass wir heute über ein grandioses Luftrettungssystem verfügen, das den Steuerzahler keinen roten Heller kostet. Dank der über zwei Millionen Schweizer, die dafür sorgen.

Beat Perren, diesen fortschrittlich denkenden Mann, durfte ich nun also treffen. Sofort kam er zur Sache. Fragte nach meinen Plänen, Träumen und Wünschen… Und nachdem ich diese vor ihm ausgebreitet hatte, bot er mir eine Stelle als Hilfsmechaniker an, was gleichbedeutend war mit einer Ausbildungsstelle zum Helikoptermechaniker. Die Details solle ich mit Kari Kathriner regeln. Bald werde die Basis in Raron umgebaut, und die Air Zermatt plane auch Unterhaltsarbeiten[13] für das Militär. Das sei unter Umständen eine Möglichkeit, mich weiter fortzubilden. Ich schwebte im siebten Himmel, hatte gerade erst die Lehre erfolgreich beendet, sofort einen Job bekommen – noch dazu bei der Air Zermatt. Ich bedankte mich ziemlich überschwänglich bei Beat Perren und ging beschwingt nach Hause. Die nächste Etappe auf dem Weg zu meinem großen Traum konnte beginnen.

Wenige Wochen später unterschrieb ich bei Kari den Ausbildungsvertrag. Bei unserer Verabschiedung ahnte ich nicht, dass ich Kari nie mehr wiedersehen würde. Denn kurz darauf verunglückte er tödlich bei einem Helikopterabsturz während einer Nachtrettung am Weisshorn. Seine Frau war damals hochschwanger, so dass er die jüngste seiner vier Töchter nie sah… Mein Auftakt bei der Air Zermatt stand somit unter keinem guten Stern. An meinem ersten Arbeitstag war die Stimmung noch immer auf dem Nullpunkt. Im Untergeschoss des Heliports zerlegte der Mechaniker Hans Brantschen wie ein Verrückter die Einzelteile des zerstörten Helikopters mit dem Trennjäger. Er hasste diesen Helikopter, der seinen Freund auf dem Gewissen hatte. Von nun an sollte Pierre Geiger die Geschicke der Technik lenken.

Für mich war vorerst Flugbetrieb angesagt. Ich bereitete Lasten und Betonkübel für die Transportflüge vor und unterstützte die Piloten[14] als Flughelfer. Je Helikopter war in der Regel nur ein Flughelfer zuständig – und die knochenharte Arbeit war verbunden mit unwegsamem Gelände, Hektik und Druck von allen Seiten. Der Mann am Boden – in diesem Fall ich – war der Dämpfer des Piloten zu dem Transportkunden und umgekehrt. Es war ratsam, den Wortlaut des Kunden nicht immer haargenau an den Piloten weiterzugeben, und wahrlich nicht immer ganz einfach, alle Beteiligten zufriedenzustellen. Oft kam es vor, dass ich auf dem abendlichen Rückflug nach Zermatt fast eingeschlafen wäre, so fix und fertig war ich. Während ich dösend hinten auf den Netzen und Strippen lag, nahmen die Piloten vorne gerne Gäste mit, am liebsten weibliche. Für derlei Flirtereien wäre ich viel zu müde gewesen…

Piloten und Flughelfer waren ein Team, das sich gegenseitig unterstützte. Die Männer im Cockpit waren stets darum bemüht, denen am Boden bei der Koordination behilflich zu sein. War man außerhalb der Funkreichweite zur Basis, sprintete der Flughelfer nach Erledigung eines Auftrages ins nächste Bergrestaurant und rief in der Einsatzleitung an, um wichtige Informationen oder Folgeaufträge entgegenzunehmen. Mobiltelefone gab es damals noch nicht. Von Carlo Gobba, dem langjährigen Einsatzleiter (38 Jahre!) der Air Zermatt, erfuhren wir, was als nächstes zu erledigen war. Oder er beorderte den Heli kurzerhand nach Zermatt: »Kommt sofort zurück, wir haben einen Absturz am Matterhorn und brauchen die Lama!«

Im Flugbetrieb wurde ich schließlich auch als Flughelfer bei Rettungen eingewiesen, darunter waren auch Rettungen mit Seilwinde. Von meinem Mentor Roli Julen habe ich viel über die Technik der Drehflügler gelernt. Nicht nur technische Finessen habe ich ihm zu verdanken, er hat mich nämlich auch meiner zukünftigen Frau vorgestellt... Roli war der Mann für alle Fälle und seine äußere Erscheinung sowie sein Gemüt erinnerten mich an Kapitän Haddock (den mit den »hunderttausend bellenden und beißenden Höllenhunde« aus *Tim und Struppi*).

Als ich dann auch die Ausbildung für die Bedienung des Nachtscheinwerfers abgeschlossen hatte, konnte ich bei allen Einsätzen aufgeboten werden, Tag und Nacht. Seit dem nächtlichen Unfall am Weisshorn, bei dem Kari ums Leben kam, waren die älteren Semester selbst nach Monaten noch froh, wenn wir jungen, Edgar Brantschen, Rene Lauber und ich, diese Dienste übernahmen. Die meisten hatten bereits Unfälle oder heikle Situationen im Flugbetrieb miterlebt und waren nicht sonderlich erpicht darauf, in einen Heli zu steigen, wenn es nicht unbedingt nötig war. Immer häufiger durfte ich deshalb ganz nah an das Objekt meiner Begierde, ich half bei den Kontrollen und lernte den Helikopter zunehmend besser kennen. Es folgten Wochen bei den Flugzeugwerken von Pilatus in Stans, siebzehn Wochen Rekrutenschule in Payern als Helikoptermechaniker und die Vorbereitungskurse für die Abschlussprüfungen bei der Swissair-Technik. Und mit zweiundzwanzig Jahren war ich endlich lizenzierter Helikoptermechaniker.

Im gleichen Jahr engagierte die Air Zermatt Niki Taverna, der bislang die Generalüberholungen für die Air Zermatt bei den Pilatus Flugzeugwerken durchgeführt hatte. Niki, ein Meister seines Fachs, übernahm die Führung des technischen Militärbetriebs Air Zermatt in Raron. Und ich durfte mich diesem Team anschließen. Fortan bauten wir auch unsere eigenen Helikopter nach 2400 Flugstunden eigenständig auseinander und gaben nur noch das Triebwerk, das Hauptgetriebe und sämtliche drehenden Teile zur großen Kontrolle an die Komponentenwerkstatt der Pilatus

Flugzeugwerke oder an den Triebwerkspezialisten TUAG. Den gesamten Rest, die Zelle, überholten wir selber. Dafür zerlegten wir den Helikopter bis auf die letzte Schraube, laugten das Hauptgerüst ab – und nachdem auch die Grundierung verschwunden war, ging das Teil zur Risskontrolle. War es in Ordnung, bauten wir Leitung um Leitung, Teil für Teil, mithilfe von Handbüchern und Ersatzteilkatalog wieder zusammen, bis auch die letzte Schraube dort war, wo sie hingehörte. Es war ein tolles Gefühl, nach sechs Monaten einen so gut wie nagelneuen Helikopter aus dem Hangar zu stoßen. Und natürlich waren wir alle ziemlich aufgeregt – haben wir wirklich nichts vergessen? Ist alles richtig montiert? –, denn nun kam der spannendste Moment... Nun ging es in die Luft, erst in den Schwebeflug in Bodennähe, und wenn alles okay war, gab Niki dem Piloten das Zeichen, Geschwindigkeit aufzunehmen und in die Höhe zu fliegen. Was für ein Gefühl: Wir waren immer wieder mächtig stolz, dass es funktionierte!

Diese Totalrevisionen waren ein entscheidender Schritt, um die Technik bis ins Detail zu verstehen und den Helikopter in der Luft beherrschen zu können. Selbstverständlich muss ein guter Pilot nicht zwingend Helikoptermechaniker sein, mir half dieses technische Wissen jedoch ungemein. Was jeder Pilot aber unbedingt absolviert haben sollte, ist eine Zeit als Flughelfer, damit er weiß, mit welchen Problemen die Jungs am Boden zu kämpfen haben. Diese Erfahrung ist meines Erachtens unerlässlich – und jeder Flughelfer erkennt sofort, ob sein Pilot auch einmal »Dreck gefressen« hat oder nicht.

Den Traum, Pilot zu sein und selber Heli zu fliegen, hatte ich natürlich nicht aufgegeben. Erst sprach ich mit meinen Eltern über eine Pilotenausbildung in Kanada. Und als ich ihr Einverständnis und Nikis Bereitschaft, mich für ein Jahr freizustellen, sicher hatte, traute ich mich, erneut das Gespräch mit Beat Perren zu suchen. Er war damit einverstanden, konnte mir aber keine Stelle als Pilot in Aussicht stellen. Mein jetziger Job hingegen stehe mir auf jeden Fall zur Verfügung, versicherte er.

»Mach´ erst mal die Lizenz, Gerold, dann schauen wir weiter.« Damit hatte ich also auch Herrn Perrens Segen…

Von einem Kollegen erhielt ich die Adresse einer namhaften Helikopterfirma in Kanada, die auch Schulungen durchführte: Trans Maritime Helicopter in Fredericton, New Brunswick, sollte meine nächste Station sein. Der Deutsche Heinz Limpert leitete die kleine kanadische Firma mit drei Helikoptern und war mir dabei behilflich, den ganzen Papierkram zu erledigen. Als der Tag der Abreise gekommen war, ich war nun 24 Jahre alt, fiel es mir erneut sehr schwer, Zermatt zu verlassen. Ich hatte mich bis über beide Ohren verliebt. Sabine… Aber ich konnte nun mal nicht »den Fünfer, z'Weggli und die Bäckerstochter gleichzeitig kriegen«[15], so viel stand fest. Der Gedanke, in Kürze Tausende Kilometer weg zu sein, machte mir mächtig zu schaffen. »Mit der Ferne ist es wie mit dem Wind«, sagte Sabine zum Abschied. »Er löscht die kleinen Feuer und macht die großen noch größer.« Bei unserer Liebe muss es sich demnach um einen kräftigen Großbrand gehandelt haben, denn Sabine wurde drei Jahre später meine Frau und die Mutter unserer geliebten Töchter Valerie und Leonie.

Ich war hundemüde, als ich am Abend in der Provinz New Brunswick ankam. Aber niemand holte mich ab. Und nun? Wo sollte ich hingehen? Die Helikopterfirma musste am Flugplatz sein, aber wo genau? Also nahm ich mir erst einmal ein Taxi und bat den Fahrer, mich einfach zum nächsten Hotel in der Stadt zu bringen. Zufällig handelte es sich um jene Herberge, in der auch die drei anderen Pilotenanwärter einquartiert waren. Die Jungs waren schwer in Ordnung, und wir verstanden uns sofort. Ken war der Sohn des größten Gasproduzenten im Westen Kanadas, und Gary stammte aus Neufundland. Anfangs verstand ich kein einziges Wort von »Newfy«, der mit seinem Schnauzbart, dem braunen Pilotenoverall und der Spiegelbrille aussah wie der Partner von Tom Cruise in »Top Gun«. John, der dritte im Bunde, war Indianer, ein lieber Kerl, sehr dünn und feinfühlig.

Unsere Fluglehrer Jerry Nuttall und Rob Thorne waren kaum älter als wir. Jerry war extrem geduldig, wie ein großer Bruder, stets zur Stelle, wenn ich Hilfe brauchte. Ich genoss es, mit Jerry zu fliegen, und lernte eine Menge guter Tricks von ihm. Rob war ein Fliegerass und sein Spezialgebiet die Autorotation. Bei den Autorotationen, die eingeleitet werden müssen, sobald sich das Triebwerk verabschiedet, wird das Rotorsystem wie eine Windmühle vom Gegenwind angetrieben – und der Helikopter bleibt steuerbar. Es geht allerdings nicht mehr nach oben, sondern in einem Affenzahn abwärts. Kurz vor dem Aufprall, zirka zwanzig Meter über dem Boden, muss der Pilot die Nase des Helikopters nach oben ziehen, die Geschwindigkeit von 100 Stundenkilometer auf Null reduzieren, um dann die Kiste so flach wie möglich am Boden aufzusetzen. Klingt dramatisch – und wird jedes Jahr bis zum Abwinken geübt. Ganz gleich, wie lange jemand schon Pilot ist. Natürlich kann es vorkommen, dass ein Triebwerk ausfällt, aber weltweit werden mehr Helikopter bei solchen Übungen geschrottet, als es tatsächliche Triebwerksausfälle gibt. Wie sehr Rob dieses Verfahren liebte und beherrschte, demonstrierte er uns mit größtem Vergnügen: Während einer Unterrichtsstunde – Rob und ich befanden uns schon im Heli, aber noch am Boden – nahm er plötzlich seinen Geldbeutel heraus. Ich stutzte. ›Was will er denn damit? Hier gibt es doch weit und breit nichts zu kaufen …‹ Rob nahm ein 25-Centstück und warf es vor meinen Augen zum Fenster hinaus. »Siehst du den Quarter da vorne liegen?«, fragte er mich. »Klar, soll ich ihn holen, oder was?«, erwiderte ich cool, war aber irritiert. »Nein, wir gehen jetzt auf 1000 Fuß hoch, ich werde das Triebwerk ausschalten, eine Autorotation machen und mit der rechten Kufe des Landegestells genau auf dem Quarter zum Stehen kommen … Wetten?« ›So gut kannst du gar nicht sein‹, dachte ich. Schließlich kannte ich die Geschichte von Sigi, meinem Captain Cooper: Als Sigi und sein Techniker Roli eine neue Alouette III abholten, wollte der französische Testpilot Sigi zeigen, wie man sie fliegt. Mitten im Flug sagte Sigi, dass er die Maschine nun gerne übernehmen wolle. Kaum war er am Ruder, vollführte er eine Todesspirale und stellte, vertikal nach links drehend, über die Hochachse, gleich noch das Triebwerk aus und ließ den neuen Heli zurück zu dem kleinen Helipad vor dem Fabrikgelände autorotieren. Der Testpilot war ganz grün im Gesicht, nachdem er von der Zentrifugalkraft erst an die Scheiben und dann in der Autorotation wieder zurück in seinen Sitz geworfen worden war. Er war nicht gerade amüsiert und schrie immer wieder »Mais non!«, worauf Sigi antwortete: »Mais oui.« Und dann stand die Alouette genau dort, wo sie wenige Minuten zuvor gestartet war. Dem mittlerweile bleichen Testpiloten auf die Schulter klopfend sagte Sigi: »Très bonne machine.«

So etwas konnte mein Captain Cooper, aber – bei allem Respekt – doch nicht Rob! Also wetteten wir um ein paar Gläser Mineralwasser (oder war es Bier?). Und Rob vollbrachte sein Quarter-Kunststück. Nicht nur einmal, sondern ein ums andere Mal – und ich konnte abends die Zeche zahlen …

Tag für Tag, Woche für Woche wurde aber auch ernsthaft und fleißig geübt, bis mit der Zeit auch meine Autorotationen präziser wurden, wenngleich ich die Maschine noch meilenweit vom dem Quarter entfernt hinknallte. Aber ich spürte doch, wie der Helikopter auf meine Steuereingaben reagierte. Dank meiner Fluglizenz auf kleinen Flugzeugen gelang es mir bereits nach einigen Flugstunden, die Bell recht ruhig in der Luft zu halten. Am Ende jeder Übungsstunde, wenn unsere Konzentration schon ziemlich hinüber war, sollten wir den Helikopter auf einer kleinen, fünf mal drei Meter breiten Plattform vor dem Hangar absetzen, was in der Regel kläglich missriet. Als mir das aber schließlich doch mehrere Male hintereinander gelungen war, ohne dass Jerry eingreifen musste, um zu verhindern, dass der schaukelnde Helikopter den Hangar zerstörte, sagte er bloß: »Not bad, Geri«. Das war alles. Beim nächsten Mal, es war der 24. März 1987, ließ Jerry mich auf dem Übungsgelände erst eine Schulvolte drehen. Ich setzte die Maschine ab, und er wies mich an, diese Übung zu wiederholen. Doch bevor ich startete, sagte er: »Warte, ich steige aus«, fügte allerdings hinzu, ich solle das Ding um Himmels Willen wieder heil zurückbringen. Dann schloss sich die Tür, und ich war allein. Mir wurde ganz heiß. ›O mein Gott, o mein Gott, hoffentlich schaffe ich das!‹, dachte ich erst, beruhigte mich aber schon im nächsten Moment selber: ›Instrumente kontrollieren, Druck, Temperaturen, Treibstoff, Drehzahl: Alles im grünen Bereich.‹ Ich blickte nochmals hinaus zu meinem »großen Bruder«, der mir aufmunternd zunickte. ›Also los, langsam am Blattverstellhebel ziehen, Leistung erhöhen und mit den Pedalen das Drehmoment ausgleichen.‹ Sobald sich der Helikopter vom Boden wegbewegte, musste ich mit dem Stick die Balance halten und den Punkt suchen, wo der Helikopter senkrecht, ohne seitliche Bewegung, abhob. Ich schwebte und traute mich nicht, noch einmal zu Jerry zu schauen. Vom Tower erhielt ich die Erlaubnis für eine Schulvolte – und beschleunigte. Ich befand mich im Steigflug, bis ich bei 1000 Fuß in den Horizontalflug überging und die Rechtskurve einleitete. Im Gegenanflug sah ich meinen Fluglehrer als kleinen Punkt in der Übungszone stehen. Ob er betete oder ein paar Kreuze schlug, konnte ich nicht erkennen, dazu blieb mir allerdings auch keine Zeit, denn ich musste wieder in einem Bogen nach rechts drehen und versuchen, in der Anflugachse meinen Sinkflug einzuleiten. Genau vor mir stand Jerry und beobachtete den Anflugwinkel. Wie Hunderte Mal zuvor geübt, reduzierte ich Höhe und Fahrt und ging genau vor ihm in den Schwebeflug. »Langsam den Blattverstellhebel an der linken Hand drücken und sachte absetzen«, hörte ich Jerrys ruhige Stimme im Kopfhörer. Ich folgte den Anweisungen … Nach der Landung wartete ich gespannt auf sein Urteil. Aber er wies mich nur an, eine weitere Volte zu drehen, bis es am Schluss fünf waren, die ich zum ersten Mal in meinem Leben alleine an Bord eines Helikopters absolvieren durfte …

Während der nächsten Wochen wurde mir immer wieder klar, welch kleiner Teil der Ausbildung mein Soloflug gewesen war und wie viel ich noch zu lernen hatte... Zum Beispiel das Navigieren, das sich hier, in dem flachen Gebiet Kanadas, als besonders schwierig herausstellte. Doch die Berechnung von Kurs und Zeit konnte unter Umständen darüber entscheiden, ob man mit dem kalkulierten Treibstoff sein Ziel erreichte oder mächtig ins Schwitzen kam. Einmal pro Woche flogen wir zu Navigationsübungszwecken mit dem Heli an die Ostküste. Am Festland nahmen wir einen ortskundigen Navigator auf, der die Einfahrt in den Hafen um die tückischen Riffe herum kannte, und setzten ihn auf einem der großen Tanker ab, die einige Kilometer entfernt auf dem offenen Meer darauf warteten, in den Hafen gelotst zu werden.

Gegen Ende der Ausbildung bekam ich die Gelegenheit, Helikopter alleine zu überführen. Ich flog in anderthalb Stunden bis nach Baie-Comeau, in Richtung Sept Iles über den Lorenzstrom in den Norden von Quebec, nur um anschließend vierundzwanzig Stunden mit dem Greyhound-Bus wieder zurück nach Fredericton zu fahren, aber das war es mir wert...

Als die sechs Monate in Kanada zu Ende waren, kehrte ich nach Zermatt zurück. Allerdings musste ich noch die vom Luftamt verlangten Prüfungen in Bern absolvieren, um die Schweizer Lizenz zu erlangen. Mit der Gebirgsausbildung war die Pilotenausbildung offiziell abgeschlossen. Mein Fluglehrer Toni Lötscher, seines Zeichens Flugbetriebsleiter der Air Zermatt, war mit meinen Leistungen zufrieden und sprach mit Beat Perren über die Möglichkeit, mir als Jungpilot eine Chance zu geben. Ich hatte großes Glück, dass mir unser Chef tatsächlich sein Vertrauen schenkte, denn üblich war es nicht, einen Piloten mit knapp 150 absolvierten Flugstunden bei der Air Zermatt fliegen zu lassen. Damit übernahm Toni gleichzeitig eine ungeheure Verantwortung, der ich erst mal gerecht werden musste.

Nach der Umschulung auf die Lama SA 315B durfte ich dann auch meinen ersten kommerziellen Flug durchführen. Am 1. März 1989 sollte ich drei Personen von Zermatt zur Testa Grigia fliegen. Bei dem Skilehrer, der mit seinen beiden Gästen bei mir einstieg, handelte es sich um meinen Vetter Patrick. Es war ihm anzusehen, dass er nicht begeistert war, als Versuchskaninchen herzuhalten, und er hatte sicher einen leicht erhöhten Puls, ließ sich aber nichts anmerken. Diesmal ging ja auch alles gut.

Neue Seilschaften in Nepal – Rettung am Langtang Lirung

Manchmal begegnet man einem Menschen nur ein einziges Mal – und dennoch kann diese Begegnung unvergesslich sein, dieser Mensch ein ganzes Leben wegweisend bleiben. Mein Leben ist auf schicksalhafte Weise mit Tomaž Humar verbunden...

Der slowenische Bergsteiger, geboren am 18. Februar 1969 in Ljubljana, wuchs im Kamnik auf. Erste Klettererfahrungen sammelte er in den Steiner Alpen, und ab Mitte der 1990er-Jahre nahm er es mit den Riesen im Himalaja auf. Im Oktober 1997 bestieg er mit Janez Jeglič den Nuptse. Beim Abstieg vom Gipfel aber wurde Jeglič von einem Sturm fortgerissen und starb. Humar schloss man aus dem slowenischen Alpenverein aus mit der Begründung, er riskiere das Leben anderer, wenn er eine Besteigung bei schlechten Wetterbedingungen nicht abbreche. Von nun an ging Humar auf eigene Faust, seine privat gesponserten Touren konnte jedermann live auf seiner Homepage mitverfolgen. Und im Jahr 2005, als ihn das schlechte Wetter am Nanga Parbat blockierte und er tagelang im Schneeloch in der Rupalwand ausharren musste, kreuzten sich unsere Lebenswege.

Vier Jahre danach brach Tomaž Humar auf, um den Langtang Lirung in Nepal zu besteigen …

Dienstag, 10. November 2009
Seit zehn Tagen bin ich außer Gefecht gesetzt. Ein blöder Misstritt hatte zur Folge, dass am bereits arg lädierten linken Knie der Meniskus gerissen ist und Ende Oktober genäht werden musste. Fast fünf häusliche Wochen ohne Belastung und Beschäftigung liegen noch vor mir, das ist für diesen verhältnismäßig kleinen Eingriff eine halbe Ewigkeit, und ich mache mir große Sorgen. Nicht um mich, sondern um Sabine, die es nicht gewohnt ist, den ganzen Tag einen Jammerlappen um sich zu haben. Jawohl, ich bin ein armer Hund, es genügt die kleinste Schramme … Glücklicherweise habe ich einen Leidensgenossen, Hugo, der die gleiche Operation über sich ergehen lassen musste. Also treffen wir uns zum gemütlichen Plausch beim Physiotherapeuten. Hugo und ich waren zusammen in Manali, wo wir unter anderem das magische Kloster Phuktal Gompa entdecken durften. Und so schwelgen wir in schönen Erinnerungen. Denn Fliegen und Reisen sind ja erst einmal von meiner Agenda gestrichen.

Mittwoch, 11. November 2009, Zermatt, Gryfelblatte
Um 16.42 Uhr klingelt mein Handy. Es ist Viktor (Viki) Grošelj, und seine Begrüßung fällt kurz und knapp aus: »Hello Gerold, nice to talk to you after so long time.« Seine unverkennbare raue, tiefe Stimme lässt nichts Gutes erahnen. Er kommt sofort zur Sache: »Our friend Tomaž is stocked again, but this time it is very serious. He called his girlfriend on Satellite phone and he had an accident on Langtang Lirung, in Nepal. Do you think you can get him down from 6300 meters?«

Tomaž hängt also wieder irgendwo fest, auf 6300 Metern, doch dieses Mal ist er verletzt. Bevor ich auf Vikis Frage eingehe, ob wir Tomaž da rausholen können, möchte ich genau wissen, wie es Tomaž geht. Er wisse nicht viel, sagt Viki, nur, dass Tomaž bereits am 6. November in die Wand eingestiegen ist und sich am Montag, den 9. November, zum letzten Mal gemeldet hat. Er habe sich ein Bein gebrochen, was die Situation so schwierig mache. Ein Helikopter aus Nepal habe vergeblich versucht, ihn zu finden. Auch Sherpas seien aufgestiegen und hätten nach ihm gesucht, ebenfalls ohne Erfolg. Keiner wisse, ob Tomaž noch lebt, aber er wolle alles unternehmen, um ihn zu retten. »Do you think you can get him down from Langtang Lirung?«, fragt Viki erneut, und ich antworte spontan: »Ja, wir können Tomaž von diesem Berg holen.« Schließlich hatte ich es ihm ja versprochen, damals in Ljubljana. Mein Knie ist allerdings nicht in der Verfassung, dass ich in die Pedale eines Helikopters treten könnte, und auch die zehnstündige Flugreise kann ich mir abschminken. So sehr ich Tomaž persönlich helfen würde ...

Da ich diesen Langtang Lirung nicht kenne, bitte ich Viki, mir genau zu erklären, wo sich dieser Berg befindet und in welche Wand Tomaž eingestiegen ist. »Langtang is north of Kathmandu and the wall he attempt to climb is not confirmed.«

Nach der herben Kritik im Anschluss an die Aktion am Nanga Parbat zog es Tomaž vor, allein in die Berge zu gehen und die Sponsoren erst im Anschluss an die vollbrachte Leistung zu informieren. Somit weiß nun keiner, wo er in diesem riesigen Massiv steckt. Die Informationen sind mehr als dürftig. Und es gibt keine Verbindung mehr zu Tomaž' Satellitentelefon. Vielleicht eine leere Batterie? Anders als bei der Rettungsaktion in Pakistan fehlt diesmal also jeglicher Kontakt zu ihm. Wir beschließen, den nächsten Tag abzuwarten. In der Zwischenzeit wird Viki versuchen, das nötige Geld für die Deckung unserer Kosten, vor allem für die Flugtickets, zu organisieren. Ich kümmere mich um ein Rettungsteam.

Und tue, was ich in solchen Fällen immer tue: Ich rufe Bruno an. »Selbstverständlich helfe ich, aber ich möchte einen von unseren Piloten dabei haben! Und ich sehe zu, dass wir einen zweiten Bergführer bekommen.« Am liebsten würde Bruno sofort abreisen, aber es gibt noch ein paar Fragen zu klären. Während unser Rettungschef einen Bergführer sucht, der bereit ist mitzukommen, kontaktiere ich Robi. Er ist nicht nur ein außergewöhnlich guter Pilot, sondern auch Bergführer und Bergretter. Der Sohn von Richi Andenmatten[16] ist bereits in jungen Jahren anspruchsvolle Touren geklettert. Noch bevor er zwanzig Jahre alt war, durchstieg er sowohl die Welzenbachroute, eine markante Eisrinne am Breithorn, als auch die Matterhorn-Nordwand. Ich selber hatte das Vergnügen, von Robi auf das Matterhorn, das Obergabelhorn und das Zinalrothorn geführt zu werden. Ein starker Führer und Ausnahmepilot mit glasklarem Verstand und feinem Gespür für Situationen. »Ich komme mit«, sagt er spontan, als ich ihm die Lage schildere, »aber nur unter der Bedingung, dass du mir in Kathmandu einen leistungsstarken Helikopter organisierst. Entweder eine Lama oder eine Ecureuil B3.« Ich bin nicht sicher, ob das gelingt, doch ich verspreche, mein Möglichstes zu tun. Beide wollen wir im Internet nach einer Helikopterfirma in Nepal suchen und dann später noch einmal miteinander telefonieren. Auch Bruno war erfolgreich. Er hat Simon Anthamatten erwischt, der, wie könnte es anders sein, ebenfalls sofort zugesagt hat. Simon ist einer der besten Bergsteiger der jungen Generation wagemutiger Kletterfreaks und kennt Nepal von Besteigungen, die er zum Teil mit dem Schweizer Extrembergsteiger Ueli Steck durchgeführt hat. Den beiden wurde 2008 der Piolet d'Or[17] verliehen für die Erstbegehung am Tengkangpoche, einem 6500 Meter hohen Berg im Everest-Gebiet. Doch für den Bergretter Simon war die zweite Auszeichnung fast noch wichtiger. Er und Ueli kletterten in der Südwand des Annapurna, als sie von in Not geratenen Bergsteigern hörten, die am selben Berg unterwegs waren. Sie verzichteten auf den Gipfel und retteten einige ihrer Kollegen. Für diese selbstlose Aktion erhielten die beiden Ausnahmeathleten 2008 den Prix Courage, eine Auszeichnung für außerordentlich mutige Taten. Mittlerweile hat Simon sich in Kathmandu ein Depot mit Klettersachen und Gerätschaften angelegt, damit er das ganze Zeug nicht immer zwischen der Schweiz und Nepal hin und her schleppen muss. Er ist die perfekte Ergänzung für unser Rettungsteam. Jetzt brauchen wir nur noch einen Helikopter. Nur noch! Seit der Nanga-Parbat-Erfahrung wissen wir, dass allein der Gedanke an einen Helitransfer vergeudete Zeit ist, weshalb wir uns auf die Suche nach einem geeigneten Helikopter in Nepal konzentrieren. Bruno empfiehlt mir, wie bei den Vorbereitungen zur »Vier Matterhörner«-Expedition, mit der Familie Singh Kontakt aufzunehmen. Also humple ich auf meine Krücken gestützt zum Heliport und suche die Singh'sche Visitenkarte heraus. Doch da es schon nach 19 Uhr ist und es in Nepal bereits auf Mitternacht zugeht, beschließe ich, Familie Singh erst am nächsten Morgen zu kontaktieren. Das Team aus Zermatt ist startklar. Uns bleibt nichts anderes übrig, als auf Vikis »Go« zu warten. In dieser Nacht schlafe ich sehr schlecht. In einem immer wiederkehrenden Traum suche ich verzweifelt auf der ganzen Welt nach leistungsstarken Helikoptern und werde überall abgewiesen...

Donnerstag, 12. November 2009, Zermatt – Kathmandu
Bereits ab 6 Uhr klicke ich mich durchs Internet und versuche, eine Lama oder eine Ecureuil in Nepal aufzutreiben. Dort gibt es zwar Lama-Helikopter, aber da sie von der Armee betrieben werden, würde es schwierig sein, einen zu bekommen. Plötzlich aber gibt das Internet eine hoch interessante Information preis:

»Fishtail Air Nepal: AS 350 B3 helicopter starts its commercial operation from 22-oct-2009«

Fishtail Air, Nepal, startet ab dem 22. Oktober 2009 mit dem neuen AS 350 B3 Helikopter seine kommerzielle Unternehmung.

Ich kann es kaum fassen, das wäre genau die richtige Maschine für unser Team! Auf den ersten Blick sieht es so aus, als hätten wir somit gleich zwei passable Lösungen, vorausgesetzt, wir können einen der Besitzer, Militär oder Fishtail Air, davon überzeugen, dass sie uns ihren Helikopter einfach so überlassen...

Sofort probiere ich Som Bikram Singh in Nepal zu erreichen. Er ist der Sohn des legendären »Mr. Singh macht in Nepal alles möglich«. Papa

Singh und seine Frau habe ich vor einigen Jahren auf dem Heliport in Zermatt getroffen, als sie ihren Sohn Som besuchten, der auf der Domhütte[18] in den Walliser Alpen arbeitete und den ich auf unseren Versorgungsflügen dorthin kennengelernt hatte. Som hat in der Schweiz studiert und leitet nun die Firma seiner Familie in Kathmandu, die Adventure Activities anbietet. Erst beim vierten oder fünften Versuch habe ich es endlich geschafft: Som freut sich hörbar, einige Brocken Walliserditsch zum Besten geben zu können. Doch ohne lange um den heißen Brei herum zu reden, erkläre ich ihm die Situation und frage, ob er einen Kontakt zur nepalesischen Armee, zu Fishtail Air oder einer anderen Helikopterfirma herstellen könne. Er kenne die Leute von Dinasty persönlich und sehr gut, erklärt Som, bei Fishtail Air aber sei ihm lediglich ein Pilot flüchtig bekannt. Und das Militär sei vermutlich nicht der richtige Ansprechpartner, da es keine Helikopter verchartere. Sobald er mehr wisse, würde er sich wieder melden. Kaum habe ich aufgelegt, ruft Bruno an. Er sitzt wie auf glühend heißen Kohlen und will wissen, ob Viki sich bereits gemeldet hat. Wir verabreden uns mit Simon, um alle verfügbaren Informationen zu diskutieren und den weiteren Verlauf zu besprechen. Robi kann leider nicht dabei sein, weil er noch ein paar Rotationen auf den Theodulgletscher fliegen muss. Aber auch er ist in höchster Alarmbereitschaft. Eine spektakuläre Rettungsaktion im Himalaja flattert einem ja nicht jeden Tag vor die Füße. Wir versprechen, ihn auf dem Laufenden zu halten. Auch Simon hat in der letzten Nacht kaum geschlafen, sondern in Bergsteigerkreisen herumgehorcht und so einen Kollegen ausfindig gemacht, der kurz noch vor der Expedition mit Tomaž gesprochen hatte. Unser alter Bekannter Simone Moro. Er hat nun ein Bild geschickt, das den Langtang Lirung zeigt – und die Wand, in die Tomaž angeblich eingestiegen sein soll. Jetzt geht alles sehr schnell. Viki ruft an und gibt grünes Licht für die Rettung. Unser Team hat nicht mehr viel Zeit, es ist bereits 9.45 Uhr. Robi muss noch bis 10 Uhr fliegen, schnell den üblichen Papierkram erledigen, mit dem Fahrrad nach Hause düsen, seinen Rucksack packen, um dann Bruno und Simon einzuholen, die das gesamte Material bereits am Heliport bereitgestellt haben und auf ihn warten. Ab Visp fährt der Zug um 10.56 Uhr nach Zürich-Flughafen – und sollten die Bergretter diesen verpassen, wäre der heutige Linienflug nach Doha nicht mehr zu schaffen. Fieberhaft hatte sich das Büro der Air Zermatt um Flugtickets bemüht. Für den Nachtflug von Doha nach Kathmandu waren keine Plätze mehr frei. Erst für den nächsten Morgen ergattern wir die einzigen Tickets, die eine Reise nach Kathmandu innerhalb von 24 Stunden garantieren. Da uns die Zeit davonläuft, müssen die Jungs mit dem Heli nach Visp gebracht werden. Sollte von nun an alles nach Plan laufen, könnte der Rettungseinsatz morgen Nachmittag gegen 14 Uhr Ortszeit beginnen. Vorausgesetzt, meine Kollegen haben einen tauglichen Helikopter. Diesen zu organisieren liegt nun in meiner Hand. Sofort mache ich mich an die Arbeit. Schon gegen Mittag hat Som das definitive »No« vom nepalesischen Militär bekommen; und auch bei Fishtail Air ist man sehr skeptisch. Aber immerhin habe ich einen direkten Kontakt nach Nepal und damit die Möglichkeit, wichtige Informationen weiterzuleiten. Wie so oft in Nepal laufen die Dinge über mindestens drei Ecken – und ich kann nur hoffen, dass meine Angaben auch korrekt weitergegeben werden. Doch solange keine definitive Absage kommt, gebe ich die Hoffnung nicht auf. Jetzt geht die Schikane allerdings los: Meine Bitte, den Heli von Fishtail Air zu chartern oder wenigstens Robi mit einem Fishtail-Piloten an seiner Seite an die Steuer zu kriegen, wird erst einmal abgelehnt. Man kenne den Piloten nicht, und ihr erfahrenster Mann habe ja bereits versucht, Tomaž Humar zu finden, ohne Erfolg. Man benötige mehr Informationen über den Piloten… Also suche ich sämtliche erforderlichen Daten, Lizenzen und Berechtigungen von Robi aus den Air-Zermatt-Akten heraus und erkläre Som, wie unser Team die Rettung im Idealfall durchführen würde. Zusätzlich kopiere ich noch verschiedene Links auf YouTube, die anschaulich demonstrieren, wie die Kommunikation zwischen Bergretter und Pilot abläuft und welches Material eingesetzt werden sollte.[19]

Som gibt alle Infos weiter, verlangt jedoch immer wieder neue Dinge, von denen ich zum Teil noch nie gehört habe. Nach dem fünften Anruf vermute ich, dass die Verantwortlichen bei Fishtail Air auf Zeit spielen. Ständig wollen sie neue Papiere und Bestätigungen, und ich bin mittlerweile schon froh, dass wir bis zum Abend keine definitive Absage bekommen haben. So besteht immerhin noch die Möglichkeit, wenn auch nur theoretisch, dass Robi die Steuer der Ecureuil tatsächlich in die Hände bekommt. In gewisser Weise kann ich die Verantwortlichen dieser kleinen nepalesischen Helikopterfirma auch verstehen. Warum sollten sie einem unbekannten Piloten aus irgendeinem Kuhdorf in der Schweiz einfach so ihre nagelneue 2,5 Millionen Dollar teure Maschine aushändigen und zulassen, dass am Helikopter ein Seil montiert wird, an dem sich ein anscheinend lebensmüder bärtiger Bergretter in komischer Montur hängt, und diese Verrückten in eine praktisch senkrechte Wand fliegen, um einen noch verrückteren Bergsteiger zu retten? Also gebe ich nicht auf und texte den armen Som zu. Ganz im Sinne von Manjeev, der mir vor einigen Jahren »Das indische Management der drei ›Cs‹« erklärt hat:

Convince. Überzeuge dein Gegenüber, mache ihm klar, dass du genau weißt, was du willst, und es keinen anderen Weg gibt, um dieses Ziel zu erreichen. Sollte das erste »C« nicht zum Erfolg führen, wende das zweite »C« an.

Confuse. Verwirre dein Gegenüber mit hunderttausend verschiedenen Papieren, Zertifikaten und Informationen, so dass er vollkommen den Überblick verliert. Schaffst du es damit ebenfalls nicht, gibt es noch das dritte »C«:

Corrupt. Besteche dein Gegenüber.

Ich bin mittlerweile beim zweiten »C« der fernöstlichen Management-Methode angelangt, aber es rührt sich noch immer nichts in Nepal. Da das dritte »C« niemals für uns in Frage käme, verliere ich allmählich den Mut. Es ist bereits Abend und all das Verhandeln hat zu nichts geführt.

Freitag, 13. November 2009, Doha – Kathmandu – Zermatt
Die Nacht im Flughafenhotel ist sehr kurz. Als unser Team in das Flugzeug nach Nepal steigt, treffen Bruno, Simon und Robi auf zwei Frauen aus Slowenien. Die eine ist Tomaž' Freundin, die andere seine Ärztin, die ihn auf vielen seiner Expeditionen begleitet hat. Auch sie wollen alles unternehmen, um Tomaž zu retten. Von Viki wissen sie, dass ein Schweizer Rettungsteam auf dem Weg nach Kathmandu ist – und gemeinsam setzen sie die Reise nun fort. In weniger als fünf Stunden werden sie das Ziel erreicht haben. Werde ich bis dahin einen Helikopter organisieren können? Die Hoffnung der fünfköpfigen Gruppe erfüllt sich nicht ganz. Doch die Verantwortlichen von Fishtail Air sind zumindest bereit, gleich heute mit unserem Team über einen Einsatz zu sprechen. Der Heli stünde theoretisch jederzeit zur Verfügung, über den konkreten Ablauf aber muss erst weiter verhandelt werden. Noch immer wollen die Nepali nicht, dass Robi ihre Maschine alleine fliegt. Nun sind also Robi, Bruno und Simon an der Reihe...

Kurz nach der Landung in Kathmandu meldet sich Bruno, und ich teile ihm mit, dass Fishtail Air bereit sei, zum Lantang Lirung zu fliegen, aber mit einem eigenen Piloten. Der Einbau eines Doppelsteuers sei nicht ausgeschlossen. Man wolle aber erst mit dem Rettungsteam reden.

Danach informiere ich Toni Grab, der nun Kraft seines Amtes als Präsident der IKAR die Schweizer Botschaft in Nepal über die Ankunft unseres Bergrettungsteams informiert. Er gibt seiner Hoffnung Ausdruck, dass im Rahmen der diplomatischen Möglichkeiten dem Team die volle Unterstützung zukommen möge. Der Sekretär der Schweizer Botschaft leitet diese wichtige Information umgehend an die deutsche Botschaft weiter, die auch Slowenien in Nepal vertritt.

Auch Viki spielt erneut seine langjährige Erfahrung aus; er verfügt über ein immenses Beziehungsnetzwerk, mit dessen Hilfe er nun versucht, den in Nepal äußerst einflussreichen Ang Tshering Sherpa davon zu überzeugen, dass die Rettung von Tomaž einzig und allein in den Händen dieses professionellen Schweizer Rettungsteams liegt. Ang Tshering ist zwar der Koordinator von Humars Rettungsaktion vor Ort, doch obwohl der slowenische Bergsteiger seit fünf Tagen irgendwo am Langtang Lirung mit einem gebrochenen Bein festhängt, ist bislang nichts passiert. Vor vier Jahren hat Tomaž einen unbändigen Willen bewiesen und gezeigt, dass er fähig ist, mehrere Tage am Berg zu überleben.

Diesmal konnten wir schneller reagieren und innerhalb von etwas mehr als 24 Stunden in Kathmandu sein. Wird das ausreichen? »Die Hoffnung stirbt zuletzt.« Das ist auch das Motto unseres Teams, als es zusammen mit vielen unbekannten Gesichtern in einem Büro am Tisch sitzt. Mehrere wichtige Personen von Fishtail Air sind mit von der Partie: Suman Pandey, der CEO, sowie Ashish und Sabin Basnyat, die beiden Mitbesitzer und Piloten, die uns noch sehr ans Herz wachsen sollten.

Nun wendet Robi all sein diplomatisches Geschick an. Und schließlich – unterstützt von seinen Kollegen, aber vor allem dank Sabin und seinem großartigen Engagement –, gelingt es ihm, einen Kompromiss auszuhandeln: Sabin fliegt den Heli, und Robi darf danebensitzen. Zwar nicht am Steuer, aber was nicht ist...

Da das Wetter an diesem Tag keinen Flug mehr zulässt, vereinbaren die Retter, sich früh am nächsten Morgen wieder zu treffen, um zum Langtang Lirung zu fliegen. Bruno informiert mich über den Verlauf der Verhandlungen – und nach wie vor besteht die berechtigte Hoffnung, die Rettung mit der einzigen AS 350 B3 in Nepal durchführen zu können.

Samstag, 14. November 2009, Kathmandu – Langtang Lirung
Unsere Jungs übernachten mehr schlecht als recht in einer Bruchbude und sind zeitig zum Einsatz bereit. So früh am Tag ist es immer sehr dunstig, doch das Wetter scheint ganz respektabel zu werden, zumindest in

Kathmandu. Das gesamte Team aus nepalesischen Fliegern, Technikern und Schweizer Bergrettern ist am Flugplatz versammelt: Sabin sitzt auf dem verantwortlichen Pilotensitz und Robi daneben, das Doppelsteuer griffbereit vor sich. Vorerst verzichtet er aber ganz bewusst darauf, seine Finger an das Steuer zu hängen. Hinten nehmen Simon und Bruno Platz, neben sich das Rettungsmaterial. In einem knapp zwanzigminütigen Flug geht es nach Norden über einen Pass in Richtung Langtang-Tal.

Ashish fliegt die Grüne Mamba, eine leistungsschwächere Ecureuil, die in Farbe und Zeichnung sehr einer Mamba ähnelt. Er transportiert zusätzlichen Treibstoff und wird von dem Techniker Purna und den beiden Frauen aus Slowenien begleitet.

Es ist mittlerweile kurz vor 8 Uhr, als das Team auf dem kleinen Flugplatz in einem wunderschönen Hochtal landet. Zuerst steht ein Suchflug auf dem Programm, dazu entladen sie den Helikopter – und um noch leichter zu sein, fliegen vorerst nur Sabin, Robi und Bruno zum Berg. Sabin, der ja schon ein paar Tage zuvor versucht hat, Tomaž zu finden, zeigt den Schweizer Kollegen, an welchen Stellen er geflogen ist. Auch über die Suche der Sherpas haben sie wichtige Informationen erhalten: Die Sherpas waren bis zu einem Bergsattel vorgedrungen, von wo aus Tomaž noch vor einer Woche mit Handfunkgerät Kontakt zum Basecamp gehabt und via Satellitentelefon ein Gespräch geführt hat ...

Die Helicrew beschließt, erst mal die Südwestwand abzufliegen. Der Flug führt vorbei am Col, wo noch die Spuren der Sherpas zu sehen sind. Vor ihnen taucht nun die steile, breite Wand auf, dreimal so lang wie die Nordwand des Matterhorns, die selbst unsere erfahrenen Männer in Staunen versetzt. Wer hier klettert, muss Mut haben. Robi sitzt noch immer ganz ruhig neben Sabin und versucht, ihn moralisch und vor allem verbal zu unterstützen. »Wollen wir hier anfangen, um dann, ganz nah an der Wand entlang, mit reduzierter Geschwindigkeit Sektor für Sektor zu kontrollieren?« Robi möchte seinen Kollegen von unserer Suchflugmethode überzeugen. Doch Sabin hat keinerlei Erfahrung damit. Der Abstand ist viel zu groß, er traut sich nicht an die Wand heran. Das ist allerdings notwendig, da Kleider oder Teile der Ausrüstung sonst nicht zu erkennen sind. In der Regel fliegen wir bei einem Suchflug im Abstand von zwanzig bis dreißig Metern an eine Felswand heran, weit genug weg, um sofort abdrehen zu können, und nah genug, um kleinste Teile zu entdecken, die nicht in die Natur passen.

Bei einem Suchflug in der Ostwand des Matterhorns fliegen wir, beim Schrund beginnend, Stockwerk für Stockwerk die Wand ab, von rechts nach links, dann höher und von links nach rechts. Natürlich bei reger Kommunikation.

Flughelfer: »Da ist etwas Blaues.«

Bruno: »Das ist der alte Biwaksack von dem Tschechen vor drei Jahren.«

Pilot: »Da vorne in der Rinne ragt ein kleines Teil einer roten Jacke raus!«

Bruno: »Aber die ist auch alt!«

Weiter geht´s.

Bruno: »Hier muss noch irgendwo der Rucksack und weiter unten der Pickel der beiden Deutschen sein, weißt du noch?«

So geht das hin und her, bis wir den vermissten Bergsteiger finden … oder leider auch nicht.

Sicher würde es die Suche erleichtern, wenn nicht so viel altes Zeug herumliegen würde, das die Retter vom Gesuchten ablenkt. Jedes Teil mit einer unnatürlichen Farbe ist zwar schnell gesichtet, doch je mehr Gerümpel am Berg liegt, desto schwieriger die Suche. Für uns Retter wäre es aber viel zu gefährlich, die vielen Teile, die mittlerweile ein Sportgeschäft oder ein Museum füllen könnten, am Matterhorn einzusammeln. Denn gerade im Sommer, wenn die Gegenstände unter dem schmelzenden Schnee sichtbar werden, ist der Steinschlag in der Ostwand, wo die meisten Unfälle am Matterhorn passieren, unberechenbar. Unsere Augen und ganz besonders die von Bruno, haben sich über die Jahre daran gewöhnt, Dinge zu erkennen, die schon aufgrund ihrer Farbe nicht in die Natur gehören.

Es ist immer wieder erstaunlich, dass man vom Heli aus selbst kleinste Teile wie Stofffetzen ausmachen kann, wenn man nur aufmerksam genug hinschaut.

Unser nepalesischer Kollege Sabin aber ist zu weit weg von der Wand. Geduldig ermuntert Robi ihn deshalb weiterhin, näher heran zu fliegen. Als Fluglehrer weiß er genau, dass ein Befehlston jetzt vollkommen unangebracht wäre, stattdessen lobt er ihn nach jedem Vorbeiflug, bleibt aber beharrlich, denn er möchte beim nächsten Mal noch ein Stück näher an die Wand heran. Robis Tonfall vermittelt Sabin das Gefühl, dass da neben ihm jemand sitzt, der weiß, was er tut und wovon er spricht. Sabin selber aber stößt an seine Grenzen. Näher möchte er nicht mehr an diese imposante Wand. Und dann geschieht das, worauf mein Kollege so lange gewartet hat – drei einfache Worte: »Your control, Robi.« Sabin überträgt seinem Copiloten die Steuerung des Helikopters. Zu keinem Zeitpunkt hat Robi sich aufgedrängt, er hat sein Gegenüber mit Worten überzeugt; und nun muss er diesen einen Moment nutzen, um letzte Zweifel zu zerstreuen und Sabins volles Vertrauen zu gewinnen. Jetzt kann Robi endlich auf unsere Art nach Tomaž suchen, und er erklärt Sabin detailliert, wie er das machen will. »Solltest du dich nicht wohlfühlen, kannst du das jederzeit sagen, Sabin. Dann brechen wir ab.« Doch Sabin ist ein wissbegieriger Mensch, der zudem längst erkannt hat, dass Robi über immense Erfahrung verfügt. Er will erleben, wie die beiden Schweizer die Aktion angehen.

Robi fliegt das bewährte Suchmuster gemäß Brunos Ansagen ab, geht bis auf zwanzig, dreißig Meter an die Wand heran und fliegt sie seitlich ab, so dass Bruno Sektor für Sektor absuchen kann. Es vergehen keine zehn Minuten, da ertönt Brunos Stimme in der Bordsprechanlage:

»Ich hab ihn!«

Tatsächlich: Dort, an einem Stein liegt Tomaž Humar. Bewegungslos.

»Das sieht gar nicht gut aus«, kommentiert Bruno das sich ihnen bietende Bild.

Tomaž befindet sich viel weiter westlich als angenommen, mitten in der Wand und unterhalb jenes Sattels, an dem die Sherpas gesucht hatten. Glücklicherweise ist die Unglücksstelle »nur« auf 6000 Metern, denn weiter oben ist das Wetter nicht gut, der Gipfel wolkenverhangen.

Robi versucht, die Maschine in den Schwebeflug zu bringen. Knapp 6000 Meter über dem Meer. Noch nie hat jemand in Nepal eine Taubergung in dieser Höhe durchgeführt. Zu der enormen Höhe gesellen sich zwei weitere Probleme: Zum einen ist die Wand dermaßen steil, dass mindestens zwanzig Meter Seil nötig sind, um hier einen vernünftigen Abstand mit den Rotorblättern zur Felswand einzuhalten. Zum anderen sitzt Robi auf der für ihn unüblichen linken Seite des Helikopters. Als Fluglehrer ist er diese Seite zwar gewohnt, bei dieser außergewöhnlichen Rettungsaktion wäre die rechte aber bestimmt von Vorteil. Dann säße er auf der »echten« Pilotenseite, könnte die Tür herausnehmen, sich hinauslehnen, um den Bergretter sanft und präzise abzusetzen. Aber nichts zu machen, Sabin bleibt wie vereinbart während der gesamten Operation auf der rechten Seite. Und so muss Robi eben nach vorne schauen und sich millimetergenau vom Bergretter einweisen lassen. Jetzt zählen klare Kommunikation und absolutes Vertrauen – und Robi ist zuversichtlich, dass er es schaffen kann...

Sie fliegen zurück zum Flugplatz, um sich mit Simon über den genauen Verlauf der Rettungsaktion zu beraten. Da Sabin stets als Teil der Crew betrachtet und auch so behandelt wurde, ist die Diskussion sehr zielführend. Offen und ohne Druck kann unser Team die Rettung planen. Auch Ashish, Purna und die Sloweninnen werden informiert. Als die beiden Frauen hören, wie und wo Tomaž in der Wand liegt, verlieren sie jedoch langsam ihre Hoffnung auf ein glückliches Ende.

Nach einer kurzen Lagebesprechung entscheidet Bruno, dass Simon sich an das Seil hängt und bei Tomaž absetzen lässt. Er ist kleiner und auch ein wenig leichter als Bruno, was wiederum von Vorteil für Robi ist. Denn somit hat er ein paar zusätzliche Kilogramm Reserve dort oben. Das Team beschließt, dass der Helikopter in keiner Phase der Rettungsaktion mit dem Berg verbunden sein darf. Robi trägt unsere Zermatter Funkausrüstung, um permanent mit Simon in Kontakt zu sein; und Sabin wird die Instrumente überwachen.

Nun fliegen Robi, Sabin und Simon noch einmal hoch, um die Leistung zu kontrollieren und die Seillänge festzulegen. Eine Generalprobe sozusagen. Der Schwebeflug zeigt, dass sie genügend Leistungsreserve haben, und während Robi so nah wie möglich an der Wand schwebt, öffnet Simon hinten die Schiebetüre und weist ihn ein. »Jetzt schwebst du genau über Tomaž, ich schätze, mit 25 Meter Seil sollte die Aktion machbar sein.« Robi verifiziert die Sache von seiner linken Seite aus und ist mit der Seillänge zufrieden. Vorsichtig schwebt Robi tiefer, bis sie mit Tomaž auf gleicher Höhe sind. Es geht darum, einen geeigneten Punkt für ein möglichst risikofreies Absetzmanöver zu finden. Tomaž liegt teilweise verborgen hinter einem Stein und bewegt sich nicht. Ob er nur bewusstlos oder schon tot ist, lässt sich nicht sagen. Aber aus der Distanz dürfen die Bergretter auch keinerlei Diagnose stellen, das wissen sie aus Erfahrung. Da das systematische Vorgehen keinen Punkt offenbart, der diesem Rettungsmanöver widerspricht, beschließen die drei Männer übereinstimmend, den Einsatz zu wagen.

Nach der Landung auf dem Flugplatz bereiten sie die Rettungsaktion vor. Simon steigt aus dem Helikopter aus und schnallt sich seinen Rucksack an, denn bei dem nächsten Flug wird er unter dem Heli hängend zum Einsatzort gebracht. Die Jacken werden geschlossen, das Seil am Heli eingehängt und eine letzte Kontrolle der Funkverbindung durchgeführt:

»Simon, bist du bereit?«

»Ich bin bereit.«

Robi, nach wie vor auf der linken Seite sitzend, zieht die Maschine hoch und strafft das Seil.

»Noch drei Meter bis zum Haken, Seil ist straff, ich bin weg vom Boden, alles klar, wir können los«, ertönt es in Robis Funkhelm. Da Bruno die Unfallstelle vom Flugplatz aus leider nicht einsehen kann, bleibt ihm nichts anderes übrig, als dem Heli nachzuschauen, bis der mit dem Bergretter am Seil um eine Felswand herum verschwindet und in die Südwestwand des Langtang Lirung fliegt. Simon nimmt sich auf dem Flug in mindestens 1000 Meter über dem Abgrund sogar noch die Zeit, mit seinem Handy ein paar Bilder zu knipsen und einen kleinen Film zu drehen. Wer hat schon solche Nerven angesichts einer Aktion, wie sie den dreien bevorsteht?

Robi fliegt Simon auf direktem Wege zu der Unfallstelle auf knapp 6000 Metern. Das Wetter wird schlechter, und es schneit ein wenig. Jetzt muss das Absetzmanöver präzise funktionieren. Simon übernimmt das exakte Einweisen. Robi hat sich seine Fixpunkte bei der Rekognoszierung eingeprägt und fliegt diese nun genau an. In einer Art Finetuning gibt Simon per Augenmaß die Höhe in Metern an, die zum vereinbarten Absetzpunkt noch fehlen, und so nähert sich Robi vorsichtig und unter Kontrolle seiner Instrumente der Felswand. Ein kurzer Blick zu Sabin verrät ihm, dass auch der Kollege mit der nötigen Ruhe seine Aufgabe erfüllt. Sie nicken sich lediglich zu, da Robi über den Funkhelm mit Simon verbunden ist. Sabin kann Simons genaue Anweisungen für Robi somit nicht hören. Wie abgesprochen setzt Robi den Bergretter am vereinbarten Punkt ab. Als dieser meldet, dass er einen guten Stand habe und sich aushänge – »Seil ist frei, du kannst wegziehen« –, bestätigt Robi kurz und schwebt dann von der Wand weg, bleibt jedoch die ganze Zeit in der Nähe des Unfallortes. Langsam nähert sich Simon dem verletzten Bergesteiger ... und erkennt sofort, dass Tomaž tot ist. Fast die gesamte Ausrüstung fehlt. Tomaž hat sich beim Sturz in dieser Wand zwar nur ein Bein gebrochen, doch eine solche Verletzung kann hier oben nach mehreren Tagen ohne Nahrung und Wasser das Todesurteil bedeuten.

Wir haben alles getan, was in unserer Macht stand; die lange Reise und das stete Hoffen aber enden in einer großen Enttäuschung. Hätten wir Tomaž retten können, wenn die Crew früher informiert worden wäre?

Aber selbst dann wären wir nie in der Lage, so schnell zu intervenieren wie zu Hause. Dazu müssten wir vor Ort sein.

Nach dem Sturz konnte Tomaž noch telefonieren und hatte mit großer Wahrscheinlichkeit sofort realisiert, um wie viel bedrohlicher seine Situation diesmal war als damals am Nanga Parbat... Hatte er Schmerzen? Wie einsam muss er sich gefühlt haben... Wie lange hat er noch gelebt? Es ist besser, die Antworten darauf nicht zu kennen. Simon ist selber Extrembergsteiger, er kennt die Ängste, die langen, einsamen Stunden, das Leiden für dieses eine Ziel; die Route, die Herausforderung, den Gipfel. Nun steht er als Retter hier, und es bleibt ihm nichts anderes übrig, als seinen berühmten Bergsteigerkollegen für den Abtransport vorzubereiten. Simon und Robi entscheiden, dass erst einmal nur Tomaž' Leichnam ins Tal gebracht wird. Auch diese traurige Aktion läuft mit gewohnter Präzision ab: Abermals fliegt Robi die Wand an, Tomaž wird eingehängt, und kurze Zeit später schwebt der Heli langsam hinaus. Robi kontrolliert, ob sich ein Seil oder ein Gegenstand an der Wand verfangen hat; und sobald alles frei ist, dreht er von der Wand weg und nimmt Fahrt auf. In einem kontrollierten Sinkflug geht es zurück zum Flugplatz, wo die Gruppe, insbesondere Tomaž' Freundin, bereits ungeduldig wartet. Leider kann Robi keine gute Nachricht überbringen. Jetzt ist es für alle Beteiligten Gewissheit: Diesmal gibt es kein Happy End.

Behutsam wird Tomaž abgesetzt, und keine zehn Minuten später fliegt auch Simon am Seil zum Ausgangspunkt zurück. Nachdem Robi, Sabin und Simon schließlich Tomaž' gesamtes Material von dem weiter oben gelegenen Basecamp eingesammelt haben, ist Bruno erleichtert, als der Helikopter zum letzten Mal landet. Eine ebenso traurige wie heikle, aus rettungstechnischer Sicht jedoch erfolgreiche Aktion geht zu Ende. Erstmals in der Geschichte Nepals wurde im Himalaja eine Seilbergung mit dem Helikopter durchgeführt. Via Satellitentelefon berichtet mir Robi direkt vom Langtang Lirung: »Wir haben unser Bestes gegeben, es hat leider nicht gereicht... Wir packen zusammen und kommen heim!«

Tomaž' Leichnam wird von Ashish in der Grünen Mamba nach Kathmandu geflogen und später in die Deutsche Botschaft gebracht. Unser Team bespricht die Aktion noch einmal mit den nepalesischen Kollegen in einem sogenannten Debriefing: Was war gut? Was lief nicht so gut? Was lässt sich besser machen? Diese Fragen stellt man sich nach jedem Einsatz, wobei dieser Rettungseinsatz etwas Besonderes war. Die erste Direktrettung in Nepal. Auch Sabin wird natürlich nach seiner Meinung gefragt; und schnell wird klar, dass der Pilot Feuer gefangen hat. Er war Teil einer Aktion, wie er sie nie zuvor erlebt hatte. Das ruhige, perfekte Zusammenspiel zwischen Pilot und Retter hat ihn beeindruckt; und er möchte diese Technik unbedingt erlernen. Mit dieser Rettung am Langtang Lirung kommt etwas ins Rollen, das nicht mehr aufzuhalten ist. In Windeseile wird sich die Nachricht vom Tod Tomaž Humars verbreiten, ebenso die Bergung. Und sämtliche Expeditionsleiter, Trekkingorganisatoren und Bergsteiger werden erfahren, dass in Nepal Rettungen bis 6000 Metern auch in den steilsten Wänden möglich sind. Der Druck auf unsere Freunde von Fishtail Air und die anderen Helikopterfirmen in Nepal wird zunehmen. Es sollte schwierig werden, bei zukünftigen Rettungsanfragen zu erklären, warum die Rettung am Langtang Lirung durchgeführt wurde und jetzt nicht. Taubergungen wie die vom 14. November 2009 könnten einem Bergsteiger, einem Freund, einem Vater, einer Mutter, einer Freundin das Leben retten.

Natürlich könnte man die Jungs in Nepal damit alleine lassen. »War nett mit euch… Und seid in Zukunft vorsichtig, wenn ihr solche Einsätze fliegt… Passt auf euch auf! Vielen Dank und auf Wiedersehen.« Stattdessen beschließt das Rettungsteam noch am gleichen Tag, den Nepalis unsere Unterstützung zuzusagen – in welcher Form auch immer. Zumal Sabin unbedingt mit Bruno, Simon und Robi in Kontakt bleiben möchte…

Sonntag, 15. November 2009, Zermatt
Gegen Mittag ist das dreiköpfige Rettungsteam nach nur knapp drei Tagen zurück in unserem kleinen Bergdorf. Diesmal konnten wir den 6000 Kilometer entfernten Unfallort zwar innerhalb von weniger als 24 Stunden erreichen. Trotzdem konnten wir unserem Freund nicht mehr helfen. Das überaus positive Feedback aus aller Welt bestärkt uns: Wenn wir den Kollegen in Nepal wirklich helfen wollen, müssen wir die Piloten dort entsprechend ausbilden. Denn selbst ein europäisches Rettungsteam auf Stand-by wäre einfach zu wenig; bis wir am Unfallort im Himalaja ankämen, wäre es wohl meistens zu spät, und wir würden hauptsächlich Totenbergungen durchführen.

Doch bevor wir den Kollegen in Nepal das Fliegen und Retten beibringen dürfen, gibt es eine Menge Bürokratie zu bewältigen ... Am 17. November 2009 kontaktiere ich unsere nepalesischen Freunde und bedanke mich noch einmal für die Unterstützung. Som Bikram Singh, Ang Tshering Sherpa sowie die gesamte Mannschaft von Fishtail Air haben es uns ermöglicht, den Rettungseinsatz und die Bergung von Tomaž Humar durchzuführen. Erfreulicherweise nimmt Suman Pandey, der CEO von Fishtail Air, unser Angebot, nach Zermatt zu kommen, an und besucht uns nur wenige Wochen später, um einen Plan für die mögliche Zusammenarbeit seiner Firma mit den Zermatter Rettungskräften zu entwickeln.

Sinnsuche und Schicksalsschläge

Dass ich als kleiner Junge davon geträumt haben soll, einmal einen Beruf auszuüben, bei dem ich den ganzen lieben Tag nur einfach dasitzen und aus dem Fenster schauen darf, ist ein Gerücht. Tatsache ist aber, dass ich meinen Traumberuf ergriffen habe: Der Blick aus dem Fenster ist einfach gigantisch – und im Stehen kann man bekanntlich nicht fliegen. Ich genieße jede Sekunde, die ich vom Boden abheben darf, es ist ein wahres Geschenk. Vor allem in der wunderbaren, sich ständig wandelnden Natur rund um Zermatt. Was unsere Großväter sich noch mühsam zu Fuß erarbeiten mussten, erleben wir Piloten mit Leichtigkeit bei jedem simulierten Libellenflug aus der Vogelperspektive. Wir schätzen die Begegnungen mit einzigartigen Tieren, sehen unbeschreibliche Sonnenuntergänge in fast unwirklich köstlichen Farben. Das Auftauchen aus dem Grau des Nebels ins Himmelblau und das von Sonnenlicht durchflutete Panorama rund um das Matterhorn sind atemberaubend schöne Erlebnisse, nach denen man regelrecht süchtig wird. Und wer einmal bei Nacht die Millionen Sterne durch ein Nachtsichtgerät bewundert hat, möchte dies immer und immer wieder erleben. Ohne diese lebensbejahenden Eindrücke würde die Seele eines Rettungspiloten verkümmern. Und doch vermögen selbst noch so außergewöhnlich schöne Momente die vielen schrecklichen Erlebnisse in unserem Beruf nicht auszugleichen. Denn so wunderbar diese Augenblicke auch sein mögen, sie sind nicht stark genug, all die Horrorbilder vergessen zu machen.

Reicht es aus, die Dinge einfach zu akzeptieren? Wie begegnet man seinen eigenen Schuldgefühlen? Oder haben wir niemals Schuld, weil wir keinen Einfluss auf Leben und Tod haben? Was ist Schicksal? Und gibt es einen Gott? Darf ich mir anmaßen zu sagen, ein Leben gerettet zu haben? Wie weit darf ich bei einem schwierigen Rettungseinsatz gehen? Wie verarbeitet man Situationen, in denen man nicht mehr helfen konnte, so wie bei dem Rettungseinsatz am Langtang Lirung?

Tomaž Humar, dieser willensstarke, charismatische Mann, ist auf tragische Weise ums Leben gekommen. Nach all den verrückten Dingen, die er erlebt und erreicht hat, stellt sich die Frage nach dem Warum, dem Sinn oder Unsinn seiner Handlungen. Auch eine sachliche Reflexion unseres eigenen Handelns fällt in diesem Zusammenhang nicht nur positiv aus. Diese Rettungsaktion ist kritisch zu hinterfragen: War es sinnvoll, eine Reise mit derart vielen Unbekannten anzutreten? Wir wussten, dass die Überlebenschancen von Tomaž extrem gering waren. War es unvernünftig, unser Team einem so hohen Risiko auszusetzen, oder haben wir alle »nur« unseren Job gemacht? Hat diese Geschichte im Nachhinein einen Sinn? Was macht denn überhaupt »Sinn«? Und liegt der Sinn des Lebens wirklich darin, dem Leben einen Sinn zu geben? Ich weiß es nicht. Ich weiß nur, dass solche intellektuellen Sätze meist von Menschen stammen, die nicht nur klug sind, sondern vor allem viel Zeit haben, über diese Dinge nachzudenken, und in der Regel keine einschneidenden Entscheidungen treffen müssen. Schnell, ohne Zeit zu verlieren…

Der kausale Zusammenhang zwischen Leben und Tod endet meist in der ebenso hypothetischen wie philosophischen Frage: Was geschieht nach dem Tod? Diese große Unbekannte des menschlichen Daseins wird von jedem anders gesehen und verarbeitet. Werden wir wiedergeboren? Oder ist da einfach gar nichts mehr? Gibt es eine andere Welt, das Nirwana, das

Paradies und ein Wiedersehen mit unseren Liebsten? Welche Religion hat denn nun recht?

Ich bin zumindest davon überzeugt, dass es ein Schicksal gibt, dass gewisse Dinge vorbestimmt sind und Gott uns Prüfungen auferlegt. Ich hatte einige schicksalhafte Erlebnisse. Ich konnte sie weder abwenden noch direkt beeinflussen, musste lernen, mit ihnen umzugehen, und die für mich folgerichtigen Schlüsse ziehen.

Andere Dinge wiederum können von uns beeinflusst und aktiv gesteuert werden. Zahlreiche Entscheidungen haben wir selbst in der Hand, liegen einzig und allein bei uns. Doch ganz gleich, ob Schicksal oder nicht: Jeder von uns macht einschneidende Erfahrungen, die er nie mehr vergisst. Diese Erlebnisse prägen nicht nur unser Wissen, sondern verändern bisweilen unser Wesen und unser Denken. Indem ich mich für die eine oder andere Richtung entschieden habe, habe ich auf den weiteren Verlauf meines Lebens Einfluss genommen. Sicherlich habe ich auch Fehler gemacht und nicht immer die vermeintlich richtige Abzweigung erwischt. Das Geschehene aber lässt sich nicht mehr rückgängig machen, man kann nur nach vorne schauen und immer sein Bestes geben.

Ein jahrelanger Prozess war nötig, um als Retter auf die Frage nach dem Sinn oder Unsinn des eigenen Tuns eine Antwort zu finden. Diese mag unspektakulär klingen: Als Pilot bin ich ein Transporteur. Ich fliege Menschen und Material von A nach B. Meine Aufgabe besteht darin, den Flug zu jedem Zeitpunkt für alle Beteiligten so sicher wie möglich zu gestalten. Als junger Pilot dachte ich, alles in Bewegung setzen und bei jeder Entscheidung ein gewichtiges Wörtchen mitreden zu können. Es bedurfte einiger Rettungseinsätze und persönlicher Erfahrungen, bis ich kapierte, dass dem nicht so ist…

Auf meinen ersten Flug für die Air Zermatt – im Frühjahr 1989 – folgten relativ schnell hintereinander verschiedene Flugberechtigungen. So führte Toni mich zum Beispiel in die Transportfliegerei ein. Beim Bau des

Sesselliftes »Patrullarve« oberhalb von Zermatt begann ich Lastentransporte am Haken zu fliegen, mit zehn Metern Seillänge. Keine zwei Wochen später mussten Fundamente im Wald betoniert werden, und ich steuerte den Helikopter mit einem auf 24 Meter verlängerten Seil. In dieser Zeit erfolgte auch die Umschulung auf den Rettungshelikopter Alouette III; und wenig später traute Toni mir zu, einen Retter mit der Winde abzusetzen, um Wanderer aus steilem Gelände bergen zu können. Ende September 1989 kam die Nachtflugberechtigung hinzu – und ich wurde offiziell als Pilot für den Rettungsdienst eingeteilt. Die Einweisung für das künstliche Auslösen von Lawinen und die Technik beim Umgang mit dem Feuerlöschkübel komplettierten die Ausbildung. Ich schien endlich angekommen zu sein, inmitten der Gilde jener Piloten, die für mich wie Heilige waren und zu denen ich Zeit meines Lebens aufgeschaut hatte. Sie waren Fliegerasse, Helden, bewundert und geachtet, die als Kinder denselben Traum geträumt hatten wie ich. Den urmenschlichen Traum, sich von der Erde zu lösen und unsere magische Natur aus der Vogelperspektive zu betrachten. Ich fühlte mich gut, viel zu gut. Als ob mein Einsatz bei einer Rettung über Leben und Tod entscheiden könnte… Ich schien unverwundbar zu sein und jeder Aufgabe gewachsen. Diese unglaubliche Selbstüberschätzung, mitunter fatale Arroganz, musste sich rächen, ein derartiger Höhenflug in einem ordentlichen Desaster enden.

Kaum einen Monat nachdem Denis im März 1990 beim Feuerlöschen ums Leben gekommen war, lernte ich von und mit Toni am Doppelsteuer, wie man Baumstämme mittels einer vierzig Meter langen Leine aus dem Wald herausfliegt. Der Jahrhundertsturm Vivian hatte ganze Wälder umgehauen, und wir wurden nun mit den verheerenden Folgen konfrontiert. Außerdem musste dringend etwas gegen den Borkenkäfer und das Waldsterben unternommen werden. In Anbetracht der drohenden Umweltkatastrophe reagierte der helvetische Bund umgehend. Gelder wurden bereitgestellt und fast die gesamte Schweizer Helikopterflotte aufgeboten, um abgeknickte und mit Borkenkäfern befallene Baumstämme aus den Wäldern zu schaffen. Und so flog ich denn – zum ersten Mal ohne Tonis Beistand – einen solchen »Logging«-Einsatz. Nach zweieinhalb Stunden Flugzeit kehrte ich glücklich und stolz zur Basis zurück, wo ich gleich einen weiteren, ungeplanten Auftrag erhielt: Ich sollte noch rasch zwei Lasten mit Heu bei einem Stall oberhalb von Zermatt absetzen. Für den folgenden Tag hatte ich einen Flug nach Marseille gebucht, um eine brandneue Lama bei dem Hersteller abzuholen. Und so war dieser Transportflug meine letzte Aktion des Tages, während ich mich bereits auf meinen Ausflug nach Frankreich freute. Ich nahm Kontakt mit dem Flughelfer am Abladeort in den Bodmen auf. Dieser Transportflug erschien mir Grünschnabel angesichts meines erfolgreich absolvierten »Logging«-Fluges bloße Routine zu sein, weshalb ich ganz lässig die Informationen des Flughelfers entgegennahm. Er machte mich auf zwei Hindernisse aufmerksam: »Neben dem Bach führt das Seil der Transportbahn zum Restaurant Edelweiss... Und vom Kreuz[20] geht eine Telefonleitung ab.«

An der Transportbahn hatten wir als Kinder oft gespielt – und ein Blick in Richtung des großen weißen Kreuzes bestätigte seine Aussage: In Nord-Süd-Richtung waren die Masten der Leitung zu sehen. Die Hindernisse hatte ich also im Griff. Dachte ich. Vom Kreuz her anfliegend setzte ich die Last am gewünschten Punkt ab, der Flughelfer hakte die Ösen des Netzes aus, und ich machte mich mit dem leeren Seil direkt auf den Weg zurück zur Helikopterbasis, wo ich das zweite Fuder Heu aufnahm. Als auch diese Last wenig später vom Haken gelöst war, freute ich mich: ›Perfekt, das war's für heute, was für ein Tag...‹ Ich stieg mit dem Heli ein wenig höher als zuvor und steuerte ihn in Richtung Basis. Plötzlich wurde ich abrupt gestoppt. Als hinderte mich eine unsichtbare Hand am Weiterfliegen. Es riss mich fast aus dem Sitz, und ein fürchterliches metallisches Geräusch ertönte. Augenblicklich fing die Maschine an zu vibrieren. Und sofort geriet mein fliegender Untersatz außer Kontrolle. Ich musste all meine Kraft aufbringen, um die Steuer festzuhalten. Es vibrierte so stark, dass mein Körper durchgeschüttelt wurde; und die Augen begannen zu tränen, bis meine Sicht nur noch unscharf war. Der angeschlagene Helikopter kippte nach vorne, vor mir erkannte ich lediglich eine kleine Fläche. Der Lärm des aufheulenden Triebwerkes war ohrenbetäubend. Teile vom Hauptrotor zerschlugen die Scheiben, Splitter wirbelten herum. Ich war sicher, dass mein Leben gleich vorbei sein würde. ›Lass die Maschine gehen, lass sie fliegen, solange sie noch fliegt‹, schoss es mir kurz vor dem Aufprall durch den Kopf. Mit letzter Kraft versuchte ich, den Sturzflug zu bremsen, und zog den Pitch bis zum obersten Anschlag. Dann knallte es …

Das vertraute Geräusch eines auslaufenden Triebwerkes weckte mich auf. Irgendetwas plätscherte, Kerosin rann über die Verschalung. Es vergingen ein paar Sekunden, bis ich realisierte, dass ich eben noch mit einem Heli unterwegs gewesen war. Etwas Warmes rann über mein Gesicht. Ich blutete an Kopf und Händen. Augenblicklich probierte ich aus, ob ich meine Beine bewegen konnte. Ich konnte. Gott sei Dank! Außer einem heftigen Schmerz an der Hüfte und ein paar Kratzern schien es mir gut zu gehen. Ich trug noch meinen Helm, der mir mit großer Wahrscheinlichkeit das Leben gerettet hatte. ›Aber wie bin ich hierhergekommen?‹ In etwa zehn Metern Entfernung sah ich einen roten Blechhaufen. ›Meine Güte, das ist ja eine Lama … Was für ein brutaler Crash.‹ Die Kabine hing nach oben gedreht an einem Zaun. Was war geschehen?

Gleich hinter dem Kreuz oberhalb von Zermatt führte die Leitung in nordsüdliche Richtung, genau wie vom Flughelfer beschrieben. Außerdem hatte ich die Masten ja gesehen. Von einem dieser Masten war jedoch eine weitere Leitung nach Westen gespannt, die ebenfalls zum Restaurant Edelweiss führte. Auf der Luftfahrthinderniskarte war nur ein Kabel eingetragen; und für mich war klar gewesen, dass es sich hierbei um die dreißig Meter nördlich befindliche Transportseilbahn handeln musste. Beim ersten Flug hatte ich die Leitung offenbar knapp unterflogen; nach dem Absetzen der zweiten Last aber hatte ich die Maschine weiter nach oben gezogen und war mit dem rostigen Kabel kollidiert, das mir die Verbindung zum Hauptrotor durchtrennt hatte. Das gesamte Rotorsystem war nach hinten gekippt und hatte den Heckausleger in Stücke geschnitten, wodurch es selber stark beschädigt wurde. Die Folge: Sturzflug. Die einzig mögliche Landefläche hatte ich um wenige Meter verpasst. In dem abschüssigen Gelände war ein Crash unvermeidlich und der Aufprall derart hart gewesen, dass die linke Kufe abgebrochen und einige hundert Meter weiter unten aufgeschlagen war. Der Rest des Helikopters war in einen Zaun geschleudert worden. Dieser Stahlzaun, vor mehr als einem halben Jahrhundert als Steinbockgehege erbaut, hatte verhindert, dass der Helikopter mit laufendem Triebwerk den Hang hinunterrollte. Ich selbst hatte den Heli bereits verlassen. Bei Bodenberührung war mein Kopf mit großer Wucht am Steuerknüppel aufgeschlagen. Dieser wurde, wie auch die beiden Pedale der Heckrotorsteuerung, nach vorne abgebogen. Und der Sitz war mitsamt seinen vier im Kabinenboden verschraubten Bolzen herausgerissen worden. Da hatten auch die Schrauben der Anschnallgurte nicht mehr gehalten, so dass ich mit Sitz und Anschnallgurten auf der Copilotenseite hinauskatapultiert worden war…

Nun lag ich dort und checkte die Umgebung. Auf der gegenüberliegenden Bergseite sah ich eine Seilbahnstation, die mir bekannt vorkam, doch der Name fiel mir nicht ein. Plötzlich kam mein Flughelfer angerannt, der den Absturz, wie ich später erfuhr, genau beobachtet hatte. Er traute sich aber erst zu mir herüber, als ich mich wieder bewegte und versuchte, mich aufzurichten. Zu groß war seine Furcht gewesen, ich könnte tot sein. »Du lebst, o, mein Gott, ich hatte solche Angst!« Ich hörte aufgeregte Stimmen in seinem Handfunkgerät, nahm es und meldete der Einsatzleitung: »Lima Null, ich bin abgestürzt, und die Maschine ist komplett zerstört, mir geht es aber so weit gut.« In den folgenden Minuten sackte mein Bewusstsein immer wieder weg, und ich konnte mich an nichts erinnern. Es kamen Leute herbeigeeilt, ich kannte sie alle. Dann aber stand meine im dritten Monat schwangere Frau Sabine zitternd neben mir. »Gerold!« Ohne dass sie auch nur ein Wort mehr hätte sagen können, entschuldigte ich mich tausendmal für all die schrecklichen Dinge, die sie mit mir ertragen müsse, und ich versprach ihr, augenblicklich mit der Fliegerei aufzuhören. Ein Versprechen, das ich bekanntlich nicht besonders lange hielt.

Bis heute ist es mir ein Rätsel, dass ich diesen Absturz überlebt habe. Ohne Pilotenhelm aber, das ist sicher, hätte ich keine Chance gehabt. Nach Denis' tödlichem Unfall hatte ich mir geschworen, möglichst immer einen Helm anzuziehen. Denn auch Denis hätte mit Schutzhelm wesentlich bessere Karten gehabt. Ich selbst kam mit einer Gehirnerschütterung und Kratzern davon. Und auch die Schmerzen in der Hüfte, die vom ruckartigen Rausreißen des Pilotensitzes samt Anschnallgurten herrührten, vergingen nach ein paar Tagen. Auf dem Boden der Realität angekommen, hätte ich eigentlich froh sein sollen, noch am Leben zu sein, stattdessen war ich betrübt und enttäuscht, diesen Unfall verschuldet zu haben. Natürlich hätte ich ohne die Fliegerei weiterleben können, aber die Lust war größer als die Angst. Für Sabine stellte mein Beruf zweifellos eine enorme Belastung dar, doch sie hatte stets Verständnis; nie und nimmer hätte sie mir das geliebte Fliegen verboten.

Und so stieg ich mit Toni keine Woche später wieder ins Cockpit, um einige Anflüge zu absolvieren. Verlernt hatte ich nichts, alles funktionierte, trotzdem war vieles nicht mehr wie früher. Die Leichtigkeit war weg, der Unfall in jedem Moment präsent. Nachdem das Wrack geborgen worden war, lag es über einen Monat lang im Untergeschoss der Helikopterbasis und begrüßte mich jeden Morgen, wenn ich mein Fahrrad direkt daneben abstellte. Der Absturz verfolgte mich, saß mir in den Knochen, während das Leben und meine Arbeit scheinbar normal weitergingen…

Der härteste Sommer in der Geschichte der helvetischen Helikopterfliegerei stand uns bevor. Die meisten Folgen des Jahrhundertsturms konnten nur mithilfe von Helikoptern beseitigt werden. Leider gab es viel zu wenige Piloten für diese Art des Transportfluges. Mehrere Monate lang waren wir damit beschäftigt, Baumstämme aus den verwüsteten Schutzwäldern zu fliegen. Und nahezu jede Nacht plagten mich fürchterliche Albträume: Mit der am Helikopter hängenden vierzig Meter langen Spezialleine für Holzflüge starte ich ohne Last vom Abladeort. In einem horrenden Tempo und viel zu tief fliege ich zum nächsten Aufnahmeort. Da verfängt sich die Leine in den Bäumen, und der Helikopter stürzt wie ein Drachen in den Wald. Erschreckt schaue ich nach rechts zur Pilotentür hinaus… um sogleich von den leuchtenden Zahlen meines Digitalweckers geweckt zu werden. Den zweiten Traum begleitete ich zu Sabines Leidwesen oft aktiv im Schlaf: Sabine ist in einer Bergflanke blockiert und kann sich nicht bewegen. Ich sehe einen Steinschlag auf uns zukommen und versuche, Sabine mit aller Kraft aus der Gefahrenzone zu retten… und zog sie an den Beinen aus dem Bett. Wie froh war ich, dass es sich nur um einen Traum gehandelt hatte! Bei Sabine dauerte es allerdings mindestens eine halbe Stunde, bis ihr Puls wieder unter 200 Schlägen pro Minute lag. Einen Lebensretterorden habe ich dafür nicht verliehen bekommen…

Der Absturz, die Albträume machten mich nachdenklich, meine große Klappe war weg. Würde ich aus diesem negativen Kreislauf wieder herausfinden? Letztlich waren es die bevorstehende Geburt meiner Tochter und Sabines unermüdliche Unterstützung, die mich aus meinem Tief herausholten. Doch die Begegnung mit dem Tod ließ mich nicht los: Was wäre geschehen, wenn ich diesen Crash nicht überlebt hätte? Was wäre mit mir passiert?

Als wir eines Tages meine Schwiegereltern im schwäbischen Balingen besuchten, stöberten Sabine und ich in einem Buchladen. Da fiel plötzlich ein Titel aus dem Regal und mir direkt vor die Füße: *Das Licht von drüben* von Raymond A. Moody. Ich hob es auf – und gab es nicht wieder her.

Die darin wissenschaftlich untersuchten Fälle von Todesnäheerlebnissen (TNE) faszinierten mich. Vor allem die verschiedenen Phasen während des Todes sowie die Conclusio des Buches waren einleuchtend und gaben mir Hoffnung. Von nun an stand für mich fest: Es gibt wissenschaftliche Beweise für ein Leben nach dem Tod, auch wenn diese sich auf das Geistige in einem Grenzbereich beschränken. Die meisten Sterbenden wollten auf keinen Fall wieder zurück in das hiesige Leben, viel zu schön sei es »drüben« gewesen. Die Erkenntnisse dieser Fallbeispiele beruhigten mich ungemein und nahmen mir meine Angstzustände. Ebenso beeindruckend wie simpel war auch die Erkenntnis, dass wir grundsätzlich eine positive Einstellung zum Leben haben und der Sinn unseres Daseins aus zwei Dingen bestehen sollte: Liebe und Wissen! Genau darüber scheinen wir am Schluss unseres Lebens Rechenschaft ablegen zu müssen. Die eigene Lebensanalyse führe dazu, dass wir uns unserer Fehler oder Unterlassungen schmerzlich bewusst werden und erkennen, wann wir Mitmenschen verletzt, Gelegenheiten verpasst haben. Das, so Moody, würde uns unendlich leidtun.

Von nun an glaubte ich zu wissen, was mit einem Menschen geschieht, wenn er stirbt. Ich war bei einigen Reanimationen dabei und hätte die Überlebenden am liebsten persönlich nach ihren Erfahrungen befragt, was natürlich nicht möglich war. Doch es gab mehrfach die Gelegenheit, mit den Betroffenen oder Angehörigen im Nachhinein zu sprechen – und die Schilderungen waren verblüffend. Mein eindrücklichstes Erlebnis ereignete sich im Dezember 2000: Im Nachbardorf war ein kleiner Junge auf der Hauptstraße bewusstlos zusammengebrochen. Herz-Kreislauf-Stillstand. Anwesende Leute hatten sofort mit der Reanimation begonnen. Keine zehn Minuten nach Eingang des Notrufes setzte ich unseren Arzt im Dorf ab und suchte mir einen geeigneten Landeplatz, etwa 200 Meter von dem Einsatzort entfernt. Via Funk erhielt ich die Meldung, dass es nicht gut ausschaue, ich solle zur Unterstützung dazukommen. Am Unfallort wimmelte es nur so vor Menschen. So gut es ging assistierte ich den

Helfern, Medikamente wurden verabreicht, und permanent wurde eine Herzdruckmassage durchgeführt. Nach einigen Minuten nahm mich der Arzt zur Seite.

»Es sieht nicht gut aus«, sagte er, als wir allein waren, »der Junge kriegt keinen eigenen Rhythmus, in welches Spital sollen wir ihn bringen?«

»Wie groß stehen die Chancen?«, fragte ich.

»Ich weiß es nicht.«

»Was würdest du mit deinem eigenen Kind tun?«, doch ohne seine Antwort abzuwarten, fügte ich hinzu: »Es ist egal, wie es aussieht, wir können nicht wissen, wie die Sache endet. Es kommt einzig und allein darauf an, dass wir unser Möglichstes tun. Also lass uns in ein großes Universitätszentrum fliegen. Geben wir ihm eine Chance!«

Wir beschlossen, die Trage mit dem Bergesack aus dem Helikopter zu holen, und als wir den Jungen eine knappe halbe Stunde später im CHUV in Lausanne unter Reanimationsbedingungen auf der Intensivstation ablieferten, wussten wir nicht, ob er es wirklich schaffen würde. Doch nach Tagen des Bangens erreichte uns endlich die gute Nachricht: Der Junge wurde erfolgreich am Herzen operiert und überlebte!

Einige Monate später bekam ich eine Dankeskarte. Auf der einen Seite das Bild des Jungen, der verschmitzt lachte, auf der anderen Seite stand: »Es kommt einzig und allein darauf an, dass wir unser Möglichstes tun. Danke von ganzem Herzen für die erfolgreiche Reanimation.«

Ich war sehr glücklich, aber vor allem überrascht: ›Wie kommt ein zwölfjähriger Junge dazu, genau diesen Text zu schreiben?‹ Wir waren damals mindestens 100 Meter von ihm entfernt gewesen – und er klinisch tot...

Was für mich aber noch weit wichtiger war als das mögliche Todesnäheerlebnis des kleinen Jungen, war die Bestätigung dafür, dass wir keinen Einfluss auf den Ausgang einer Rettung haben, uns nur allzeit Mühe geben können. Wie oft gingen wir Risiken außerhalb des »grünen Bereichs« ein, waren sofort vor Ort und konnten dem Verunglückten dann trotzdem nicht mehr helfen. Bei anderen Rettungen flogen wir ohne nennenswerte Schwierigkeiten unsere Einsätze, die Patienten hatten einen Schutzengel und überlebten...

In einer Zermatter Arztpraxis klagte eine junge Frau über Unwohlsein. Der Arzt konnte die genaue Ursache jedoch nicht eruieren und entschied, sie mit dem Helikopter ins Spital nach Visp bringen zu lassen. Als die bildhübsche Frau in den Heli eingeladen wurde, bemerkte ich ihre Unruhe: Sie wollte sich hinlegen, kurze Zeit später lieber wieder hinsetzen. So ging das mehrmals hin und her. Sie atmete schwer. Ein äußerst erfahrener Notarzt begleitete unsere Patientin. Und kaum hatte mein Pilotenkollege die Rotorblätter in Schwung gebracht, reduzierte er die Drehzahl wieder. Über Funk informierte er die Einsatzleitung über die Diagnose des Notarztes: Der Frau gehe es schlecht, sie müsse erst einmal stabilisiert werden. Zwar habe sie gerade noch gesprochen und tief Luft geholt, dann aber die Augen verdreht und einen Herz-Kreislauf-Stillstand erlitten. Sofort wurden die Wiederbelebungsmaßnahmen eingeleitet und mit Medikamenten und Elektroschocks versucht, dem eben noch so agilen Körper wieder Leben einzuhauchen. Dann startete der Helikopter, und während der weiteren Reanimation flogen wir die Frau ins Spital. Hier verstarb sie wenige Zeit später. Obwohl einer unserer besten Ärzte vor Ort war, als ihr Herz versagte, konnte er den Tod der jungen Frau nicht verhindern. Weder sein Können noch die besten Medikamente konnten etwas gegen das Aortenaneurysma ausrichten.

Oktober 1991: Eine Gruppe deutscher Bergsteiger stieg damals auf das Breithorn, den wohl einfachsten Viertausender der Alpen. Der Wind blies bereits sehr stark, als sie mit schlechter Ausrüstung und ohne Bergführer beschlossen weiterzugehen. Gegen 16 Uhr ging in der Einsatzzentrale ein Notruf vom Kleinen Matterhorn ein. Ein Mitglied der Breithorn-Bergsteigergruppe meldete eine Knieverletzung. Sofort machte sich ein Kollege mit einer Rettungsmaschine auf den Weg, musste aber kurz oberhalb des Trockenen Stegs umkehren. Gegen diesen Wind hatte sein

Helikopter keine Chance. Also entschieden wir, eine Gruppe Bergretter mit der Bahn zum Kleinen Matterhorn zu transportieren. Irgendwie mussten wir den Mann mit der Knieverletzung schließlich vom Berg holen. Als unsere Truppe oben ankam, meldeten vom Breithorn zurückgekehrte Bergsteiger, dass ein paar ihrer Kollegen extrem unter dem Wind litten: »Es geht ihnen nicht gut … Ihr müsst unbedingt versuchen, sie zu retten!« Einige hätten bereits Erfrierungen und seien total erschöpft. Damit änderte sich die Situation dramatisch: Was mit einer einfachen Knieverletzung begonnen hatte, war plötzlich ein Einsatz auf Leben und Tod. Da ich Lama-Dienst hatte, bat man mich, es mit dieser leistungsstarken Maschine zu versuchen. Gemeinsam mit Flughelfer und Bergretter machte ich mich auf den Weg. Mittlerweile blies der Wind mit einer Stärke von mehr als 100 Stundenkilometer. Vom Trockenen Steg her kommend, sahen wir die riesigen Schneeverwehungen und Wolken, die knapp über das Plateau fegten. Auf gar keinen Fall durfte ich nun in die Abwindseite (Lee) geraten. Diesem starken Wind ist auch die kräftigere Lama nicht gewachsen. Im Aufwind steuerte ich den Helikopter in Richtung italienische Grenze und versuchte, in einer Linkskurve in den Wind, zum Kleinen Matterhorn, einzudrehen. Durch das Kippen der Rotorebene bekam diese wegen des heftigen Windes einen derartigen Widerstand, dass der Heli im seitlichen Sturzflug in Richtung Gletscher abzustürzen drohte. Ich riss die Maschine nach rechts herum und ließ mich vom Wind in Richtung Italien wegtragen. Hinter der Testa Grigia geriet der Helikopter jedoch in enorme Turbulenzen, wir wurden hin und her geworfen und mussten uns krampfhaft festhalten. Die Lama war wie die Nussschale im stürmischen Ozean. Nur dank der 880 PS des Triebwerks gelang es, die turbulente Todeszone wieder zu verlassen und nach oben in die stabileren Luftmassen aufzusteigen. Mir war nicht wohl bei dieser Rettungsaktion, wusste einfach nicht, ob der Helikopter dieser Naturgewalt standhielt. Panik stieg in mir auf, mein eigener Absturz war gerade mal anderthalb Jahre her, am liebsten wäre ich nach Zermatt zurückgekehrt. Bloß weg, irgendwie. Aber auch das wäre heikel gewesen. Viel zu stark blies der Wind dort oben; und ich musste höllisch aufpassen, nicht erneut in eine so gefährliche Abwindzone einzufliegen, wie ich sie noch nie erlebt hatte. Am Breithorn waren jedoch Menschen in Schwierigkeiten… Und ich, damals noch keine dreißig Jahre alt, war nach wie vor der festen Überzeugung, dass mein Einsatz über Leben und Tod entscheiden konnte.

Also blieb ich hoch oben, über 4000 Meter, und hielt die Nase des Helis im laminaren Wind. Draußen wie in mir tobte der Sturm meines Lebens, doch allmählich beruhigte ich mich. »Never crack under pressure!« Diese mentale Stärke ist ein wertvolles Relikt aus meiner Zeit als Leistungssportler, und ich bin dankbar, sie zu besitzen. Gerade in Extremsituationen. Selten war sie so wichtig wie in diesem Moment, als ich nicht nur an der Grenze des Helikopters, sondern auch an meiner eigenen operierte. In dieser Phase Ruhe zu bewahren, war überlebensnotwendig. Ich durfte keinesfalls in Panik geraten. Deshalb konzentrierte ich mich voll und ganz auf das Steuern des Helikopters, drosselte Leistung und Fahrt. So konnte ich die Geschwindigkeit erhöhen oder reduzieren, je nachdem wie der Wind die Maschine erfasste.

Ich befand mich mittlerweile zwischen Plateau Rosa und Kleinem Matterhorn, als ich plötzlich die in Not geratenen Bergsteiger als winzige Punkte unter mir am Berg sah. Eine Zweiergruppe befand sich in der Nähe der Skipiste, 400 Meter von der Klein-Matterhorn-Station entfernt. Von dieser Bergsteigergruppe musste also noch eine Handvoll Personen am Berg sein, und alle befanden sich in Lebensgefahr. Es war eiskalt, der Wind raubte ihnen die letzten Kräfte.

In 300 Metern über Grund entschloss ich mich, die Geschwindigkeit langsam zu reduzieren und in den Schwebeflug zu gehen. Sollte der Wind erneut zum Problem werden, würde ich mich einfach wieder treiben lassen und in die Turbulenzen einfliegen. Ich hatte mich in eine heikle Situation manövriert, mir blieb nichts anderes übrig, als die Maschine in diesem Zustand zu halten. Ich beobachtete den Boden ... und nach ein bis zwei Minuten im Schwebeflug war ich sicher, dass der Wind unter mir konstant in eine Richtung und in gleichmäßiger Stärke blies. Mein Geschwindigkeitsinstrument zeigte 97 Stundenkilometer an – doch ich schien zu schweben. Vorsichtig drückte ich den Leistungshebel nach unten und sank ganz sachte gen Gletscher. Wir waren 200 Meter vom Anstieg des Breithorns entfernt; und unsere Bergretter waren der Meinung, von hier aus zu den Leuten aufsteigen zu können. In fünfzehn Metern über Grund hielt ich erneut an und beobachtete die Schneeverwehungen am Boden. Ich riskierte es, schwebte die Lama mit 100 Stundenkilometern zum Boden – und landete. Die Tür ließ sich aufgrund des Sturms nur schwer öffnen, und sobald die beiden Retter draußen waren, startete ich extrem vorsichtig wieder weg. Ohne aus der laminaren Zone auszufliegen, versuchte ich nun, neben dem Grenzlift bei den beiden Bergsteigern zu landen, die ich kurz zuvor entdeckt hatte. Sie hingen regelrecht in den Wind gebeugt und schienen kaum vorwärtszukommen. Keine zehn Meter von ihnen entfernt setzte ich die Maschine ab. Mittlerweile brauchte ich in der Abenddämmerung und dem aufgewirbelten Schnee den Bordscheinwerfer. Wild gestikulierend bedeutete ich ihnen, zu mir zu kommen. Doch sie reagierten nicht. »Kommt jetzt endlich her!«, schrie ich aus lauter Verzweiflung in mein Mikro, obwohl sie das draußen natürlich nicht hören konnten. Im Scheinwerferlicht beobachteten mein Flughelfer Thierry und ich, wie einer der Männer leicht den Kopf drehte, jedoch noch immer nicht auf unsere Zeichen reagierte. Thierry stieg aus und näherte sich ihnen. »Pass auf, wer weiß, ob die noch bei Sinnen sind«, warnte ich ihn über Funk. Nicht nur die schwerfälligen und taumelnden Bewegungen der beiden Bergsteiger waren verdächtig, sondern auch ihre merkwürdige Reaktion auf unsere Zeichen, als sähen sie uns gar nicht. Hier war Vorsicht geboten, denn es hatte schon Situationen gegeben, in denen der »Patient« am Matterhorn scheinbar grundlos durchgedreht und mit dem Eispickel auf den Rettungschef losgegangen war. Der

Flughelfer packte sich einen der beiden, was dieser klaglos über sich ergehen ließ, und lud ihn in die Maschine. Als wir kurz darauf beide Alpinisten an Bord hatten, bemerkte ich, dass sie am ganzen Körper zitterten. Einer war schneeblind, die Kleider stocksteif gefroren und mit einer dicken Eiskruste überzogen. Thierry schloss schnell die Tür: »Zurück zur Basis, wir müssen dringend in die Wärme!« Ich startete und löschte den Scheinwerfer. Im Westen erhellten die letzten Sonnenstrahlen die Wolken und malten ein unvergleichliches Bild. In dieser einmaligen, wunderschönen Naturstimmung ertönte plötzlich über Funk die Stimme eines Bergretters und holte uns in die grausame Realität zurück: »Wir haben hier vier tote Bergsteiger, am ganzen Berg verteilt... Wir gehen zurück in Richtung Kleines Matterhorn, schau, dass du nach Zermatt kommst! Wir kommen hier klar, die Bergung machen wir später.« Vier tote Bergsteiger innerhalb von ein paar Stunden? Wir konnten es kaum glauben. Und in unserem Helikopter saßen nun zwei von ihnen, die es geschafft hatten. Aber wer waren die Verunglückten? Freunde, Angehörige, geliebte Partner? Wie auch immer: Wir würden ihnen die Hiobsbotschaft überbringen müssen. Zurück auf der Basis tauten die zwei Bergsteiger bei warmem Tee auf. Der eine erzählte mit Tränen in den Augen, dass er und seine Frau oben am Breithorn mit ihren Kräften am Ende gewesen seien. Die Frau hatte es nicht einmal mehr zum Kleinen Matterhorn geschafft und ihren Mann zurückgeschickt, damit wenigstens er sein Leben retten konnte. Ihr war bewusst gewesen, dass sie zurückbleiben musste, damit ihr Mann überleben konnte. Sie hatte am Berg sterben wollen. Und er hatte seine geliebte Frau zurücklassen müssen, um sein eigenes Leben zu retten...

Das Schicksal hatte für vier der Bergsteiger kein gutes Ende geplant. Wie konnte das passieren? Wir hatten an der Grenze des Möglichen operiert, hatten Kopf und Kragen riskiert. Trotzdem konnten wir keinen Einfluss auf den Ausgang nehmen.

Aber es gab auch Einsätze, bei denen sich mindestens ein Schutzengel mächtig ins Zeug legte.

Matterhorn, 24. April 1997
Auf der Basis in Zermatt ging ein seltsamer Notruf ein. Möglicherweise kam er von dem Nottelefon der Hörnlihütte. Die Einsatzleitung meldete »Spaltensturz am Matterhorn, das ist alles, was wir wissen.« Wir packten sogleich das komplette Material zusammen und luden es in den Korb der Lama. Auf dem Trockenen Steg wartete Hildebert »Bärtschi« Heinzmann, unser Bergretter. Kaum an Bord und mit Kopfhörern ausgestattet, sprachen wir über den möglichen Unfallort. »Wo zum Henker kann man am Matterhorn in eine Spalte fallen?« Höchstens auf dem Plateau unterhalb der Nordwand. Also suchten wir dort, fanden aber weder eine Spur noch einen Anhaltspunkt. »Es muss in der Ostwand sein«, informierte uns die Einsatzzentrale über Funk. Ungläubig schauten Bärtschi und ich uns an. Tatsächlich aber erkannten wir, kurz nachdem wir die Hörnlihütte überflogen hatten, Teile der Ausrüstung am Fuße der Wand. Unterhalb des Bergschrunds lagen ein Skistock und Handschuhe, als hätte jemand die Sachen weit von sich geworfen. Eine Schleifspur ging geradewegs in die große Spalte des Hängegletschers.

»Da liegt er, zugedeckt mit einer Alufolie!«, rief Bärtschi. Und der Flughelfer bemerkte: »Das sieht überhaupt nicht gut aus.« In diesem Moment riss der unter der Folie versteckte Mann seine Abdeckung weg und gab uns wild gestikulierend Zeichen. »Der lebt noch, das gibt es doch nicht«, entfuhr es mir – und sogleich legten wir die weitere Vorgehensweise fest. Erst mussten wir sämtliches Rettungsmaterial an der Hörnlihütte ausladen und dann Bärtschi in der Spalte absetzen. Über Funk gab ich die Infos weiter zur Basis und forderte sogleich den medizinischen Helikopter an. Nach einem Sturz in dieser steilen Wand musste der Kerl mindestens ein paar Knochenbrüche erlitten haben. Die Bergung war ein Kinderspiel, denn nachdem Bärtschi beim ersten Bodycheck festgestellt hatte, dass der junge Mann wider Erwarten nicht ernsthaft verletzt war, hängte er ihn mir an die Winde – und ab ging die Post. Keine fünf Minuten später lag der Extremskifahrer auf dem Landeplatz der Hörnlihütte, während wir auf den Rettungshubschrauber warteten. Er schien nicht stark verletzt zu sein. Zahlreiche Schürfwunden am Kopf, ansonsten konnte er alle Glieder bewegen. Nun galt es, den Unfallhergang zu rekonstruieren.

In der Ostwand sahen wir eine Snowboardspur und erfuhren, dass der Skifahrer nicht allein unterwegs gewesen war. Sein Freund, ein Snowboarder, war nach dem Absturz des Kollegen die Wand runtergefahren. Eigentlich verrückt, denn mit einem Snowboard kann man keinen Ausfallschritt machen. Dennoch ist nicht der Snowboarder gestürzt, sondern der Skifahrer. Die vielen Einschläge, die er hinterlassen hatte, waren für uns gut sichtbar, und wir beschlossen, nach der Absturzstelle zu suchen. Stück für Stück stiegen wir mit dem Helikopter in knapper Distanz die Ostwand hoch. Oberhalb der Solvayhütte, auf ungefähr 4100 Metern, sahen wir seine Skispuren, die sich bis zu den beiden großen Türmen erstreckten. Von hier führte nur noch eine einzige Spur nach unten. Bei einem Felsvorsprung endeten die Skispuren; und kurz darunter hinterließ »etwas« kleine Krater im Schnee. In der Falllinie bis zur Spalte zählten wir über sechzig Einschläge, kleine Löcher, die der junge Mann bei seinem rasanten Sturz hinterlassen hatte. Der Schnee war relativ weich, und wie durch ein Wunder war sein Kopf kein einziges Mal auf einem Stein aufgeschlagen. Steine und Felsbänder gibt es in der Ostwand viele, aber offenbar hatte er oder sein Schutzengel ein Tiefschneesuchgerät eingeschaltet. Zum Teil waren die Löcher zehn bis fünfzehn Meter weit auseinander, und dazwischen ragten grobe Felsen und Steinzacken aus der Wand… Selten hatte ich einen solchen Glückspilz getroffen. Die Sturzhöhe konnten wir anhand des Helikopterhöhenmeters feststellen: Der Mann hatte einen 720 Meter tiefen Fall in der berüchtigten Ostwand des Matterhorns überlebt. Mit ein paar Kratzern. Normalerweise endet ein solcher Sturz mit 99,9-prozentiger Sicherheit tödlich. Um die hundert zerschmetterte Körper musste ich in dieser Todeswand bereits bergen, viele von ihnen starben nach Stürzen aus viel kleineren Höhen. Darunter waren Freunde, einheimische Bergführer und unbekannte Touristen, deren Tod unendlich viel Leid über die Hinterbliebenen brachte … Nicht nur ihnen, auch uns stellt sich dann die Frage nach dem »Warum«, doch oft blieben die ungewöhnlichen Zusammenhänge und schicksalhaften Ausgänge unbegreiflich.

All diese Eindrücke, all diese Erlebnisse lassen nur einen einzigen Schluss zu: Auf den Ausgang eines Rettungseinsatzes haben wir keinen Einfluss. Die Entscheidung über Leben und Tod wird auf einer höheren Stufe gefällt. Gott allein bestimmt, wann die Zeit abgelaufen ist. Als Retter können wir nur unser Bestes geben … Diese Erkenntnis hilft mir, den Tod besser akzeptieren zu können. Selbst bei einem so schrecklichen Unfall, bei dem eine Frau in eine Schneefräse geriet und nur noch kleinste Teile ihres Körpers im Umkreis von fünfzig Metern gefunden wurden. Oder als der kleine Junge im Schwimmbad ins Becken fiel und nicht entdeckt wurde – und wir mit anschauen mussten, wie der Arzt schweißgebadet und entmutigt die Reanimation beendete. Der Augenblick, als der Vater seinen kleinen toten Jungen im Arm hielt und sich vor Schmerzen am Boden wälzte, war kaum zu ertragen. Da kommt man sich als Retter so hilflos und winzig vor.

In einem anderen Fall wiederum konnten wir einen Mann aus einem reißenden Fluss bergen, er überlebte, obwohl er klinisch tot gewesen war. Ich hatte die Freude, nach dem Einsatz mit ihm zu sprechen, und treffe ihn bis heute hin und wieder. Ein anderes Mal fanden wir zufällig einen vermissten Bergsteiger beim Aufstieg zum Dom, der über zehn Stunden in einer Spalte ausgeharrt hatte. Beim Eintreffen der Retter röchelte er nur noch; und später, am Spaltenrand, erlitt er einen Herz-Kreislauf-Stillstand. Unterkühlt und unter Reanimation überlebte er den Flug ins Spital, wo er nach einigen Tagen, mit einem leichten Nierenschaden zwar, aber quickfidel wieder aufwachte.

Auf einem Matterhornrundflug entdeckte ich zufällig weit unterhalb der Hörnlihütte einen Mann, der zwischen Steinen am Boden lag und uns zuwinkte. Er war alleine unterwegs, hatte aufs Matterhorn steigen wollen. Eine Woche zuvor war die Hütte jedoch geschlossen worden, und nur der Raum für die Winterbesteigungen war offen. Bei dem Versuch, an das alte Brot zu gelangen, das der Hüttenwirt Kurt Lauber im »Kompressorcouloir« für die Vögel zurückgelassen hatte, war der Bergsteiger auf dem Eis ausgerutscht und über 100 Meter tief abgestürzt. Mit einem gebrochenen Oberschenkel lag er dort, bis er am nächsten Tag zufällig entdeckt und gerettet werden konnte.

In solchen Momenten rücken die Faszination und die technischen Aspekte des Helikopterfliegens weit in den Hintergrund. Jeder Retter verarbeitet solche Momente auf seine Weise. Mir kommt in diesen Situationen auch die Art und Weise, wie meine Eltern mir den christlichen Glauben vermittelt haben, zugute. Ich bin froh, im Glauben an Gott einen Halt gefunden zu haben, und vertraue auf Werte, die Jahrtausende alt sind. Obgleich ich kein außerordentlich guter Christ bin und oft zweifle. Zu wenig Zeit verbringe ich in der Kirche, jenem für mich perfekten Ort zur inneren Reflexion und zur persönlichen Analyse des eigenen Handelns. Die tägliche Informationsflut und die hohe Lebensqualität lassen uns diese Werte leider oft vergessen. In Anbetracht meines erhöhten Berufsrisikos mussten wir in unserer Familie bestimmte Grundsätze festlegen. Das Zeichen des Kreuzes mit Weihwasser gehört zu meinem täglichen Ritual, und wir sind stets bestrebt, das Haus in Frieden zu verlassen. Zu viel kann während eines Tages geschehen, und es wäre für die Zurückbleibenden eine unerträgliche Situation, einen Zwist oder ein unbedachtes Wort nie mehr korrigieren zu können. Wie in jeder guten Familie fliegen natürlich auch bei uns die Fetzen, und es kommt vor, dass man die Sache im Nachhinein via Handy bereinigen muss. Aber spätestens wenn ich in einen Heli steige, muss dieser Frieden wieder hergestellt sein. Es ist eigentlich ganz simpel: Liebe und Wissen sollten unsere wertvollsten, unsere wichtigsten Lebensaufgaben sein, die wir nicht aus den Augen verlieren dürfen. Und wenn wir immer »unser Möglichstes tun«, dann wird hoffentlich alles gut.

Übung macht den Meister – Nepalis im Zermatter Trainingslager

Wer dezent aufsässig ist, hat auf Dauer zwei Vorteile. Er erreicht früher oder später sein Ziel, und zwar ohne großes Aufsehen zu erregen. Um jedoch dezent aufsässig zu sein, muss man von einer Sache voll und ganz überzeugt sein. Fehlt diese innere Überzeugung, handelt es sich nur um ein Strohfeuer. Hinter dem dezent Aufsässigen steckt also vor allem viel Herzblut, so ist es auch bei unserem Vorhaben in Nepal…

Nach unzähligen Telefonaten und etlichen Nachrichten zwischen Nepal und der Schweiz, Empfehlungsschreiben an die Schweizer Botschaft in Kathmandu für die Erteilung der Visa sowie klärenden Gesprächen im Hinblick auf die Kostenübernahme ist es so weit: Am 3. März 2010 kommt eine Delegation aus Nepal zu uns ins Wallis, um ein Observation Training durchzuführen. Zu der Delegation gehören der CEO der Fishtail Air, Suman Pandey, der Einsatzleiter Pradeep Gautam, der Techniker Purna Awale und der Pilot Sabin Basnyat. Auch der Direktor für Lizenzen und Lufttüchtigkeit des nepalesischen Luftamtes Binot Giri ist mit von der Partie. Gut so, denn bei dem Besuch der Kollegen aus Pakistan konnten wir zwar die Piloten von unserer Rettungstechnik und dem Einsatzmaterial überzeugen, doch leider nicht die Entscheider in ihrer Heimat. »Bei uns geht das leider nicht«, lautete das pakistanische Mantra. Deshalb sind Rettungen mit dem statischen Seil am Helikopter seit der Rettung am Nanga Parbat nie mehr wiederholt worden. Deshalb haben wir bei dem Besuch der Nepalis darauf bestanden, dass die Vertreter Fishtail Air von einem Vorgesetzten der Behörde begleitet werden. Nun sollen erste Kriterien, Einsatzmaterial und Kommunikationsmittel für die Ausbildung der Kollegen definiert werden. Von entscheidender Bedeutung ist das Standard Operation Procedure (SOP), mit dem wir eine auf Nepal abgestimmte Vorgehensweise festlegen und das sämtliche relevanten Abläufe und Notverfahren umfasst. Die Air Zermatt hat ihre eigene SOP bereits vor geraumer Zeit eingeführt. Eine ins Englisch übersetzte Version soll für Klarheit sorgen und mögliche Vorbehalte der nepalesischen Behörde entkräften.

Schon einen Tag später treffe ich die bunte Truppe am Heliport – und begegne zum ersten Mal Sabin Basnyat, von dem ich schon so viel gehört habe. Die hellwachen Augen und das freudige Lächeln des Piloten verraten Vorfreude, Wissensdurst und große Neugier. Die Chemie stimmt. Schließlich entscheiden wir, dass Sabin uns bei Rettungseinsätzen am Doppelsteuer auf der zweimotorigen EC 135 begleiten soll. Die übrigen Gruppenmitglieder besichtigen den Heliport, wobei ihnen die Kollegen alle Fragen detailliert beantworten.

Begleitet werden unsere Besucher von Manuel Bauer, dem Hoffotografen des Dalai Lama. Er wird von dem Training in Zermatt sensationelle Bilder machen. Auch Frank Senn und sein Filmteam sind mit von der Partie. Frank ist der Teamleiter für Dokuserien des Schweizer Fernsehens SRF und hat bereits eine mehrteilige Dokumentation über die Bergretter von Zermatt gedreht. Der Film »Sherpa, die wahren Helden am Everest« ist ebenfalls unter seiner Regie entstanden. Als ich ihm von dem bevorstehenden Besuch der Kollegen aus dem Himalaja erzählte, war er sofort Feuer und Flamme. Mit den entstehenden Aufnahmen hofft er, seine Chefs von einem Film über unser Projekt begeistern zu können…

Mit Sabin besprechen Robi, Dani und ich ausführlich die Flugvorbereitungen und mit Binot Giri, wie sich unser System im Himalajagebirge einführen ließe. Und endlich begleitet Sabin mich zwei Tage lang am Doppelsteuer auf der Rettungsmaschine. Es geht nach Leukerbad, auf die Fiescheralp, nach Grächen und ins Skigebiet von Zermatt. Sabin wird Zeuge mehrerer Rettungseinsätze, bei denen wir den Arzt mit der Winde absetzen. Mein nepalesischer Kollege begreift schnell das Zusammenspiel zwischen den Besatzungsmitgliedern und erkennt, wie wichtig Kommunikation und eine fundierte Ausbildung sind. Schon am ersten Abend erklärt er voller Enthusiasmus: »Ich möchte das unbedingt von euch lernen, Geri! Ich versuche, Mr Giri davon zu überzeugen, dass wir diese Technik auch bei uns in Nepal einführen.«

Nach der Rückkehr vom Langtang Lirung hatte Robi von Sabin geschwärmt: Er sei der Mann, der uns unterstützen könne. Ihn sollten wir auf unsere Seite ziehen. Und Robi hatte Recht mit seiner Einschätzung …

Sabin und ich sprechen im Cockpit nicht nur über flugtechnische Belange, sondern lernen uns kennen und schätzen. Er erzählt mir von seiner Familie, von seinem Vater, der auch schon für Himachal Helicopter Skiing als Mechaniker tätig war, von seiner Frau und der kleinen Tochter Minerva. Schnell wird klar, dass wir aus demselben Holz geschnitzt sind. Ich hege großen Respekt für Sabin, mag sein freundliches Wesen, seine offene Art – und mein Vertrauen in diesen hervorragenden Helikopterpiloten wächst binnen kurzer Zeit.

Als Trainingsabschluss findet eine Luftrettungsübung am Riffelhorn statt. Am Berg setzen Sabin und ich die Retter Bruno und Purna mit dem statischen Seil an verschiedenen Punkten ab. Purna weist uns über Funk ein, natürlich auf Nepali (ich verstehe kein Wort!) – und Sabin führt die Aktion anhand seiner Angaben zu Ende; gespannt verfolgt von dem nepalesischen Luftamtsdirektor, der mit dem Funkgerät am Ohr neben der Gornergrat-Bahnstation Rotenboden steht. Und als Sabin Bruno und

Purna schließlich am zwanzig Meter langen Seil punktgenau vor ihm absetzt, sind auch die letzten Zweifel beseitigt. Nun können wir alle zusammen den weiteren Verlauf dieses einmaligen Projekts festlegen: In der kommenden Bergsteigersaison im Himalaja sollen die Zermatter Bergretter Rettungseinsätze für die Fishtail Air in Nepal fliegen und – so der Plan – parallel dazu die Piloten und Retter ausbilden. Dazu werden zwischen April und Mai insgesamt drei Tandemteams, jeweils ein Rettungsspezialist und ein Pilot der Air Zermatt, für jeweils etwa drei Wochen nach Kathmandu reisen. Uns allen ist klar: Der Aufbau einer modernen Flugrettung in Nepal ist eine riesige Herausforderung und eines der letzten großen Abenteuer in der Geschichte der Helikopterfliegerei. Dabei werden wir sicherlich viele Hürden meistern müssen, doch wir bleiben dezent aufsässig …

Nach einer Woche Observation Training in Zermatt muss das Team aus Nepal zurück nach Kathmandu. Der Abschied fällt so herzlich aus, als würden wir uns schon seit Jahren kennen. Mit Sabin haben wir endlich den Kollegen gefunden, der unsere Philosophie und Visionen teilt. Bereits bei dem Einsatz am Langtang Lirung war er das Zünglein an der Waage und machte die Bergung von Tomaž überhaupt erst möglich. Im Gegensatz zu den indischen Piloten erkennt Sabin das ungeheure Potenzial dieser einmaligen Gelegenheit und setzt alles daran, das Projekt auf der anderen Seite des Globus voranzutreiben. Doch unsere Euphorie ist gedämpft angesichts der Hürden auf dem Weg. Eine dieser Hürden ist finanzieller Art: Das Observation Training kostete knapp 18 000 Schweizer Franken und wurde von der Zermatter Rettungsstation und der Air Zermatt getragen. Doch wenn wir tatsächlich nepalesische Piloten und Bergretter fundiert ausbilden wollen, brauchen wir noch viel mehr Geld. Das Zauberwort lautet: Sponsoren! Bislang aber bin ich bei jedem möglichen Geldgeber abgeblitzt. Meine letzte große Hoffnung ruht auf Frank Senn und dem SRF. Wenn seine Vorgesetzten aufgrund der Filmaufnahmen grünes Licht für eine Doku über unsere Rettungsstation im Himalaja gäben, würde das die Sponsorensuche erheblich erleichtern... Für Frank steht fest: »Diesen Film möchte ich unbedingt realisieren.« Denn Projekte wie diese Doku sind bei ihm immer mit viel Herzblut verbunden. Sollte die SRF eine Dokumentation über unser Projekt für gut befinden, würden Frank und sein Team zusammen mit unseren Männern nach Kathmandu reisen, um diese mit der Kamera zu begleiten. Nach dem Sherpafilm und der Bergretterserie wäre diese Dokumentation eigentlich die logische Folge. Und tatsächlich: Die Programmmacher vom SRF sind von Franks Aufnahmen und der Idee so begeistert, dass sie sofort zusagen. Aber es ist wie verhext, denn trotz dieses starken Arguments finde ich einfach keinen Hauptsponsor für die Projektkosten. Sei's drum: Kleinvieh macht bekanntlich auch Mist – und so geht es eben in kleinen Schritten voran, bis ich den Kollegen in Nepal endlich die positive Nachricht überbringen kann, dass zumindest die Reisekosten für die drei Tandemteams dank vieler Zermatter Sponsoren und der IKAR gesichert sind. Ein echter Kraftakt! Doch nun steht die Bergsteigersaison kurz bevor... Die nötigen Dokumente für den Erwerb der nepalesischen Pilotenlizenz werden zusammengetragen, eingescannt und nach Kathmandu geschickt. Und dann ist es so weit: Das erste Tandem, das nach Kathmandu reist, besteht aus Dani Aufdenblatten und Richi Lehner. Dani kenne ich von Kindesbeinen an und könnte mein kleiner Bruder sein. Nicht nur als Pilot ist Dani ein Naturtalent, er glänzt auch in sämtlichen Sport- und Berufsdisziplinen (und im Verlegen von Schlüsseln und Lizenzen ist er ebenfalls unschlagbar). Dani verliert praktisch nie die Fassung. Ich bin stolz darauf, diesen guten Freund und talentierten Piloten auf seinem beruflichen Werdegang begleiten zu dürfen. Wie oft schon haben wir bei gemeinsamen Ausbildungsflügen über unser eigenes Unvermögen gelacht. Auch das fördert meines Erachtens den gegenseitigen Respekt. So sehr ich Dani als Pilot respektiere, weit mehr noch schätze ich ihn als Mensch. Und Richi? Er verkörpert aus meiner Sicht den Idealtypus eines Bergführers: Er ist hochgewachsen, bärenstark, sprachgewandt, hat einen klaren Blick, weiß genau, was er will (kann bisweilen recht dickköpfig sein) und gehört zu der Gilde der Bergretter, die mit großer Leidenschaft bei der Sache sind. Wir sind bereits einige äußerst schwierige Einsätze miteinander geflogen.

Dani und Richi, diese beiden Vollblutexperten, sind nun also die ersten, die nach Nepal aufbrechen, um unser Projekt dort voranzutreiben. Und kaum haben sie nepalesischen Boden betreten, informiert sie die Einsatzleitung von Fishtail Air, dass an der Normalroute des 8163 Meter hohen Manaslu sechs koreanische Bergsteiger und drei Sherpas beim Abstieg vom Gipfel in Schwierigkeiten geraten sind. Der viele Neuschnee mache es den Bergsteigern unmöglich weiterzugehen: Zwei Koreaner und zwei Sherpas sind am Camp 2 auf ungefähr 6400 Metern blockiert, zwei weitere Koreaner und ein Sherpa stecken zwischen Camp 2 und Camp 3 fest, und zwei Koreaner werden oberhalb von Camp 3 – zwischen 6850 und 7400 Metern – vermisst.

Aus Pokhara wird ein Helikopter für einen Erkundungsflug aufgeboten. Doch es ist schnell klar, dass Sturm und Wolken noch keine Rettung zulassen. Erst am nächsten Tag, es ist der 26. April 2010, fliegen unsere Jungs gegen 6 Uhr morgens von Kathmandu in Richtung Manaslu ab. Jetzt muss alles ganz zügig gehen. Dani bekommt – vollkommen unbürokratisch – eine kurzfristige Bewilligung vom nepalesischen Luftamt, allerdings hat er so kurz nach seiner Ankunft weder die Möglichkeit, sich zu akklimatisieren, noch ein paar Übungslandungen in dieser Höhe durchzuführen. Es geht direkt zur Sache. Nie zuvor ist Dani so hoch geflogen. Mitten im Himalaja mit einem Helikopter und einem Team, das sich nur flüchtig kennt, muss Dani sich nun auf seinen Instinkt und seine Fähigkeiten als Pilot verlassen. Seine Entscheidungen beruhen jetzt einzig und allein auf seinen Erfahrungen aus den Alpen. Und so macht sich Dani mit Sabin, Richi und Purna auf zu seinem ersten Rettungsflug im höchsten Gebirge der Welt. Ein kurzer Erkundungsflug an den entsprechenden

Stellen bestätigt die Informationen vom Vortag, und die Crew entscheidet, eine Landung auf dem von Sherpas vorbereiteten Landeplatz in mehr als 6000 Metern Höhe zu wagen, um alle vier koreanischen Bergsteiger und die drei Sherpas auszufliegen.

Sabin fliegt zurück ins Dorf unterhalb des Basecamps, um dort das überschüssige Material[21] auszuladen und zu deponieren. Dann überlässt er Dani seine AS 350 B3. Von nun an sind die beiden Zermatter auf sich allein gestellt. Wie zu Hause mit den übrigen Tandemteams besprochen, kontrolliert Dani die Leistung des Helis, bevor er sich zu einer Landung auf über 6000 Metern entschließt. Er weiß genau, dass alles stimmen muss. Wenn er hier nur einen Fehler macht, könnte das fatale Folgen haben. Doch Gott sei Dank läuft alles nach Plan: Wetter, Menschen und Technik funktionieren einwandfrei.

Nach einem flachen Anflug landet Dani den Helikopter auf der präparierten Fläche. Richi steigt aus und lädt die ersten völlig erschöpften Männer in den Heli ein. Sicherheitshalber will Dani die Bergsteiger in vier Rotationen ausfliegen. Und so startet er erst einmal mit zwei Männern an Bord von über 6400 Metern Richtung Samagaon, einem Dorf im Talgrund. Über Funk teilt Sabin mit, dass der Expeditionsleiter der Koreaner ausdrücklich wünscht, dass nur seine Landsleute ausgeflogen werden sollen. Als Dani diese Meldung an Richi im Camp 2 weiterleitet, reagiert dieser empört: »Was soll denn das? Ich kann doch nicht die Sherpas hier oben zurücklassen, es hat gut und gerne anderthalb Meter Neuschnee, und die Leute sind nudelfertig… Ich lade dir alle ein, basta! Sag dem Leader einfach, hier sähen alle Bergsteiger gleich aus, und ich könne Sherpas und Koreaner nicht unterscheiden.« Und so werden alle Männer nach Samagaon ausgeflogen, wo bereits ein zweiter Helikopter wartet, der sie nach Kathmandu ins Spital fliegt. Neben Anzeichen von Höhenkrankheit haben sie Frostbeulen an Händen, Füßen und im Gesicht. Doch wie geht es den beiden Vermissten? Dani und Richi machen sich zusammen mit Sabin noch einmal auf den Weg. Bei einem weiteren Suchflug oberhalb von Camp 3 entdecken sie einen leblosen Körper im Schnee. Er liegt auf 7000 Metern in der steilen Flanke; eine Bergung wäre wegen des starken Windes und der enormen Höhe zu riskant. Zurück in Samagaon ergeben Recherchen, dass die Bekleidung des entdeckten Bergsteigers auf keinen der vermissten Koreaner passt und es sich demnach um einen Bergsteiger handeln muss, der bereits länger am Manaslu liegt. Somit bleiben die beiden Koreaner vorläufig vermisst. Und die gesamte Crew fliegt zurück nach Kathmandu.

Via Skype berichten uns Dani und Richi noch am selben Abend und tief beeindruckt von ihren ersten Flügen an einem der höchsten Berge der Welt: »Wenn du das hier gesehen hast, dann kommen dir unsere Berge daheim vor wie Swiss Miniature«, sagt Dani voller Respekt. Aber vor allem seine Erfahrungen, das Verhalten der Maschine in so extremer Höhe betreffend, sind sehr aufschlussreich. »Ich war bis auf 7000 Metern, natürlich mit Unterstützung von zusätzlichem Sauerstoff, oberhalb des Nordsattels. Die fehlende Akklimatisation war kein Problem, wir hatten weder Kopfweh noch Schwindel. Solange du Geschwindigkeit hast, ist alles kein Problem. Wir waren aber zu schwer, um einen Schwebeflug durchzuführen. Das wird in diesen Höhen allerdings immer kompliziert sein.« Vor ihrer Abreise hatten wir festgelegt, dass die maximale, vom Hersteller erlaubte Druckhöhe von 7000 Metern nicht überschritten wird …

Zwei Tage später – Dani absolviert gerade die noch fehlende Theorie des fünftägigen AIP-Kurses (Aeronautical Information Publications) beim nepalesischen Luftamt –, geht wieder eine Meldung bei Fishtail Air ein: Am Annapurna, einem südwestlich des Manaslu gelegenen Achttausender, braucht eine spanische Bergsteigergruppe auf der Nordseite Hilfe. Einer der Männer sei am Ende seiner Kräfte, heißt es, unfähig, Beine und Arme zu bewegen, ausgelaugt und schneeblind. Noch ist nicht klar, wo genau sich die Gruppe am Berg befindet, also auch nicht, wie hoch sie ist.

Am nächsten Morgen startet das Team aus nepalesischen und Schweizer Bergrettern zum Annapurna. Schlechtes Wetter verhindert jedoch, dass die Crew es bis zum Basislager auf 4200 Metern schafft. Sie muss wieder umkehren und die Nacht in Pokhara verbringen, um es einen Tag später nochmals zu probieren. Um 6 Uhr in der Früh stehen die Retter bereit. Das Wetter könnte nicht besser sein, so dass sie das Basislager des Annapurna problemlos erreichen. Jetzt gilt es, keine Zeit zu verlieren. Schnell werden die wichtigsten Fragen abgeklärt. Der spanische Expeditionsleiter teilt mit, dass ein Mitglied seiner Gruppe auf 7500 Metern liegt. Die ganze Nacht lang habe dieser über Funk verzweifelt darum gebeten, ihn vom Berg zu holen. Darum sei nun ein Sherpa vom Camp 4 erneut aufgestiegen, habe den Bergsteiger aber nicht gefunden. »Da der Funkkontakt abgebrochen ist, gehen wir davon aus, dass er bereits tot ist.« Auf 7000 Metern – im Camp 4 – sitzen jedoch drei weitere Bergsteiger fest. Alle leiden laut eigenen Angaben an einem Höhenödem und berichten von Frostbeulen.

Um sich ein genaueres Bild von der Situation zu machen, steigen Sabin und Dani, begleitet von dem Expeditionsarzt, mit dem Helikopter auf. Zuerst halten sie Ausschau nach dem vermissten Bergsteiger oberhalb von Camp 4, können ihn aber ebenfalls nicht entdecken.

An ein selbständiges Absteigen der drei Bergsteiger vom Camp 4 ist in ihrem Zustand nicht zu denken. Doch »mal eben ausfliegen« geht leider auch nicht. Das Gelände ist derart steil, dass eine Landung oder ein Anstützen – ein teilweises Absetzen der Kufen also – ausgeschlossen ist. Als einzige Möglichkeit bleibt eine Bergung mit fixem Seil. Jener Technik, die wir seit der Bergung von Tomaž Humar hier in Nepal einführen möchten. Jetzt wird es ernst. Noch nie wurde eine Rettung mit fixem Seil in dieser Höhe durchgeführt. Wie bereits am Manaslu überlässt Sabin unseren Jungs die AS 350 B3 ...

Richi wird vom Basecamp aus, am Seil hängend, bis auf 7000 Meter zum Camp 4 hochgeflogen. Drei Anflüge braucht Dani bei diesem starken

Wind, bis es ihm gelingt, den Bergretter in der Nähe des Camps abzusetzen. Richi ist nach dem fünfzehnminütigen Flug und den drei Anflügen bereits ausgekühlt und verunsichert, weil seine Sauerstoffanlage nicht richtig funktioniert. Über Funk besprechen die beiden Zermatter die Situation – und entscheiden: Richi hängt sich nicht aus! Stattdessen strafft Dani das Seil, hebt seinen Kameraden sanft vom Boden weg und bringt ihn sicher zurück ins Basislager. Denn bekäme Richi auf 7000 Metern gesundheitliche Probleme, könnte das rasch lebensbedrohlich für ihn werden. Dieses Risiko wollen sie nicht eingehen, schon gar nicht bei einer Premiere... Obwohl Richi sich nun nicht ausgehängt hat, ist das Absetzmanöver gelungen. Deshalb beschließt die Crew – auch angesichts der ausgezeichneten Funkverbindung mit den spanischen Bergsteigern –, dass Dani die Rettung allein versucht. Die Bergsteiger sollen sich einzeln, rund zwanzig Meter talwärts, bereithalten und selbständig in den Haken einhängen. Auf diese Weise ist Dani in der Lage, aus der Luft zu überprüfen, ob der jeweilige Bergsteiger noch irgendwo festgezurrt respektive gesichert ist. Als auch die drei Bergsteiger über die Vorgehensweise informiert sind, startet Dani zu dem wohl spektakulärsten Rettungsflug seines Lebens. Hochkonzentriert fliegt er das Camp erneut an. Präzise und fokussiert wie immer zieht er seine Mission durch und bringt einen Bergsteiger nach dem anderen in Sicherheit. Dank der Erfahrung unzähliger Lastenflüge erspürt Dani inzwischen jede Bewegung der menschlichen Last, die zwanzig Meter unter ihm am Seil hängend seinem Können ausgeliefert ist. Doch was wäre die Alternative? Ein heldenhafter Tod am Annapurna?

Nach drei Stunden ist alles vorbei – und die bis dahin höchste je geflogene Helikopterrettung Wirklichkeit. Nur wenig später sehe ich via Skype zwei glückliche Männer, die vor Stolz fast platzen; die Details der Operation sprudeln förmlich aus ihnen heraus: »Am Morgen hatte es oben noch relativ viel Wind, der ließ dann aber nach«, berichtet Dani. »Es ging gut, obwohl die Maschine mit ihrer Leistung voll am Anschlag war.

Und selbst wenn die Zulassung der Maschine bei 10.000 Metern läge, viel höher möchte ich diese Aktion nicht unbedingt wiederholen.« Und dann erzählt Richi von seinen Schwierigkeiten und dem Kampf mit der Sauerstoffmaske: »Bei einem Fahrtwind von 70 Stundenkilometern bekam ich fast keine Luft, und mir wurde sehr schnell sehr kalt. Nach dem Absetzen auf 7000 Metern spürte ich meine Beine kaum noch, und es kribbelte am ganzen Körper. Ich bin mir aber nicht sicher, ob das ein Zeichen von Sauerstoffmangel war oder die Auswirkungen des Medikaments, das wir am Vorabend prophylaktisch eingenommen hatten.«

»Diamox«, ergänzt Dani. Von diesem Mittel gegen Höhenkrankheit habe ich bereits gehört; ein wenig ungläubig hake ich nach: »Ihr habt ein Diamox eingeworfen?« Diamox, auch Acetazolamid genannt, wurde unseren Jungs vom Hausarzt in Zermatt verschrieben, um der Höhenkrankheit vorzubeugen. Eine mögliche Nebenwirkung ist Kribbeln. Ob Diamox aber tatsächlich verantwortlich war für Richis Unwohlsein, lässt sich nicht sagen, ist aber auch absolut zweitrangig. Denn Dani und Richi haben mit dieser Rettung Geschichte geschrieben und verdienen unseren größten Respekt.

»Wir waren nur zum richtigen Zeitpunkt am richtigen Ort und haben das gemacht, was man von uns erwartet hat«, versucht Dani zu relativieren. »Jeder von unseren Piloten hätte dasselbe getan. Davon bin ich überzeugt.« Um die drei Bergsteiger aus 7000 Metern zu retten, waren aber der Mut, das Können und die Entschlossenheit unseres Teams nötig. Diese Luftrettung ist ein weiterer Beweis dafür, dass die jahrelangen Bemühungen, um die Technik und vor allem die Taktik des Gebirgsfluges weiter zu verbessern, absolut richtig waren. Die von Schweizer Helikopterfirmen und dem Bundesamt für Zivilluftfahrt ausgearbeitete Basisausbildung junger Piloten hat sich bewährt.

Bestärkt und euphorisiert von den Rettungen am Manaslu und Annapurna fliegen Dani und Richi in den nächsten Wochen noch weitere Einsätze in Nepal. Dazwischen wird aber auch immer wieder fleißig mit

Purna und Sabin trainiert: Rettungsbergesack mit Vakuum-Matratze bereitmachen, Halskragen anlegen, das Spaltendreibein aufstellen...

Als die Zeit für das erste Tandem schließlich zu Ende geht, stehen Bruno und ich bereit, nach Nepal zu fliegen. Am 3. Mai 2010 machen wir uns auf den Weg. Von Genf über Doha nach Kathmandu, wo wir zwei Tage später früh morgens ankommen. Doch außerhalb des Flugplatzes empfängt uns das reinste Chaos. Die Maoisten haben zu einem Generalstreik aufgerufen, und außer »Tourist Caps« darf kein einziges Fahrzeug benutzt werden. Noch nie habe ich eine solch angespannte, giftige Atmosphäre erlebt. Wir sind nahezu die einzigen Touris, die sich durch die überfüllten Straßen wagen. Auf Kreuzungen werden Feuer entfacht und hunderte Augenpaare starren in unser Vehikel. Der Hass ist regelrecht spürbar, weshalb wir heilfroh sind, als wir endlich in unserem Hotel, im Shangri La, ankommen. »Willkommen in Nepal«, begrüßen uns Frank und seine Frau Sarah. Frank strahlt über das ganze Gesicht. »Na, wie gefällt es euch in Kathmandu?« Die beiden sind seit zwei Tagen hier. Und wie geplant wollen uns Frank und Sarah, die wagemutigste Kamerafrau, die ich kenne, bei den anstehenden Übungen und Rettungseinsätzen filmisch begleiten.

Ich mache mir Sorgen, denn der Streik wird wohl noch ein paar Tage andauern, während ich am Flugplatz den Kurs beim Luftamt absolvieren soll. Dazu muss ich aber durch die Stadt... Frank, Sarah und Bruno beschließen, mit mir mitzufahren. Mit unserem privaten »Tourist Cap« geht es über kleine Nebenstraßen im Zickzack durch die Stadt, so dass wir für die paar Kilometer eine geschlagene Stunde brauchen. Danach absolviere ich brav meine erste Lektion über die hiesigen Flugplätze und deren Frequenzen. Als wir am Nachmittag auf dem Rückweg durch Kathmandu den Königspalast passieren und am Ende der großen Mauer um die Ecke biegen, werden wir auf der Straße von Passanten angehalten, resolut aufgefordert, in eine kleine Seitengasse einzubiegen und anzuhalten. Unser Vehikel versperrt nun die kleine Gasse, und sofort geht das Gehupe der blockierten »Tourist Caps« los. Verunsichert steigen wir aus. Doch ein Blick die Hauptstraße hoch verrät uns, dass wir uns in einer verhältnismäßig komfortablen Lage befinden. Die Passanten haben es gut mit uns gemeint, denn da kommen Hunderttausende rotgekleidete und lauthals demonstrierende Maoisten die Straße herunter, einige mit Stöcken und Eisenstangen bewaffnet. Ihr Schlachtgesang ist Furcht einflößend. Ich frage mich, ob wir nicht lieber sofort abhauen sollten. Immer mehr Leute gesellen sich zu uns und schauen in Richtung der näherkommenden Menge. Bruno drängt sich bis zum Straßenrand vor. Meine Bedenken, in den nächsten paar Sekunden eine gehörige Tracht Prügel zu beziehen, weist er mit einem Kopfschütteln zurück. Stattdessen greift unser Bergrettungschef selbstbewusst zur Kamera. ›Jetzt kracht's‹, denke ich und trete ein paar Schritte zurück, um wie ein geölter Blitz davonlaufen zu können, sollte hier ein Tumult entstehen. Aber es bleibt ruhig, eine Viertelmillion Maoisten zieht an uns vorbei – und in weniger als dreißig Minuten ist der Spuk vorbei und die Straße wieder frei …

Am Abend treffen wir Dani und Richi, und die beiden erzählen uns so begeistert und emotional von ihren Eindrücken und Erlebnissen, dass Bruno und mir fast schwindlig wird. Na, da steht uns ja ein wahres Abenteuer bevor, sollten wir nur annähernd so viel erleben wie unsere Kollegen. Und nach fast einer Woche ist es dann endlich so weit, ich habe meine Lizenz und darf neben Sabin im Heli Platz nehmen, um von Kathmandu nach Lukla, dem berühmten Flughafen in der Everestregion, zu fliegen. Dani und Richi hingegen kehren schweren Herzens, aber um viele großartige Erfahrungen reicher in die Schweiz zurück. Nun sind Bruno und ich an der Reihe. Nach einem 45-minütigen Flug sollen wir unser Quartier in Lukla beziehen. Jahrelang habe ich mich nach diesem Moment gesehnt, habe die Karten studiert und mir den Everest vorgestellt. All die Dörfer von Lukla bis hoch zum Basecamp habe ich auswendig gelernt … Wir überfliegen Reisfelder und Urwälder, Klöster, Schulen und wunderbare Berge. Die Sicht ist nicht brillant, aber gut genug, um die großartige Natur genießen zu können. Hinter Jiri, von wo aus die Expeditionen früher auf Pferde umstiegen oder den langen Fußmarsch Richtung Lukla in Angriff nahmen, steigen wir höher.

»Da vorne ist Lamjura, das Tor zum Everest«, sagt Sabin, sichtlich stolz, mir seinen »playground« zu zeigen. Und tatsächlich: Kaum haben wir den Pass hinter uns gelassen, taucht links am Horizont der gigantische Everest auf. ›Wow, das lange Warten hat sich gelohnt!‹ Nördlich von Phaplu, einem kleinen Airport, geht es im Sinkflug weiter zu dem für Flugzeugpiloten anspruchsvollsten Flugplatz der Welt: Lukla. Mit unserem Helikopter haben wir keine Probleme, hier zu landen; er verfügt über ausreichend Leistung und kann punktgenau in der Luft gehalten werden. Wir brauchen keine Landebahn und können den Helikopter nördlich der Piste auf einer kleinen Fläche absetzen. Kaum angekommen, eilen etliche Männer herbei und flitzen mit vielen kleinen Kanistern und einem durchsichtigen Schlauch zum Einfüllstutzen des Helikopters. Ich staune nicht schlecht, als einer von ihnen den Schlauch in den Tank des Helikopters hängt, um dann am anderen Ende so stark zu saugen, bis das Kerosin über- und in die zwanzig Liter fassenden Kanister fließt. Interessant, denke ich. So werden also die Helikopter leichter gemacht und der Treibstoff zwischengelagert. Dieser Mann scheint allerdings die Gefahren beim Umgang mit Kerosin und die schädlichen Wirkungen für Haut und Lunge nicht zu kennen, sonst würde er sich wohl kaum zu dieser unorthodoxen Methode hinreißen lassen. Und so spuckt er nur ein einziges Mal eine kleine Menge Restkerosin aus. Ich biete dem mutigen Kerosin-Ansauger zum Nachspülen einen Schluck aus meinem Flachmann an (meine Art der Desinfektion bei ungenießbaren Speisen), doch der lehnt dankend ab.

Im Hotel Himalaja Lodge, oberhalb des Flugplatzes, beziehen Bruno und ich unsere Zimmer. Der Besitzer Mr Dawa ist so etwas wie der Präsident von Lukla. Ein ruhiger, netter Mann, der Bruno bereits kennt, weil er hier schon öfter abgestiegen ist. Neben das Hauptgebäude hat die Familie mehrere Häuschen gebaut, und so erreichen wir über Steintreppen ganz oben am Hang ein gemauertes Haus mit vier Zimmern: Im linken residiert unser Bergrettungschef, in der Mitte Sabin und Purna, und im rechten Zimmer werde ich einquartiert. Wir stellen nur schnell unser Gepäck ab, dann geht es wieder zurück zum Flugplatz. Ich darf Sabin auf seinen Arbeitsflügen im Everestgebiet begleiten.

Wir fliegen Richtung Namche Bazar, weiter nach Gokyo Ri, dann unterhalb des Everest zum hintersten Dorf Gorak Shep und am Schluss nach Pangboche, um Touristen und Kranke auszufliegen. Staunend sitze ich auf meinem Copilotensitz und genieße: diese fantastische Gegend, die sagenhafte Natur und natürlich den Everest. Nach diesem Tag voll unvergesslicher Eindrücke schlafe ich in meinem feuchten, harten Bett wie ein Gott.

Am nächsten Morgen wollen Sabin, Bruno und ich einen Höhentest am Everest absolvieren: Wie hoch kann die Maschine steigen? Wie verhält sich die Steuerung? Was ist mit unserer eigenen Sauerstoffsättigung? Dani und Richi haben uns ein entsprechendes Messgerät mitgegeben. Auch Sarah ist an Bord, um uns zu filmen. Diesmal darf ich auf der Pilotenseite Platz nehmen – und in weniger als fünfzehn Minuten sind wir oberhalb des Basecamps am höchsten Berg der Welt. Ich sehe den Gipfel, den berühmten Pass auf der Nordseite, den North Col – jene Flanke, an der George Mallory 75 Jahre lang (!) vermisst wurde – und die drei Felsstufen, die »Three Steps« unterhalb des Gipfels. Auf der hiesigen Seite sind das Tal des Schweigens, wie das Western Cwm (»Kuhm« gesprochen) auch genannt wird, und die Lhotse-Flanke sichtbar. Vorbei am Pumori fliegen wir nun ganz nah an der tibetischen Grenze entlang zurück in südöstlicher Richtung zum Khumbu-Eisfall. Durch dieses gigantische Labyrinth von hausgroßen Eisblöcken, sogenannten Séracs, kämpfen sich Sherpas und Bergsteiger nach oben. Wie schon bei den Übungsflügen in Zermatt kommentiere ich für Sabin meine Absichten und Eindrücke: Mit vier Personen an Bord ist ein Schwebeflug nicht möglich. Wir stellen jedoch fest, dass der Höhenmeter nicht mit der tatsächlichen Höhe übereinstimmt. Er zeigt zwar »nur« 20 000 Fuß oder 6000 Meter an, wir sind aber bereits weit über dem Camp 1, das »offiziell« über 6000 Meter liegt. Ich schätze die Höhe auf 6500 Meter, also nur geringfügig höher als Camp 2 weiter hinten im Tal des Schweigens. Ansonsten fliegt sich der Heli wie daheim, ein wenig »schwabbliger«, aber problemlos und präzise. Auch die Sauerstoffsättigung in unserer Blutbahn scheint in Ordnung zu sein. Kamerafrau Sarah und Bruno, der neben ihr die Aussicht genießt, benutzen keinen zusätzlichen Sauerstoff. Und außer dass Sarah wie verrückt filmt, machen die beiden einen ganz normalen Eindruck. Zumindest geben sie auf unsere Fragen logische Antworten. Sabin und ich ziehen bei jedem Atemzug Sauerstoff aus der hinter dem Sitz befestigten O_2-Flasche und kontrollieren die Sättigung an dem kleinen Gerät an unserem Zeigefinger. Nur das Triebwerk ist, wie Dani bereits erwähnte, am Ende seiner Leistung. Wir kommen nicht höher und brechen die Übung ab. Eins steht nach diesem Erkundungsflug fest: Am Mount Everest Rettungen zu fliegen wird nicht leicht.

Wir bleiben eine weitere Nacht in Lukla und evakuieren am nächsten Morgen einige Personen vom Fuße des 7129 Meter hohen Baruntse, bevor es zurück nach Kathmandu geht. Sabin wird sich ein paar Tage freinehmen, seine dreijährige Tochter Minerva hat Fieber und vermisst ihren Daddy. Sabin hat sich diese Auszeit wahrlich verdient, immerhin war er in den vergangenen Wochen mit Dani und Richi ganz schön viel unterwegs. Nachdem wir in unserem Basislager in Kathmandu, dem Hotel Shangri La, unsere gewohnten und weitaus luxuriöseren Zimmer bezogen haben, bereite ich mich auf meinen ersten Soloflug in Nepal vor …

Am frühen Morgen des 14. Mai 2010 übernehme ich eine AS 350 B3, um Touristen zum Everest zu fliegen, und lerne zwei neue Kollegen kennen: Ashish, der auch bei der Aktion am Langtang Lirung mit von der

161

Partie war – auch er steuert eine AS 350 B3 – und Deepak, ebenfalls Pilot von Fishtail Air, der eine schwächere AS 350 B fliegt.

In Lukla angekommen, wird in dem dort offenbar üblichen, aber ungesunden Verfahren Kerosin in Kanister abgefüllt. Danach geht es weiter zum Everest. Nachdem wir die Touristen mit dem höchsten Berg der Welt bekannt gemacht haben, landen wir mit allen drei Helikoptern in Syangboche, um mit den Gästen einen Tee zu trinken. Von nun an fliegen wir drei Piloten verschiedener Wege: Ich setze die Touristen in drei Rotationen in Namche Bazar ab, wo sie von einem lokalen Guide für einen Dorfrundgang in Empfang genommen werden. Gegen 13 Uhr hole ich sie wieder ab, und in der Zwischenzeit absolviert jeder von uns weitere Aufträge (Krankentransporte, Touristenflüge etc.) in der Everestregion, erteilt von der Einsatzzentrale bei Fishtail Air. Nach knapp vier Stunden Flugzeit sind alle drei Helikopter wieder auf dem Heimflug nach Kathmandu. Unglaublich: Ich habe heute mehr gesehen als bei einem dreiwöchigen Nepaltrekking. Diese Farben, diese gigantische Bergwelt... Ich bin tief beeindruckt. Zum Schwärmen bleibt mir allerdings keine Zeit, denn kaum bin ich auf dem Flugplatz gelandet, informieren mich die Kollegen über eine sich anbahnende Rettung. Doch niemand sprintet zum Heli, um so schnell wie möglich in der Luft zu sein und Hilfe zu leisten. Nicht in Nepal. Hier ist alles erst einmal in Ruhe abzuklären, jegliche Sicherheiten und Garantien müssen vorhanden sein, bevor ein Start überhaupt in Erwägung gezogen wird. Um alle verfügbaren Informationen aus den Mitarbeitern von Fishtail Air herauszubekommen, gilt es, ziemlich hartnäckig zu sein. In Sachen Kommunikation besteht definitiv Verbesserungspotenzial. Während ich Touristen im Himalaja hin und her flog, ging gegen Mittag bei Fishtail Air in Kathmandu ein Hilferuf ein: Die chinesische Botschaft bittet um Unterstützung. Am Dhaulagiri, dem 8167 Meter hohen weißen Riesen, steckt eine komplette Expedition in Schwierigkeiten. Angeblich auf 7500 Metern. Da wir erst gegen 16.30 Uhr von dem Notruf erfahren haben, ist es für heute zu spät, um noch zum Dhaulagiri zu fliegen. Also fahre ich vorerst ins Hotel und informiere Bruno. Wir halten uns für einen Einsatz bereit. Kurz vor 5 Uhr in der Früh klingelt mein Handy: In zwanzig Minuten müssen wir startklar sein. Die Fahrt mit dem Auto durch die langsam erwachende Metropole dauert diesmal zum Glück nur knapp fünfzehn Minuten. Noch ist es seelenruhig in Thamel und Umgebung, auf der Straße sind kaum Autos unterwegs, selten ertönt ein Hupen. Auch die Menschen bewegen sich noch wie in Zeitlupe. Überall dampft es, Rauch steigt aus den Schornsteinen. Ein leichter Dunst liegt über der Stadt, aber das Wetter scheint gut zu werden. Vor dem Domestic Flugplatz angekommen, müssen wir jedoch noch einmal warten. Die eigentlich überflüssige Eingangskontrolle nimmt wieder viel Zeit in Anspruch. Dann aber ist plötzlich Schluss mit der Ruhe. Im Flughafengebäude herrschen Trubel und Chaos: Einheimische, Touristen, zahllose Bergsteiger und Abenteurer mit Expeditionsgepäck und Tonnen von Material verstopfen jeden Zentimeter. Bis wir zu dem kleinen Schalter von Fishtail Air gelangen, vergehen weitere, vielleicht lebenswichtige zwanzig Minuten. Hier werden, nur pro forma natürlich, Bordkarten für unseren Helikopter ausgestellt, unser gesamtes Material noch einmal kontrolliert und die Pässe genauestens unter die Lupe genommen. Ab geht's durch die Abflughalle direkt zum Ausgang, wo wir zum dritten Mal kontrolliert werden. Draußen auf dem Tarmac, der Abstellfläche für Luftfahrzeuge, treffen wir auf unsere nepalesischen Kollegen. Sie unterhalten sich mit den Flugzeugpiloten der De Havilland DHC-6 Twin Otter, die hauptsächlich von Kathmandu nach Lukla fliegen. Die Piloten sehen allesamt sehr jung aus, tragen schwarze Hosen und weiße Hemden. Die goldenen Streifen auf den Schultern, ein echtes Statussymbol, leuchten in der Morgensonne. Sie trinken Kaffee und rauchen vollkommen entspannt ihre Zigaretten. Zu meiner Verwunderung ist auch Sabin dabei. Sollte er nicht bei seiner Familie sein? Er winkt uns zu sich.

»Hi Sabin«, begrüße ich ihn überrascht und frage nach dem Gesundheitszustand seiner kleinen Tochter. Seiner Tochter gehe es wieder gut, sie wollte einfach nur mal ihren Daddy sehen. Und er wolle sich diesen Rettungseinsatz einfach nicht entgehen lassen. Nun werden Bruno und ich den Flugzeugpiloten vorgestellt. Unsere Fliegerkollegen haben keinen leichten Job. Mehrmals am Tag müssen sie den legendären Flugplatz von Lukla anfliegen. Das Wetter ist äußerst wechselhaft, und meistens sind die Maschinen vollbeladen. Entscheidet sich ein Pilot im Endanflug für eine Landung in Lukla, gibt es kein Zurück, denn am Ende der Piste ragt eine dreißig Meter hohe Wand empor. Und ein Durchstartmanöver ist auf 2850 Metern unmöglich. Jedes Jahr gibt es schreckliche Unfälle. Einer der schlimmsten geschah am 8. Oktober 2008, als die Maschine der Yeti Airlines 103 mit 19 Personen an Bord, viele von ihnen aus Deutschland, im Endanflug in eine Nebelschwade geriet und vor der Piste aufschlug. Ashish hat den Unfall vor Ort miterlebt: »Der einzige Überlebende, der Pilot, wurde beim Aufprall durch die Frontscheibe nach draußen katapultiert und blieb schwerverletzt auf der Piste liegen.« Ashish flog den Kollegen damals sofort ins Spital nach Kathmandu. Diese jungen Flugzeugpiloten sind nicht zu beneiden um ihren Job. Goldene Streifen hin oder her. Nein, ich fliege Lukla viel lieber mit einem Helikopter an. Obgleich unser Job ebenfalls nicht ohne ist. Denn jetzt steht uns möglicherweise eine schwierige Rettung auf 7000 Metern bevor. Die chinesische Expedition steckt immer noch fest. Hier aber scheint alles seinen gewohnt gemächlichen Gang zu gehen. Sabin und seine Fliegerkollegen unterhalten sich über das Wetter in Lukla. Denn Sabin muss erst noch zum Basecamp des Everest, um einen kranken Mexikaner zu holen. Und so warten wir erneut, bis er mit der Maschine zurück ist. Ich komme mir vor wie in der Schweizer Armee: sich beeilen, um anschließend zu warten... Erst um 7.15 Uhr geht es endlich los. Sabin, Bruno und ich starten westwärts in Richtung Pokhara. In herrlichem Morgenlicht und mit der Sonne im Rücken fliegen wir entlang steiler Bergflanken, über Pässe und Dörfer. Am südwestlichen Eingang des Tals, das zum Manaslu führt, sehen wir unter uns einen Palast. »Das ist das alte Schloss Gorkha von König Prithvi Narajan Shah«, erklärt Sabin. Das imposante Gebäude thront 300 Meter über dem Talboden auf einer Kuppe, und der Blick nach Norden durch den Dunst eröffnet eine atemberaubende Aussicht auf die weißen Gipfel des Himalajagebirges. Es ist mein erster Flug in den Westen Nepals, und die Berge, die sich auf unserer rechten Seite blicken lassen, sind unbeschreiblich schön. Eben noch sind wir am Ganesh II vorbeigeflogen, und nun lugt rechts hinten der Manaslu hervor, weiter links ist die Gruppe der Annapurna-Kette zu sehen. Fünfzehn Minuten lang begleiten uns diese Riesen, dann entdecken wir in der Ebene vor uns eine Stadt. »Pokhara«, sagt Sabin und nimmt zwecks Durchflugerlaubnis sogleich mit dem Tower des dortigen Flugplatzes Kontakt auf. In gut 1000 Metern über der Stadt geht es weiter zum Dhaulagiri. Ganz in der Nähe des heiligen Berges Machapuchare, auch Fishtail genannt, überfliegen wir einen Pass ins tiefste Tal der Welt, gelegen zwischen Beni und Jomsom. Da steht er plötzlich vor uns, der weiße Riese. Breit und Furcht einflößend trotzt er dem stürmischen Wind, der von Westen her über sein Dach fegt. ›Ach, du heiliges Kanonenrohr!‹, schießt es mir durch den Kopf, und ich drehe mich augenblicklich zu Bruno um. »Ja, es bläst ganz schön«, lautet sein knapper Kommentar. »Schauen wir mal, wie hoch wir kommen«, fügt er hinzu und lässt dabei den Dhaulagiri keine Sekunde aus den Augen. »Die müssen rechts hinten an der Kante sein.« Ich wundere mich, warum wir nicht über einen Pass im Norden fliegen und frage Sabin. »Wir versuchen es besser im Süden, der Pass im Norden ist auf 6100 Metern«, erklärt er. Wie eine Schlange windet sich vor uns das sehr enge Tal, und wir sinken diesem folgend ab. Nun sind wir knapp 200 Meter über dem Talgrund. Hier ist die Luft ruhig. Diese Variante im Süden ist tatsächlich weit besser. Oberhalb einer kleinen Hütte biegt das enge Tal nach links ab, als plötzlich eine kleine Fläche vor uns auftaucht. »Swiss Camp«, ertönt es im Kopfhörer. Sabin möchte sie als Depot nutzen und die Maschine entladen. Dass wir bereits auf 3800 Meter sind, spüren wir beim Aussteigen: Es ist ziemlich frisch. Zeit, die warmen Sachen aus unseren Rucksäcken zu holen. Zwölf Kanister mit Kerosin werden ausgeladen und das Rettungsmaterial fein säuberlich hinter einem Stein deponiert. Dann folgt eine kurze Besprechung, bei der wir uns darauf einigen, dass Sabin mir die Pilotenseite überlässt und wir zuerst ins Basislager auf 4800 Meter fliegen, um zusätzliche Informationen einzuholen. Dem Tal folgend steige ich auf das Gletscherplateau und sehe schon nach kurzer Zeit links auf der Moräne das Zeltlager. Plötzlich entdecke ich unter mir auf dem Gletscher einen zerstörten Helikopter. »Was ist denn das?«, frage ich Sabin. »Das sind die Reste einer Ecureuil. Die ist vor ein paar Jahren beim Ausladen von Gepäck und Passagieren über den Gletscher abgerutscht und dann umgekippt.« Niemand sei verletzt worden, da der Pilot für das Entladen den Heli verlassen hatte… Ohne weiter über diesen Vorfall nachzudenken, konzentriere ich mich auf den Anflug zum Basecamp. Wo kann ich die Maschine absetzen? Alles ist abschüssig und nicht unbedingt für eine Helilandung geeignet. Sabin macht auf seiner Seite die Tür auf und weist mich ein. Gemeinsam manövrieren wir unseren fliegenden Untersatz sicher auf den Boden. In dem Moment nähern sich lauter vertraute, lachende Gesichter. Was für eine Freude, denn unter den Bergsteigern entdecke ich Bergführer aus dem Oberwallis, die an einer Schweizer Expedition teilnehmen. Kilian Volken, Willi Imstepf und Peter Gschwendtner wollten den Dhaulagiri besteigen, mussten aber wegen des vielen Neuschnees und der Stürme umdrehen. Es ist schon eigenartig: Da ist man über 6000 Kilometer von zu Hause entfernt, fliegt in ein Tal am Ende der Welt und trifft auf bekannte Gesichter… Leider haben wir keine Zeit zum Plaudern, wir müssen unbedingt wissen, was mit den Chinesen oben am Berg los ist. Richi Bolt, der Schweizer Expeditionsleiter, und die übrigen Expeditionsmitglieder erzählen, ein Teammitglied der Chinesen habe sich mit einem nepalesischen Bergsteiger vor dem Sturm bis ins Basislager retten können. Bei den Zelten der chinesischen Expedition sei jedoch niemand zu sehen. Und Funkkontakt zum Berg gebe es auch nicht. Das klingt alles sehr merkwürdig und wenig ermutigend. Von den acht chinesischen Teammitgliedern und den sechs Sherpas sind zwölf Personen immer noch in Camp 3 auf 7300 Metern oder höher blockiert – und mit Sicherheit völlig entkräftet. Ein chinesischer Bergsteiger, so die Meldung der Botschaft, sei wahrscheinlich schon gestorben. Unsere Schweizer Freunde sind rechtzeitig abgestiegen, aber das chinesische Team wollte unbedingt am Jubiläumstag der Erstbesteigung vor fünfzig Jahren den Gipfel erreichen. Sie scheinen es auch geschafft zu haben, sind jetzt aber in massiven Schwierigkeiten. In der Höhe tobt ein Sturm von mehr als 60 Stundenkilometern, weshalb wir hoffen, dass es alle zumindest ins Camp 3 geschafft haben. Der Dhaulagiri wird auch der »Schweizer Berg« genannt, weil er erstmals von einer Schweizer Expedition am 13. Mai 1960 bestiegen wurde.

Bruno drängt zum Aufbruch: »Lasst uns hochfliegen und nachschauen, was dort los ist!« Hoffentlich lässt uns das Triebwerk in dieser Höhe nicht im Stich und springt an. Es klappt! Wenige Minuten nach dem Start haben wir uns am nepalesischen Eiger vorbei bis auf 6000 Meter hochgeschraubt. Die Spuren der Bergsteiger sind noch sichtbar, aber keine Menschenseele ist zu sehen. Am Col Ne vorbei, wo vor fünfzig Jahren ein Schweizer Flugzeug der Marke Pilatus Porter PC-6 das Expeditionsmaterial der Landsleute abgeladen hat, geht es nach Süden weiter zum Camp 2 auf 6700 Meter. Hier ist der Wind spürbar, und mit der Nase gegen Westen auf der Luvseite kann ich die Maschine sogar im Schwebeflug halten. »Da oben sind zwei im Abstieg«, ertönt es von hinten. Bruno hat auf seiner linken Seite zwei Bergsteiger entdeckt. Aber sie kommen kaum voran. Wir sind nun in 7000 Metern Höhe, und ich versuche, die Maschine so nah wie möglich an den Berg heranzufliegen. Die rechte Seite lasse ich stets offen: Sollte der Helikopter durchsacken, kann ich auf meine Seite ausweichen und wegfliegen. Wir kommen bis auf 50 Meter an die Bergsteiger heran und winken ihnen zu. Wir sind ihnen so nah – und doch meilenweit entfernt. An eine Bergung mit dem Seil ist hier nicht zu denken, viel zu stark bläst der Wind. Weiter oben sehen wir die Zelte von

Camp 3 und den letzten Abschnitt in Richtung Gipfel, aber auch dort rührt sich nichts. Wo stecken die anderen? Wir brechen ab und fliegen erneut zum Basecamp. Wir müssen abwarten, wie das Wetter wird. Bei einer warmen Tasse Tee im Schweizer Zelt tauschen wir Oberwalliser uns aus. Bereits seit mehreren Wochen sind die Bergsteiger hier oben und werden von den Wetterbedingungen am Dhaulagiri regelrecht zermürbt. Am Morgen ist das Wetter gut, doch schon gegen Mittag macht es zu, und es beginnt zu schneien. Die Verhältnisse oberhalb von 6000 Metern sind prekär, die Teilnehmer der Expedition aber nach wie vor zuversichtlich, doch noch zum Gipfel aufbrechen zu können. Die Schweizer werden natürlich von Sherpas begleitet. Einer von ihnen stellt sich uns als Tshering Pande Bhote vor. Sarah hat ihn eigens für den Dokumentarfilm am Everest als Kameramann ausgebildet, und Frank hat mir von ihm erzählt. Tshering war damals für die Aufnahmen am Gipfel verantwortlich. Bruno, Sabin und ich reden mit ihm über eine mögliche Ausbildung zum Bergretter und die Möglichkeit, bei uns im Team mitzumachen. Denn natürlich wollen wir auch Bergretter aus Nepal rekrutieren und ausbilden. Tshering ist begeistert, am liebsten würde er gleich mitkommen. Da haben wir offenbar den richtigen Nerv getroffen – und diese Zwangspause sinnvoll nutzen können.

Nach einer Stunde verschlechtert sich das Wetter, aber wir wollen trotzdem schauen, was sich machen lässt. Um 10.30 Uhr starten wir erneut. Bei diesem zweiten Flug bis auf 7000 Meter entdecken wir sechs weitere Bergsteiger, die sich aus den Zelten vom Camp 3 gewagt und mit dem Abstieg begonnen haben. Der Kante folgend haben sie zirka 600 Höhenmeter zu überwinden, um Camp 2 zu erreichen. Bruno ist optimistisch. »Das sollten sie bis zum Abend schaffen.« Der Wind hat noch einmal an Stärke zugelegt, und wir beschließen, die Rettung zu unterbrechen, bevor der Süden nicht mehr passierbar ist und wir im Basislager übernachten müssen. Zwanzig Minuten später landen wir in Pokhara. Als wir aus der Maschine steigen, trifft mich fast der Schlag. Waren wir eben noch auf 7000 Metern bei –20° C unterwegs, herrschen hier Temperaturen von +35° C. ›Sofort alles ausziehen!‹, ist mein erster Gedanke. Nach fünfzehn Minuten ist die Maschine von dem Techniker gecheckt, und nachdem ich den Temperaturschock verdaut habe, bin ich beim Abdecken der Maschine behilflich. Den Nachmittag verbringen wir wie Touristen am See und in der Stadt. Abends meldet Kilian Volken per Satellitentelefon, dass es ein paar chinesische Bergsteiger bis zum Camp 2 geschafft haben. Wie viele genau, ist jedoch nicht bekannt. Ein toter Bergsteiger liege jedoch im Camp 3.

Gegen 6 Uhr am nächsten Morgen, es ist Sonntag, der 16. Mai, stehen wir am Flughafen in Pokhara bereit, um die Bergsteiger vom Dhaulagiri zu retten. Das Wetter ist ausgezeichnet, und der Blick zum Machapuchare und zum Annapurna zeigt, dass heute weniger Wind zu erwarten ist als gestern. Im Handgepäck führen wir den Messwein für die Sonntagsandacht unserer Oberwalliser Kollegen mit, den wir bei einem Zwischenstopp im Basislager abgeben. So viel Zeit muss sein. Hier erfahren wir auch die letzten Neuigkeiten vom Dhaulagiri: Zwei Sherpas sind mitten in der Nacht im Basislager angekommen. Dabei handelt es sich um die beiden Bergsteiger, die wir gestern als erste entdeckt haben. Der eine soll sogar der Sirdar, der Chefsherpa sein. Das wäre ungewöhnlich, denn eigentlich ist er stets der Letzte, der vom Berg geht, ähnlich wie ein Kapitän von seinem sinkenden Schiff. Hat er seine Kollegen und Gäste im Stich gelassen, um seine eigene Haut zu retten? Tshering stellt ihn gerade ziemlich in den Senkel. Und das sieht ungefähr so aus, als würde ein Terrier eine Dogge anbellen…

Schlechte Nachrichten auch beim Wetter: Es hat wieder geschneit. Da wir angesichts der Belastbarkeit von Heli und Mensch nicht wissen, wie hoch wir Bruno absetzen können, hat das Büro von Fishtail Air vier Sherpas aufgeboten und mit einer zweiten Maschine einfliegen lassen. Sie sind allesamt akklimatisiert und kommen soeben von anderen Expeditionen zurück. Sie werden Bruno bei Bedarf terrestrisch unterstützen und den

Toten aus Camp 3 holen. Das heißt, sie müssen zu Fuß hochsteigen und ihn den Grat bis auf 7000 Meter hinuntertragen, wo wir ihn in Empfang nehmen. So hat es die chinesische Botschaft verlangt.

Es sollten demnach noch zehn Bergsteiger und ein Toter am Berg sein. Wir verständigen uns auf folgendes Vorgehen: In drei Rotationen fliegen wir Bruno und Purna, der heute mit der zweiten Maschine wieder zu uns gestoßen ist, sowie die akklimatisierten Sherpas auf den Col Ne-Pass auf 6000 Meter, wo wir den Helikopter mit dem MERS-Tau (Multilaterales Evakuations- und Rettungssystem) ausrüsten. Purna bleibt im Col und hilft mir beim Be- und Entladen des Helis. Gleichzeitig fungiert er als Relaisstation und garantiert so den ständigen Funkkontakt zum Basecamp. Sabin wird im Basislager die Stellung halten. Grinsend schließt er die Copilotentür und wünscht mir viel Glück: »Take care, Captain Geri.« Zuerst will ich Bruno, dann die Sherpas mit dem Seil bis ins Camp 2 auf 6700 Meter bringen, denn eine Landung ist wegen des steilen Geländes nicht möglich. Der üblichen Besteigungsroute folgend sehen wir schon bald, dass bedeutend mehr Betrieb herrscht als gestern. Unter dem Eiger sind zwei Bergsteiger in den Abbrüchen unterwegs und sollten in weniger als einer Stunde im Basislager eintreffen. Einen weiteren Bergsteiger sehen wir um Hilfe winkend zwischen Camp 1 und dem Pass. »Der scheint soweit okay zu sein, den holen wir gleich mal ab. Ich versuche einen Anflug auf einer flachen Ebene oberhalb des Passes und lasse euch schon mal raus, dann habt ihr Zeit, euch vorzubereiten«, gebe ich an Bruno durch. Er nickt und packt bereits seine Sachen zusammen. Ein Blick in Richtung Camp 2 offenbart, dass noch drei weitere Gruppen beim Abstieg sind. Wie viele es insgesamt sind, kann ich nicht zählen, denn ich muss mich auf den Anflug und die Landung konzentrieren. Glücklicherweise entdecke ich oberhalb des Passes eine geeignete Stelle. Alle paar Meter haben Expeditionen kleine rote Fähnchen gesteckt; eines dient mir bei der Landung als Referenzpunkt. Am Boden angekommen, gehen sofort die Türen auf, und die Maschine wird entladen. »Funkkontrolle. 1, 2, 3, hörst du mich?«, funkt Bruno mir zu. Wir schauen uns an, ich nicke. »Ja, ich verstehe dich, Bruno. Lass mir auf der anderen Seite die Schiebetür offen, dann hole ich den Bergsteiger von dort unten.« Da der Helikopter nun sehr leicht ist, ist der Start kein Problem. Ich drehe einen Kreis, fliege unterhalb des Col Ne an und setze die linke Kufe genau neben dem verdutzten Bergsteiger auf. Ich signalisiere ihm einzusteigen, und er kriecht mitsamt seinem Rucksack in den Helikopter. Der arme Kerl ist dermaßen ausgelaugt, dass er hinter mir am Boden kniet und sich auf seinen Ellenbogen abstützt. Vielleicht spricht er auch ein Gebet; den Kopf kann er jedenfalls nicht heben. ›Er wird schon nicht rausfallen‹, denke ich. Zurück im Basislager hilft Sabin ihm beim Aussteigen, und im fliegenden Wechsel steigen zwei Sherpas ein. Bei dem zweiten Anflug oberhalb vom Col Ne bin ich bereits entspannter. Die Sherpas steigen aus, und ich traue mir nun auch zu, die Bergsteiger oberhalb des Passes im Schwebeflug einzuladen. Die beiden sind gut 50 Meter voneinander entfernt, und wie zuvor unterhalb des Col Ne setze ich meine linke Kufe so nah wie möglich bei dem jeweiligen Bergsteiger in den Schnee, während ich vorne die Distanz der Rotorblätter zum Boden kontrolliere. Als ich sicher bin, dass der Rotor genügend Freiheit hat, drehe ich mich nach links und nicke dem Bergsteiger so ruhig wie möglich zu. Das Manöver geht glatt.

Auch diese beiden Bergsteiger werden heil im Basislager abgesetzt. Dann steigt mit den beiden nächsten Sherpas auch Tshering ein. Er hat eine Kamera dabei und wird die Aktion am Col Ne vom Boden aus filmen. Nachdem Frank und Sarah eine Woche in Kathmandu und am Everest gefilmt haben, sind sie nun zurück in der Schweiz, und Tshering hat ihren Job übernommen.

In einer halben Stunde ist die gesamte Rettungsmannschaft – Bruno, Purna und die vier Sherpas – oberhalb des Col Ne bereit, weiter hoch gebracht zu werden. Erst einmal nehme ich Bruno ans Seil und fliege ihn zu einer Dreiergruppe unterhalb von Camp 2. Zwei Bergsteiger stützen einen Kollegen, der augenscheinlich Mühe hat, sich auf den Beinen zu halten. Ich setze Bruno ab und fliege weg, bleibe aber in der Nähe. »Du kannst gleich einen Bergsteiger mitnehmen«, funkt Bruno. Also komme ich zurück. Kurz darauf höre ich Brunos Kommentare über Funk: »Ich habe eingehängt, Seil spannt, Mann ab Boden, du bist frei und kannst wegziehen.« Beim Zwischenlandeplatz oberhalb des Col Ne warten die beiden Sherpas auf ihren Transportflug. Jetzt übernimmt Purna und weist mich ein. Er hängt den Chinesen aus und dann den ersten Sherpa an das Seil. Nun fliege ich diesen in das Camp 2, damit er mit seinen Sherpakollegen von dort über die steile Flanke in Richtung Camp 3 aufsteigen kann. Bruno, der sich immer noch knapp unterhalb des Camps befindet, gibt mir aus der Distanz die Höhe über Grund an, bis ich den nepalesischen Retter oberhalb des Camps abgesetzt habe. Dieser hängt sich selbständig aus. Als nächstes fliege ich Bruno an, der mir einen weiteren Chinesen einhängt… Nachdem ich den erschöpften Chinesen im Col Ne abgesetzt habe, will ich den nächsten Sherpa zum Camp 2 bringen; doch gerade als Purna ihn am Seil befestigt, meldet sich Sabin aus dem Basislager. Er habe mit einem der Bergsteiger, die im Basislager angekommen sind, sprechen können: »Geri, da ist niemand mehr in Camp 3. Ein Bergsteiger liegt knapp unterhalb des Gipfels. Der starb dort oben, und sie mussten ihn zurücklassen. Zwei weitere Chinesen sind während des Abstiegs zum Camp 3 im Nebel verschwunden.« Also alles retour. Purna nimmt den Sherpa wieder vom Seil, und ich hole nacheinander alle noch verbliebenen Männer mit meinem fliegenden Taxi vom Berg: den letzten chinesischen Bergsteiger bei Bruno, den Sherpa aus Camp 2 und natürlich unseren Bergrettungschef selbst; ich kann den Mann ja nicht alleine da oben zurücklassen… Auch ihn setze ich sicher bei Purna ab und lande schließlich auf dem Zwischenlandeplatz. Die drei Chinesen liegen im Schnee, völlig entkräftet, aber ansonsten unversehrt. Tshering filmt das Szenario, damit Frank weiß, dass das Projekt »Bergretter im Himalaja« über ausreichend verwendbare Storys verfügt. Ein Film lebt schließlich nicht nur von schönen Bildern, sondern auch von Geschichten… Und diese hier ist noch nicht zu Ende. Immer noch werden drei Chinesen vermisst, weshalb Bruno erneut zu mir in den Heli steigt, um einen Suchflug durchzuführen. In den beiden Flanken des Grates oberhalb von Camp 2 und weiter bis zum Gipfel ist nichts von den vermissten Chinesen zu sehen. Also beenden wir den erfolglosen Suchflug; und ich lande erneut bei Purna im Col Ne. Mit drei Chinesen an Bord geht's anschließend weiter ins Basislager, wo ich Sabin den Helikopter übergebe, der nun die weiteren Rücktransporte von Menschen und Material durchführt.

Fliegerisch und rettungstechnisch hat alles bestens geklappt. Und obgleich Sabin und Purna die Aktion noch nicht selber fliegen konnten, so waren sie doch an der Rettung beteiligt. Jeder von uns bewegt sich auf Neuland. Insofern gehört dieser Einsatz zu der Rubrik »learning by doing«. Tief durchatmend setze ich mich auf einen Stein und genieße den Moment. Wir waren überzeugt davon, dass unsere Technik auch in dieser Höhe funktionieren würde – und der Erfolg gibt uns Recht: Sieben Aktionen mit dem Seil haben wir gerade durchgeführt, und das bis auf 6700 Meter. Gute Vorbereitung und Ausbildung, das richtige Material und funktionierende Kommunikationsmittel... Dann können solche Rettungseinsätze auch im höchsten Gebirge der Welt geflogen werden. Das ist nun bewiesen.

Die Vorahnung, dass nach der erfolgreichen Bergung am Langtang Lirung jene Rettungsart auch im Himalaja vermehrt verlangt würde, hat sich bewahrheitet. Damit wären unsere nepalesischen Freunde allerdings heillos überfordert gewesen. Glücklicherweise konnten wir den ersten Druck abfangen. Und irgendwann werden sie diese Rettungen ohne uns durchführen können...

Trotzdem ist die Bilanz der heutigen Rettungsaktion nicht zufriedenstellend: Von acht chinesischen Bergsteigern mussten fünf nach Pokhara und Kathmandu ins Krankenhaus geflogen werden. Auch die Sherpas haben Erfrierungen erlitten. Und drei noch vermisste Bergsteiger sind mit ziemlicher Sicherheit ums Leben gekommen. Tote einfach zurückzulassen sind wir nicht gewohnt – und so fliegen Bruno und ich mit gemischten Gefühlen zurück nach Kathmandu.

Sabin haben wir allerdings versprochen, am nächsten Morgen wieder einsatzbereit zu sein, um erneut in die Everestregion zu fliegen. Eine Gruppe von Sherpas hat im Rahmen einer »Cleaning Expedition« den Mount Everest von Müll und zurückgelassenem Material befreit sowie zwei tote Bergsteiger in das Camp 2 gebracht. Nun möchten wir den Sherpas den ebenso beschwerlichen wie gefährlichen Weg durch die Eisabbrüche des Khumbu-Gletschers bis ins Basislager ersparen. Für Sabin soll es eine Übungseinheit werden, damit er sich auch in Zukunft traut, ohne uns Verletzte von dort zu retten.

Es wird nicht das erste Mal sein, dass ein Helikopter im Camp 2 des Everest landet. Schon am 1. April 1973 gelang einem Pilot diese Pionierleistung. Doch zwei Wochen später stürzte derselbe Helikopter in der Nähe des Basecamps ab, und der Pilot kam ums Leben. Dieser tragische Unfall hat wohl dazu geführt, dass diese Landung nicht publik wurde…

Sabin, Purna, Bruno und ich fliegen an diesem Morgen also bis in die Nähe des Everest-Basislagers. Auf einer flachen Wiese unterhalb des Kala Patthar machen wir uns bereit. Vorerst wollen Sabin und ich alleine zum Everest. Sabin hat keine guten Erfahrungen mit dem Einflug in das Tal des Schweigens. Bei seinem bislang einzigen Versuch wurde er mit seinem Heli nach unten gedrückt und entkam nur knapp einem Crash… Oberhalb der Eisabbrüche sind Bergsteiger zu sehen, die auf dem flachen Gletscher in Richtung Lhotse-Wand steigen. An dieser Stelle ist das Tal zwischen Nuptse und Everest sehr eng und der Einflug mit dem Helikopter nicht unproblematisch. Ich möchte von Norden quer über den Eisabbruch und dann in den Windschatten des Nuptse einfliegen. Ganz nah an diesen Berg und seine Flanke. Oberhalb des Eisabbruches ist der Wind einfach zu stark. Sabin zögert, auf meinen Vorschlag einzugehen. Und so erkläre ich ihm meine Beweggründe: »Am Boden kann der Wind nicht mehr von oben auf uns wirken, also fliegen wir ganz flach in den Cwm ein und verstecken uns hinter dem Berg. Der Wind wird über uns hinwegbrausen; und wir sollten auf jeden Fall über genügend Leistung verfügen, um einen Schwebeflug halten zu können.« Sabin nickt, obwohl ihm die ganze Sache nicht geheuer zu sein scheint. Ich fliege erneut einen Vollkreis. »Fühlst du dich wohl bei diesem Vorgehen, Sabin?« »Okay, lass es uns versuchen, du weißt, was tu tust!« Ja, ich bin mir sicher, dass es klappen wird. Beim Einflug in die Welle schüttelt es uns ganz leicht, danach ist kein Lüftchen mehr zu spüren, wir sind im Western Cwm. Knapp über dem Boden fliegen wir in das Tal hinein und ziehen bereits am Camp 2 vorbei. Problemlos steigt die B3 bis auf 7000 Meter. Knapp über uns sehen wir in der berühmten Wand die Zelte von Camp 3. Ein Schwebeflug ist doch nicht möglich; wir scheinen etwas zu schwer zu sein. Die Maschine sinkt ganz langsam ab. Dann entscheiden wir, im Camp 2 – auf 6500 Metern – eine Landung zu wagen. Wir halten hier oben die Maschine fast außerhalb des Bodeneffekts, so dass wir unten über genügend Leistung verfügen sollten. Oberhalb des Camps entdecke ich eine geeignete Landestelle und die Gruppe von Sherpas, die uns die toten Bergsteiger übergeben wird. Mit guter Leistungsreserve setzen wir ab. Augenblicklich ist Sabin beruhigt. »Your controls, Sabin, lass uns eine Volte drehen.«, fordere ich ihn auf. Sabin übernimmt, startet und steigt weg, dreht vor dem unteren Lager wieder um und fliegt den Landeplatz erneut an. »Tipptopp ... Geht doch!« Nun ist auch Sabin zum ersten Mal hier gelandet. Es war die dritte Hubschrauberlandung am Camp 2 des Mount Everest überhaupt.

Da wir beide Male genügend Leistung hatten, entscheiden wir uns, einen Toten bereits jetzt mitzunehmen. Einen russischen Boxer, der vor neun Tagen in der Lhotse-Wand gestorben ist und über 100 Kilogramm wiegt. Jedes Risiko vermeidend, starten wir nach rechts, um das Powerpedal herum. So könnten wir notfalls wieder zurück zur Startfläche. Doch die Leistung ist gut, der Start keine Schwierigkeit, so dass wir den Verstorbenen bereits nach wenigen Minuten in der Nähe des Basecamps, am Kala Patthar, abliefern können.

Bei dem nächsten Anflug ist auch Bruno an Bord. Er war schon so oft in Nepal, um verschiedene Expeditionen zu leiten, aber noch nie war er am Everest. Jetzt soll Bruno die Gelegenheit bekommen, kurz vor der Lhotse-Wand auszusteigen, um dem Everest persönlich »Hallo« zu sagen. Unzählige Bergrettungseinsätze bin ich mit Bruno geflogen, überall und zu jeder Tages- und Nachtzeit kann man diesen Mann rauslassen, nichts ist ihm zu mühsam, um anderen Menschen zu helfen. Eine bemerkenswerte Persönlichkeit und bekannt wie ein bunter Hund. Selbst hier in Nepal verging kein Tag, an dem ihn nicht irgendwo ein Bergsteiger erkannt und erfreut angesprochen hätte. Nun befinden wir uns also erneut im Endanflug zum Camp 2 des Everest. ›Hier kennt ihn bestimmt niemand‹, geht es mir noch durch den Kopf. Doch kaum sind wir gelandet, eilen sofort die Sherpas herbei, und dann fallen auch schon die beiden vertrauten Worte: »Bruno Jelk.«

24 Stunden im Bann des Berges – Einsatz am Matterhorn

An keinem anderen Berg bin ich so viele Einsätze geflogen wie am Matterhorn. All seine Seiten, Grate, Wände, Abbrüche und Couloirs kenne ich wie meine Westentasche. Wie ein kleines Insekt bin ich in den letzten 25 Jahren um diese einzigartige Pyramide herumgeschwirrt, habe den Rundfluggästen die »Schulter« gezeigt, die »Zmuttnase«, die mannsgroße Statue des heiligen Bernhard kurz unterhalb des Gipfels und das Gipfelkreuz. Ich habe Geologen mit der Winde abgesetzt, Hütten gebaut, zahlreiche Film- und Fotoaufnahmen gemacht. Das waren die schönen Momente und Balsam für die Seele. Es gab aber auch Augenblicke, da musste ich ganz nahe an diesen Koloss heran, um Bergführer abzusetzen, Verletzte in Sicherheit zu bringen oder tote Bergsteiger zu bergen. Dann war mir dieser Berg fremd, weil er mir Angst eingejagt und Steine nach mir geworfen hat. Das Matterhorn prägt mein Leben. Wenn ich morgens unser Haus verlasse, schaue zu ihm auf. Gibt es Wind in der Höhe? Hat es geschneit? Spät am Abend, wenn ich oben an der Plattform des Heliports nach getaner Arbeit auf den Lift warte, blicke ich noch einmal hoch zu unserem Wahrzeichen und bin stolz, in seiner Nähe zu sein.

Natürlich war ich wie die meisten Zermatter auch schon auf seinem Gipfel. Und obwohl unser Heimatdorf eingebettet ist in eine Vielzahl von Viertausendern, ist und bleibt das Matterhorn der dominanteste Berg, weil er majestätisch und konkurrenzlos über allem thront. Seine Anziehungskraft lockt jährlich mehrere tausend Bergsteiger an. Doch dieser Ansturm bringt leider auch eine Häufung von Unfällen mit sich. Zwischen dreißig und fünfzig Rettungseinsätze fliegt die Air Zermatt jedes Jahr am Matterhorn. Oft ist der Helikopter das einzige Hilfsmittel, um verzweifelte Menschen aus einer misslichen, zuweilen schier hoffnungslosen Lage zu befreien. In den Anfängen der Air Zermatt, Ende der 1960er- und Anfang der 1970er-Jahre, waren Windeneinsätze am Hörnli-, Zmutt-, Furgg- oder Liongrat spektakuläre Rettungseinsätze, heute sind sie anspruchsvolle Routine für uns. Eine Direktrettung aus der Nordwand hingegen ist immer noch etwas Besonderes. Sich dieser Wand mit den Rotorblättern bis auf einen Meter zu nähern und einem möglichen Steinschlag auszusetzen, den Retter punktgenau in der steilen Flanke abzusetzen, dazu bedarf es nicht nur des präzisen Steuerns, sondern vor allem starker Nerven. Wann immer Schwierigkeiten bei solchen Extremrettungen entstanden, suchte man umgehend und fieberhaft nach Lösungen. Nicht selten resultierten aus diesen Tüfteleien raffinierte Techniken. Konnte der Bergretter im steilen Fels keinen Stand finden, wurden Sicherungs- und Übergabetechniken entwickelt, die in der modernen Hochgebirgsrettung zum Standard avancierten. Die Rettung hing nicht mehr nur von den Fähigkeiten heldenhafter Piloten ab, sondern wurde zunehmend zur Teamarbeit. Und um im Team zu kommunizieren, benötigte man funktionierende Funkgeräte und entsprechendes Zubehör. Anfangs trugen die Bergretter Pilotenhelme und schwere Handfunkgeräte, heute sind es ausgeklügelte Schutzsysteme mit integrierter Elektronik. Die Sprechtaste befindet sich an der Ohrmuschel, allzeit erreichbar, selbst mit dicken Handschuhen. Die Zukunft der Kommunikation gehört dem Bluetoothsystem, das eine direkte Verbindung zwischen Helikopter und Bergretter gewährleisten soll, ohne eine Taste betätigen zu müssen. Der nächste Schritt der Modernisierung wäre der ferngesteuerte Helikopter, doch dann möchte ich nicht mehr in der Haut der Bergretter stecken...

Aus der Not geboren und häufig erprobt, entwickelte sich unser Rettungssystem in den vergangenen 45 Jahren ständig weiter. Jedes Problem bedurfte einer Lösung, Fehler und schmerzliche Erfahrungen trugen dazu bei, besser zu werden. Rettungsstation und Air Zermatt erprobten gemeinsam neue Wege und erhöhten somit auch unsere eigene Sicherheit. Dazu brauchte es Menschen, die Ideen hatten und bereit waren, sich auf unbekanntes Terrain zu begeben. Einer dieser Pioniere in der modernen Luftrettung ist zweifellos Beat H. Perren, Gründer und Präsident der Air Zermatt. Später kam mit Bruno Jelk ein weiterer Tüftler hinzu, und gemeinsam feilte man an Verbesserungen. Dennoch sterben bis heute jährlich zu viele Bergretter bei der Ausübung ihrer Tätigkeit. Die hundertprozentige Sicherheit im Rettungswesen wird es nie geben, aber wir dürfen nicht aufhören, uns ständig weiterzuentwickeln.

Unseren Kollegen in Nepal sind wir also fast ein halbes Jahrhundert voraus. Natürlich konnten wir dieses große Erkenntnispaket nicht einfach zusammenschnüren und nach Nepal schicken. Ein Plan musste her, der auf die Bedürfnisse des Himalajas zugeschnitten und in realistischer Zeit umsetzbar war. Das Observation Training in Zermatt war ein erster Schritt gewesen; doch während der darauf folgenden Bergsteigersaison in Nepal konnten wir nur wenig Ausbildung betreiben, weil wir alle Hände voll zu tun hatten, unsere Kollegen bei schwierigen Rettungen zu entlasten... In Zermatt werden Piloten zunächst im Lastenflug getrimmt, bevor sie fit genug sind, an die steilen Wände zu gehen: Erst als ich einigermaßen geradeaus fliegen konnte, durfte ich ans Matterhorn, wo ich hautnah eine große Anzahl eindrücklicher Rettungsaktionen miterlebt habe, die mir nach und nach die nötige Sicherheit gaben. Mein Auge gewöhnte sich an einzuschätzende Distanzen zum Boden sowie den knappen Abstand zur Wand; ich sensibilisierte und schulte meine Sinne für die lokale Thermik.

Aber es gab auch immer wieder Situationen, die ich in meinem Erfahrungsschatz unter »massiv Schwein gehabt« verbuchen musste. Den größten Dusel hatte ich anlässlich einer Totenbergung im August 1997 in der Ostwand des Matterhorns, die wegen der Sonneneinstrahlung extrem Steinschlag gefährdet ist zu dieser Jahreszeit. Mein Bergretter war wie so oft Kurt Lauber, »der Wächter des Matterhorns«. Wir hatten uns entschieden, ein Zwanzig-Meter-Seil am Lastenhaken des Helikopters zu befestigen, um den Toten daran auszufliegen. Sicherheitshalber stand bei der Solvayhütte Urs Lerjen, ein weiterer erfahrener Bergretter, um uns rechtzeitig vor Steinschlag zu warnen. Kurt wurde aus der Kabine des Helikopters von unserem Windenmann Max Bieler abgeseilt. Als er neben dem zerschmetterten Körper ankam, befestigte er diesen am Ende des Seils. Um Kurts Aufenthalt in der Gefahrenzone auf ein absolutes Minimum zu reduzieren, zogen wir beide unverzüglich hoch. Doch da brüllte Urs schon ins Funkgerät: »Steinschlag, Gerold zieh weg!« Adrenalin schoss in meine Blutbahn. Kurt hing immer noch acht Meter unter dem Heli und der tote Bergsteiger keine zwei Meter über Grund. Ich sah den riesigen Brocken die Ostwand hinunterdonnern. Erst schien er rechts an uns vorbeizusausen, doch dann brach er beim Aufschlag dreißig Meter oberhalb des Helikopters in zwei Stücke: Ein Teil änderte seine Richtung und kam direkt auf uns zu. »Das wird knapp!« Ich riss die Maschine nach hinten hoch…

Diese abrupte Bewegung wirbelte Kurt wie ein Geschoss zur Seite, so dass ich ihn plötzlich seitlich vor mir hatte. Der kopfgroße Stein raste auf uns zu… und zwischen Kurt und dem Heli hindurch.

Da Max unseren Bergretter nicht sehen konnte, beruhigte ich sofort: »Es hat nicht geknallt! Kurt hängt noch am Seil.« Und einen Moment später meldete sich dieser in seiner typisch ruhigen Art und mit einer blitzsauberen Analyse: »Wir haben riesiges Glück gehabt. Der Stein hat den Heli, das Windenseil und mich nur knapp verfehlt! Ein einziger Treffer hätte fatale Folgen gehabt.«

Und dann gab es Tage, da hielt ich mich fast ununterbrochen an diesem Berg auf…

17. August 1995
Gegen Abend meldete Guiliano Trucco, der Rettungschef von Cervinia, einen Unfall auf der italienischen Seite des Matterhorns. Am Liongrat hatten Bergsteiger einen Absturz gemeldet. Um 18.34 Uhr flog ich mit Bruno und Windenmann Hampi Wyer los. Das Wetter war schlecht und der Liongrat schon im Nebel verschwunden. Außerdem mussten wir mit erhöhter Steinschlaggefahr rechnen, denn die beiden Begleiter des Abgestürzten kraxelten wahrscheinlich noch dort oben herum. Es gab nur zwei Möglichkeiten: Entweder verharrten sie geschockt und mussten ebenfalls ausgeflogen werden, oder sie hatten panisch die Flucht nach unten ergriffen und dabei Steine losgetreten. Beide Varianten erhöhten unseren Stresspegel enorm. ›Was erwartet uns? Finden wir ihn? Lebt er womöglich noch? Wie sieht es mit dem Wind aus? Wie holen wir die Begleiter aus dem Nebel heraus? Wann wird es dunkel?‹ All diese Fragen beschäftigten uns auf dem fünfminütigen Flug. Die Südseite der Becca, wie die Bewohner von Cervinia das Matterhorn nennen, ist im Gipfelaufstieg sehr steil und mit Leitern versehen. Hier muss der Bergsteiger in die Westwand abgestürzt sein: im freien Fall bis zum oberen Plateau, dann über eine gewaltige Felswand senkrecht ins Bodenlose. Die Blutspuren auf dem Plateau machten jegliche Hoffnung, ihn noch lebend zu finden, schlagartig zunichte. Ich drehte den Helikopter von der Wand weg und ging in den Sinkflug über. Auf dem Gletscher war nichts zu sehen, also begannen wir, am Fuße der Wand zu suchen. Nachdem wir seitlich auf einer Breite von ungefähr 200 Metern alles abgesucht hatten, arbeiteten wir uns Etage für Etage höher. Hampi blickte dabei nur nach oben und hielt nach Steinen

Ausschau, die uns gefährlich werden konnten. Dann entdeckten wir die sterblichen Überreste des abgestürzten Bergsteigers. Ein entsetzlicher Anblick. Was da in der Abenddämmerung zwischen den Steinen im steilen Couloir lag, glich allem, nur keinem Menschen. Wir sind Weltmeister im Verdrängen und können uns manchmal wie Maschinen auf das Wesentliche konzentrieren, weil es unser Job ist. Dieser Prozess, der in keinem Lehrbuch für Bergretter beschrieben ist und jeden individuell betrifft, will jedoch gelernt sein. Emotionen ausblenden, die Nerven behalten und nach vorne schauen ... Vor allem in Situationen wie dieser ist das extrem schwer. Auch der eigene Gemütszustand und die Konstellation der Crew beeinflussen in diesen Momenten die Psyche eines Retters. Wer hier nicht mit Emotionen kämpft, muss ein Herz aus Stein haben. Dieser Anblick lässt keinen Menschen kalt. Trotzdem funktionierten wir und verpackten den Leichnam in einen entsprechenden Sack. Danach mussten wir uns um die beiden anderen Bergsteiger kümmern und starteten erneut Richtung Liongrat. Giuliano hatte bereits Bergführer aus der Carel–Hütte alarmiert, um die Begleiter herunterzuholen, falls wir es mit dem Helikopter nicht schaffen sollten. Tatsächlich verschlechterte sich das Wetter, so dass eine Rettung per Helikopter ausgeschlossen war. Uns blieb nichts anderes übrig, als auf Nachrichten der italienischen Kollegen zu warten. Schweigend flogen wir zurück nach Zermatt.

Kaum hatten wir die Räder an unserer Lama montiert, um sie in den Hangar zu schieben, erreichten uns zwei Meldungen: Am Liongrat hatten die Führer die beiden Bergsteiger erreicht und stiegen nun mit ihnen zur Carel-Hütte ab. Bei der zweiten Meldung aber handelte es sich um einen weiteren Notruf vom Matterhorn. Am Hörnligrat, oberhalb des Einstiegs, seien Rufe zu hören und blinkende Lichter zu sehen. Also demontierten wir die Räder wieder, betankten die Maschine und beluden sie mit dem nötigen Rettungsmaterial, unter anderem mit einem Nachtsichtgerät. In gleicher Besetzung starteten wir gegen 21.30 Uhr erneut zum Matterhorn. Das Wetter hatte sich nochmals verschlechtert; wir mussten uns beeilen.

Im Anflug entdeckten wir die Lichter, dreimal kurz, dreimal lang, dreimal kurz. Das internationale Notsignal. 300 Meter oberhalb der Hörnlihütte. Ohne eine genaue Erkundung vorzunehmen, landeten wir auf dem Helilandeplatz an der Westseite der Hütte, in der sich zu dieser Jahreszeit wie immer zahlreiche Bergführer mit ihren Kunden, den Matterhornaspiranten, aufhielten. Während Bruno sich für den Einsatz an der Winde bereitmachte, nahm Hampi auf der linken Seite die Copilotentür aus der Halterung und deponierte sie, vor dem Rotorwind geschützt, weiter unten in den Steinen. Mittlerweile war es wegen des schlechten Wetters ziemlich dunkel geworden, und als wir nach Norden starteten, fing es an, sachte zu schneien. Der Wind blies zügig von Westen, und in meinem Nachtsichtgerät konnte ich nicht viel erkennen. Das natürliche Restlicht für die Verstärkung der Nachtsichtbrille war kaum vorhanden. Das einzige Licht, das uns zur Verfügung stand, waren die Lichter von Zermatt. Den Scheinwerfer schalteten wir aus, weil er ins Leere zündete und somit seinen Nutzen verlor. In einer großen Rechtskurve ging es hoch zu den blinkenden Lichtern am Hörnligrat. Kleine Nebelschwaden zogen an uns vorbei. »Wir müssen uns beeilen, wenn wir hier nicht eingenebelt werden wollen«, sagte ich zu Bruno, und er antwortete: »Lass mich direkt bei den Lichtern raus.« Der Wind schüttelte uns ein wenig, doch als wir im Endanflug waren, befand sich die Maschine im Schutze des Hörnligrates. Nun brauchte ich Licht, um die Konturen des Berges zu erkennen. Hampi schaltete den Suchscheinwerfer ein. Sofort sahen wir, dass die Bergsteiger es verpasst hatten, weiter oben am Eisloch nach links abzubiegen, um dem Grat zu folgen, stattdessen befanden sie sich in einer gefährlichen Rinne, dem Japaner-Couloir. Es ging weder vor noch zurück. Hampi schlug vor, Bruno links neben den beiden abzusetzen. »Einverstanden«, sagte ich. »Sobald du bereit bist: Winde ab. Ich brauche wahrscheinlich 25 Meter.« Ein paar Sekunden später spürte ich an der seitlichen Kippbewegung des Helikopters, dass die Winde ausgefahren wurde. »Vor noch 15 Meter, Winde auf 10 Meter, Richtung ist gut«, wies mich Hampi präzise zur vereinbarten Stelle ein. Dann hörten wir Bruno mit der Höhenangabe: »Noch zwei Meter ... ein Meter ... Kontakt. Entlasten ... Haken ist frei.« Ich wollte gerade wegdrehen, als ich auf der rechten Seite entsetzt feststellte, dass der Nebel die Kante erfasst hatte, so dass die Lichter von Zermatt nicht mehr zu sehen waren. Erschrocken drehte ich zur Wand zurück und hielt die Maschine im Schwebeflug. »Scheiße«, zischte ich ins Mikrofon. Auch Hampi konnte auf seiner Seite nichts mehr erkennen: »Alles schwarz hier!« Durch das Nachtsichtgerät kontrollierte ich meine rechte Seite und entdeckte ganz schwach ein paar Lichter von der Hörnlihütte. »Ich schwebe langsam nach unten, ohne die Wand zu verlassen. Lass den Scheinwerfer um Gottes willen so lange eingeschaltet, bis wir von der Wand weg sind. Aber dann musst du ihn sofort ausmachen!« Denn der Scheinwerfer nützt mir nur etwas, wenn ich in Bodennähe den Felsen oder eine Kontur entdecken kann. Ein erneuter Blick durch die Brille des Restlichtverstärkers ließ mich fast an eine Verschwörung glauben: Das Ding war beschlagen! Und auch Bruno hatte schlechte Nachrichten: »Gerold von Bruno ... Du musst mich unbedingt holen, ich bin hier in einer saudummen Position. Wir kommen weder vor noch zurück, und ich traue der Seilsicherung nicht.« »Moment, Bruno, ich muss hier erst wieder heil herauskommen«, entgegnete ich. Es galt, die Hörnlihütte zu erreichen, an eine Windenaktion war in dieser Situation gar nicht zu denken. Ich blickte zur Wand zurück, und wenige Sekunden später waren wir unterhalb der Nebeldecke. Augenblicklich konnten wir die Lichter der Hörnlihütte sehen. Oberhalb von Schwarzsee bildete sich bereits eine weitere Nebeldecke, doch zumindest war nun eine Landung bei der Hütte möglich. Kaum am Boden zischte ich die angehaltene Luft in mein Mikro. Im selben Moment ertönte Brunos nervöse Stimme: »Gerold, du musst mich hier rausholen! Es ist verdammt gefährlich, hier kommen immer wieder Steine runter ...« Kurz debattierten wir und realisierten nun nach und nach, dass wir uns in eine heikle Situation manövriert hatten. Kurzentschlossen drehte ich mich zu Hampi um: »Wir gehen noch einmal hoch, bist du bereit?«

»Du weißt, was du tust… Viele Möglichkeiten haben wir nicht.« Hampi arbeitete damals bereits seit mehreren Jahren als Mechaniker und Retter. Mir seiner großartigen Unterstützung sicher, wagte ich einen erneuten Anflug. Bruno wollte mir einen der beiden »Oberkletterer« an die Winde hängen. Den Scheinwerfer ließen wir eingeschaltet, und ich tastete mich ganz langsam den Berg hoch. Durch den Nebel sah ich die blinkenden Lichter im Couloir und hielt direkt darauf zu. »Winde ab«, sagte ich knapp, und Hampi lotste mich erneut zu der kleinen Gruppe am Berg. Es verging eine gefühlte Ewigkeit, bis ich von Bruno Bescheid bekam, dass ich anziehen könne. Ich spürte die Last, als sich das Windenseil straffte, und zog augenblicklich von der Wand weg. Wir mussten für diese Rettungsaktion zweimal sehr nahe an die Felswand heran – und ich wollte nur noch weg von diesem Ort… In einigen Metern Abstand wartete ich, bis der erste Bergsteiger mit der Winde bis zur Kufe des Helikopters eingefahren war, bevor ich langsam den Pitch drückte und an der Wand entlang nach unten schwebte. Das Wetter wurde immer mieser, und Hampi hatte alle Hände voll zu tun, den Mann in die Kabine zu hieven. Er fluchte und versuchte, dem Bergsteiger Anweisungen zu geben, ohne Erfolg. Dann zwängte sich der Gerettete in die Kabine und begann sofort, wild gestikulierend zu schreien: »Holt meinen Freund, ihr müsst meinen Freund noch rausholen, verdammt noch mal!« Dabei lehnte er sich zwischen Hampi und mich nach vorne ins Cockpit. Da wir uns gerade in einer äußerst schwierigen Flugphase befanden, konnte ich das Steuer leider nicht loslassen, um diesem Idioten eine reinzuhauen. Stattdessen brüllte ich ihn so unflätig an, dass er im Nu zurück auf die Bank sank. Hampi ballte die Faust und machte ihm unmissverständlich klar, dass er sich ruhig verhalten solle. Wir mussten bis zum Gletscher hinunterschweben; von der Hütte aber war gar nichts mehr zu sehen. Irgendwann kamen einige Lichter von Zermatt zum Vorschein, auf die ich sofort zuhielt. Mittlerweile war es stockfinster, und der Niederschlag wurde stärker. Da die Südseite der Hörnlihütte im Nebel lag, mussten wir erst in Richtung Schwarzsee fliegen, um der Suppe zu entfliehen. Von Norden her sah man wie durch einen Schleier die Lichter der Hütte, und 100 Meter weiter unterhalb »fädelte« ich beim Hüttenweg ein, um dann ganz knapp über dem Boden fliegend zum Landeplatz hoch zu schleichen. Kaum hatten die Kufen das gesamte Gewicht des Helikopters aufgenommen, reduzierte ich die Drehzahl, Hampi stieg aus, entfernte sich unverzüglich mit dem Bergsteiger und brachte ihn in die Hütte. In Sicherheit. Auch vor mir …

Oben am Hörnligrat hatte Bruno panisch registriert, dass sich die Rotordrehzahl des Helikopters reduziert hatte, und folgerichtig geschlossen, dass ich nicht mehr weiterfliegen wollte. »Du musst unbedingt kommen, es ist brutal gefährlich hier oben. Wenn du uns jetzt nicht holst, dann brauchst du uns nie mehr zu holen, dann ist es zu spät!«

Ich beschwor ihn, eine andere Lösung zu finden, entweder auf- oder abzusteigen. Und er beschwor mich, ihn da rauszuholen. Nein. Im Nebel konnte ich unmöglich noch einmal da hoch. Mir saß die pure Angst im Nacken.

»Ich sehe die Hütte von hier, du musst mich holen, Gerold«, funkte Bruno erneut. Ich überlegte. »Pass auf, ich rede mit den Bergführern, die könnten in weniger als zwanzig Minuten bei dir sein und dich vom Eisloch aus sichern«, gab ich zurück und rannte in die Hütte.

In der Küche saß mehr als eine Handvoll Bergführer um den Tisch, die ich natürlich alle kannte. Ich erklärte ihnen die Situation und bat sie, Bruno zu Hilfe zu eilen. Ohne Erfolg. Keiner wollte sich aus der warmen Küche entfernen und sein Gläschen Wein im Stich lassen, um unserem Rettungschef zu helfen. Enttäuscht verließ ich die Küche. Hinter der Hütte beim Landeplatz stand Hampi eine Zigarette rauchend und wartete. Ich brauchte jetzt auch eine. Dann gingen wir die dreißig Meter vom Landeplatz hoch zum Grat und versuchten zu erkennen, ob sich das Wetter gegen Westen langsam bessern würde. Der Nebel kam und ging – und als wir in Richtung Nordwand starrten, konnten wir rein gar nichts erkennen. Es war dunkel wie in einer Kuh. ›Mist‹, dachte ich und sagte zu

Hampi: »Bitte, rede du mit den Führern, wir bräuchten nur zwei Mann, die könnten Bruno und den zweiten Bergsteiger da rausholen.« »Ich habe es schon vor dir versucht, aber da kriegst du heute keinen aus der Küche. Unglaublich, aber leider wahr...« Trotzdem versuchten wir es noch einmal. Diesmal zu zweit. Einige Bergführer hatten sich bereits in ihre Zimmer zurückgezogen, wahrscheinlich hatten sie geahnt, dass wir nicht so schnell aufgeben würden. Ein Führer hatte sein Funkgerät eingeschaltet, so dass man in der warmen Stube bestens im Bilde war, was da draußen in kalter Nacht vor sich ging. Verzweifelt funkte Bruno alle paar Sekunden, er könne die Hütte sehen, wir müssten ihn dringend holen. Das schien hier aber niemanden zu beeindrucken. Die trüben Augen der verbliebenen Führergilde verrieten jedoch auch, dass keiner von ihnen mehr in der Lage wäre, den Rettungschef aus seiner bedrohlichen Lage zu befreien. Also mussten wir selber zusehen, wie wir Bruno und den Bergsteiger da herausholten. »Wir nehmen die Türen auf beiden Seiten weg, so dass ich eine klare Sicht zum Berg habe«, sagte ich, »dann hängen wir 24 Meter Seil an den Lasthaken und holen beide im selben Flug.« Das Wetter war nach wie vor hundsmiserabel, aber wir hatten keine andere Wahl. Immer wieder schaute ich nach oben und fragte mich, warum Bruno die Hütte sehen konnte, denn wir konnten die Lichter seiner Stirnlampe nicht entdecken. Er musste in einer äußerst brenzligen Situation sein, einen solchen Druck hatte ich noch nie bei ihm gespürt... Ich überließ es Hampi, ob er mich begleiten wollte, aber er nickte nur und stieg ein. Eine Geste, die ich ihm nie vergessen werde. Wir beide waren bereit, eine Aktion entgegen jeder Logik und unter Missachtung sämtlicher Risikoanalysen durchzuführen. Ich ließ das Triebwerk laufen, und augenblicklich meldete sich Bruno wieder: »Ich sehe die Hütte immer noch, ihr könnt kommen.«

Beim Start kontrollierte ich erneut den nördlichen Sektor: Nur ein zarter Schein hinter dem Nebel verriet uns, wo Zermatt ungefähr lag. Dreißig Meter über Grund verlor ich beinahe den Sichtkontakt zum Boden. »Was machen wir hier eigentlich?«, sagte ich nervös, mehr zu mir selbst als zu Hampi. Aber nun war es zu spät, wir hatten nur noch den Grat in Sicht – und irgendwo hier musste Bruno sein. Seine Stimme hatte sich ein wenig beruhigt, während er pausenlos funkte. »Ich kann die Hütte immer noch sehen.« Diesen Satz hörte ich nun zum tausendsten Mal. Aber das half mir nicht, denn ich konnte ihn immer noch nicht sehen. Erst als wir auf Höhe des ersten Couloirs waren, blinkte ein Licht. Nun musste alles sehr, sehr schnell gehen. Ich hielt einfach auf das Licht zu und hatte natürlich zu viel Tempo drauf. Abrupt stoppte ich den Helikopter, um eine Kollision mit dem Berg zu verhindern, dabei fing das fixe Seil an zu schwingen. Ich hatte keine Zeit, es zu beruhigen, also positionierte ich mich dort, wo ich meine Referenzen bei den vorherigen Flügen fixiert hatte. Ein Blick nach unten zeigte, dass das Seil knapp neben Bruno und dem Bergsteiger gegen den Fels schlug. Geistesgegenwärtig fasste Bruno den Haken, bevor dieser wieder aus der Wand pendelte. Einen Moment später: »Eingehängt, du kannst weg!« Sogleich hingen die beiden Männer in der Luft. Diesmal wollte ich nicht senkrecht nach unten wegschweben, da wir das Seil ja nicht einfahren konnten. Meine Augen suchten krampfhaft nach klaren Lichtern im Tal, doch mehr als ein Schimmer war nicht zu sehen. Hampi übermittelte mir laufend seine Eindrücke. »Zu gefährlich«, sagte ich. Aber er blieb ganz ruhig – und diese Ruhe übertrug sich auf mich. Obwohl er links neben mir saß und längst keinen so guten Blick ins Tal hatte wie ich, berichtete er: »Jetzt sehe ich einen hellen Schein am Schwarzsee und auch weiter hinten in Zermatt, gleich sollte es gehen.« Wir hatten keine andere Wahl: Ich zog die Maschine vom Berg weg. Es dauerte drei, vier Sekunden, dann wurden aus dem hellen Schein plötzlich deutliche Lichter. Wir hatten es geschafft. Ein Absetzen bei der Hörnlihütte war allerdings nicht mehr möglich. Sie wurde in diesem Moment von einer Nebelbank verschluckt. Also hinunter bis zum Schwarzsee, wo es ausreichend Lichtquellen gab, um ein Absetzmanöver zu wagen …

Nachdem wir alles zusammengeräumt hatten, schlichen wir die Hütte in dieser Nacht bereits zum vierten Mal an und landeten auf dem Dach des knapp 15 Quadratmeter großen Flachbaus. Unzählige Rettungen gingen bereits von dieser kleinen Plattform aus und endeten hier. Wir lieferten den zweiten Bergsteiger ab, montierten unsere Türen am Helikopter und luden das restliche Rettungsmaterial wieder ein. Die beiden Bergsteiger hatten die Bergtour ohne Schaden überstanden und konnten die Nacht in der Hörnlihütte verbringen. Nur die damals kultigen »think pink«-Baumwollhosen mit ihren quadratischen Mustern waren ebenso wie der Rest ihrer Ausrüstung klitschnass. Aber mit solchen Hosen geht man ja auch nicht in die Berge.

Es war 23.08 Uhr, als wir wieder am Heliport aufsetzten und unser Lama in den Hangar schoben. Wir waren alle bis auf die Haut durchnässt, ich zitterte vor Aufregung und Kälte. Jetzt erst mal eine heiße Tasse Tee. Aber keiner von uns sprach über das, was wir eben gemeinsam erlebt hatten. Worte, geschweige denn Schuldzuweisungen waren hier fehl am Platz, wir waren einfach nur heilfroh, am Leben zu sein. Hundemüde fuhr ich mit meinem Fahrrad nach Hause, wo mich meine Frau völlig aufgelöst begrüßte: »Mein Gott, Gerold, das war ja schrecklich!«

Sabine hatte mein Funkgerät aus der Ladestation genommen, alles mit angehört und an meiner Stimme gemerkt, wie angespannt und nervös ich gewesen war.

»Ich hatte furchtbare Angst um dich! Was war denn los?«

Ich brachte keinen Ton heraus... Nach diesem Erlebnis stellte Sabine mein Funkgerät nie mehr ein.

In dieser Nacht schlief ich schlecht. Erst die schrecklichen Bilder des Toten in der Westwand, dann die haarsträubende Aktion am Hörnligrat. Was waren wir doch für Idioten? Und warum hat uns kein einziger Bergführer geholfen? Ich quälte mich durch die Nacht. Am nächsten Morgen, kurz nach 8 Uhr, war ich bereits wieder am Heliport, um die Rapporte auszufüllen. Gegen 8.50 Uhr trat der diensthabende Einsatzleiter ins Pilotenbüro und meldete einen neuen Einsatz am Matterhorn. »Du scheinst ein Abo für die Einsätze am Horn zu haben«, sagte er spitz.

»Zwei Alpinisten stecken auf 4000 Metern im Nebel in der Nordwand fest, im Überhang, können weder vor noch zurück, und sie haben einen Großteil ihres Materials verloren.« Von Extremsituationen im Nebel hatte ich gerade eine Überdosis bekommen. Am liebsten hätte ich diese Nachricht ausgeblendet. Doch der Einsatzleiter sagte lässig: »Kurt und Bruno sind informiert ... Wir warten mal ab. Sobald sich das Wetter bessert, könnt ihr starten.« Sprach's und ging wieder zurück in sein Büro. Zu dem Abenteuer von gestern Abend gab es nur eine Steigerung: Bei schlechtem Wetter irgendwo im Überhang verrückte Bergsteiger ausfliegen!

Das Wetter änderte sich aber nicht – und als die Air Zermatt zwei Stunden später ein weiterer dringender Einsatz an der Dent d'Herens erreichte, mussten wir wie so oft kurzfristig umdisponieren. »Es gibt einen verletzten Bergsteiger am Westgrat, auf 3670 Metern, du kannst Kurt abholen.« Da der Heli mit dem Bergungsmaterial bereits beladen war, brauchten Markus und ich nur noch einzusteigen und loszufliegen. Unterwegs nahmen wir Kurt an Bord. Er war auch schon über die beiden blockierten Bergsteiger in der Nordwand informiert und wollte deshalb auf dem Hinflug zur Dent d'Herens einen Blick in die überhängende Zmuttnase werfen. »Lass uns mal schauen, ob wir die Aufstiegsspuren ausmachen können.« Die Spuren waren tatsächlich sichtbar, aber die beiden Unglücklichen hingen irgendwo im Nebel fest. »Zum Glück müssen wir da jetzt nicht hin«, seufzte ich erleichtert. Diesmal war Kurt unser Bergretter, und den Platz als Windenmann hatte Markus Willisch eingenommen: »Ganz schön schlechtes Wetter«, brummte er. »Da hättest du gestern Abend mal dabei sein sollen«, sagte ich. Auch der Westgrat der Dent d'Herens lag größtenteils im Nebel. Auf dem Erkundungsflug kamen wir gerade noch über das westlich gelegene Tiefmattenjoch, dann stoppte uns der Nebel auf dem Grat. Wir mussten umkehren. An der Schönbielhütte stellten wir die Lama ab und warteten. Seit dem zweiten Alarmeingang war gerade mal eine halbe Stunde vergangen, und von hier aus hatten wir Sicht auf beide Unfallorte. Aus dem warmen Speisesaal der Berghütte beobachteten wir abwechselnd das Wetter an der Matterhorn-Nordwand und an der Dent d'Herens. Die Zmuttnase verbarg nach wie vor der Nebel. Aber gegen 12.30 Uhr zeigte sich der Grat der Dent d'Herens für einen kurzen Augenblick, und wir beschlossen, die Rettung zu wagen. Hinter dem Tiefmattenjoch war die Sicht ein wenig besser. Ganz nah am Westgrat entlang nach oben schleichend, konnten wir wenig später unscharf eine Gruppe von drei Bergsteigern ausmachen. »Da sind sie!«, rief Kurt. »Kannst du mich neben ihnen auf dem Felsblock schwebend rauslassen?« Dazu mussten wir aber immer noch siebzig Meter aufsteigen. Die Sicht zum Grat hin war gut, und auch nach unten konnten wir jederzeit bis zum Tiefmattenjoch blicken. Immer höher ging's im Schritttempo. Doch dann waren wir endlich genau vor dem Felsvorsprung. »Das sollte gehen«, sagte ich, »der Rotor hat genügend Platz; und Markus gibt mir die Distanz zum Boden.« Kurt befand sich schon nicht mehr auf der Bordsprechanlage, er hatte den Funkhelm montiert. »Eins, zwei, drei, verstehst du mich Gerold?« Ich nickte und vergewisserte mich noch einmal, ob er hier wirklich auf den Grat hinaus wollte. »Kein Problem, ich kann hier sicher aussteigen. Der Rotor hat noch mehr als einen Meter Distanz zum Fels.« Damit entkräftete Kurt meine Bedenken. Er stieg auf die Kufen und ganz vorsichtig »Kilo für Kilo« auf den Felsen ab; dann ertönte sogleich in aller Seelenruhe: »Alles klar, du kannst wegziehen.« Die Sicht nach unten war nicht schlecht, und ganz in der Nähe des Grates konnte ich sachte talwärts schweben. Kurz vor dem Tiefmattenjoch hatten wir die Suppe hinter uns und konnten Richtung Schönbielhütte wegfliegen, wo uns Kurt kurze Zeit später anfunkte: »Wir haben hier einen Patienten mit einer Unterarmfraktur, er hat sehr starke Schmerzen und kann nicht mehr absteigen. Seine beiden Kollegen sind geschockt, die müssten wir ebenfalls ausfliegen. Wollen wir das mit der Winde machen?« Ich bevorzugte, die Aktion in einem Flug zu erledigen, mit dem fixen Seil am zentralen Lastenhaken. Aber dazu müssten wir einen größeren Abstand zum Berg einhalten und wären somit garantiert im Nebel. Kurt und ich diskutierten die Möglichkeiten: »Dann mach' keine Long-, sondern eine Short-Line«, schlug Kurt vor. Keine schlechte Idee! Markus und ich waren uns einig. Dort, wo ich Kurt am Felsen hinausgelassen hatte, würden zwei Meter Seil reichen... »Okay, Kurt, wir versuchen das.« Kurt löste das Partieseil der drei Bergsteiger, befestigte die Bandschlingen an den Klettergurten und bereitete alles für die Übergabe an die Short-Line vor. Markus befestigte unterdessen bei der Schönbielhütte die kurze Zwei-Meter-Seilvariante am Lastenhaken und stieg dann wieder in den Helikopter. Im rechten Kufenspiegel beobachtete ich die Distanz des Hakens zum Berg. Problemlos stiegen wir wie in einem Lift den Grat nach oben. Als wir bei Kurt und den Bergsteigern ankamen, kontrollierte Markus die linke Seite des Rotors, und Kurt wies mich über Funk ein. Im Spiegel konnte ich beobachten, wie er die Menschentraube in den Haken einhängte und mit der rechten Hand das kreisende Zeichen zum Aufziehen gab. Das Seil spannte sich – und schon waren die vier Männer in der Luft. Ich drückte den Pitch und drehte den Heckrotor nach rechts. Den Berg hatte ich somit auf meiner Seite, so dass ich jederzeit die Nase wieder zum Berg drehen und anhalten konnte. Das Tiefmattenjoch unter uns war erkennbar. Langsam ging es abwärts. Die Aktion hatte keine zehn Minuten gedauert, als wir erneut bei der Schönbielhütte landeten. Kurze Zeit später brachte Robi in der Ecureuil den Arzt samt medizinischem Material. Nach der Erstversorgung wurde unser Patient ins Spital nach Visp geflogen. Wir blieben zurück und beobachteten, wie sich das Wetter an der Zmuttnase allmählich besserte. Es war mittlerweile kurz nach 13 Uhr, und wir mussten ohnehin zum Tanken zurück nach Zermatt. Beim Vorbeifliegen an der Nordwand zeigte sich, dass eine Rettung nun eigentlich machbar sein sollte. Wir entdeckten die beiden Extrembergsteiger in der Gogna-Route und staunten: Sie steckten mitten in der berüchtigten Zmuttnase fest. Wie waren sie dort hingelangt?

»Entweder gehen wir hier mit 200 Metern an die Sache ran, oder wir bleiben unter dem Überhang und schwingen dich rein, Kurt.« Der lächelte: »Seit wann kannst du Gedanken lesen? Mir ist es egal. Du musst sagen, was für dich einfacher und vor allem sicherer ist.« »200 Meter würden hier vermutlich gar nicht reichen, noch dazu bei diesen nebligen Bedingungen... Da gehe ich lieber unter der Zmuttnase rein und hoffe, dass aus dem Überhang keine Steine fallen«, antwortete ich. Markus lauschte unserer launigen Konversation. Während er in knapper Distanz zur Wand kerzengerade nach oben schaute, meinte er, wie immer ein Späßchen auf den Lippen: »Wenn da in den vergangenen Jahrtausenden keine Steine runtergekommen sind, dann sollte die Nase auch in den kommenden dreißig Minuten noch halten.«

Zunächst mussten wir allerdings zum Nachtanken nach Zermatt. Auf dem Heliport wartete Bruno, der Kurt im Falle einer Long-Line-Aktion unterstützen sollte. Während des Fluges gaben wir ihm unsere Erkenntnisse weiter – und schon ging die Diskussion über die beste Rettungstechnik von vorne los...

Bruno: »Wir könnten oberhalb der Zmuttnase einen Stand einrichten und uns über die Nase abseilen. Aber ob dann die ausziehbare Stange reicht, um zu den beiden Bergsteigern zu gelangen, ist nicht sicher. Wir müssten uns irgendwie reinpendeln. Die Übergabe des langen Seils vom Standplatz wäre auf alle Fälle einfacher als ein direktes Manöver mit dem Helikopter.«

Kurt: »Das Seil wäre dabei aber immer mit dem Felsen in Kontakt, es könnte beim Scheuern reißen.«

Ich: »Lasst uns die Höhe zur Zmuttnase definieren und nachschauen, ob wir einen guten Standplatz finden. Wenn wir mehr als 200 Meter Seil brauchen, können wir keine Long-Line-Aktion durchführen. Dann müssten wir Seile zusammenhängen – und dafür bräuchten wir besseres Wetter.«

Markus stellte den Höhenmesser auf 3950 Meter, und ich stieg senkrecht nach oben. Bei der oberen Kante der Zmuttnase zeigte der Höhenmesser 4150 Meter. Genau 200 Meter bis zur Kante, und wir hätten weitere zwanzig bis dreißig Meter nach oben gehen müssen, um einen guten Standplatz einrichten zu können.

Also gab es nur noch eine Lösung: Unter der Zmuttnase rein in die Wand... Bei den Bergsteigern angekommen, versuchten wir so nahe wie möglich an die Wand heranzufliegen. Markus gab laufend die Distanz zum Felsen durch. Ich schaute ebenfalls nach vorne, und Bruno fixierte die Wand über uns. Kurt öffnete die Copilotentür. Er musste sich ein Bild davon verschaffen, wie viele Meter der Pendelbewegung nötig waren, um die beiden Jungs zu erreichen. Einen Meter vor der Felswand stoppte ich die Vorwärtsbewegung und versuchte, durch die ausgebuchtete Pilotentüre nach unten zu sehen. Die Luft war ruhig; ich konnte den Helikopter problemlos schweben. Die Bergsteiger waren noch gut fünf bis sechs Meter vor uns. Kurt war der Meinung, dass wir es so schaffen könnten. Über uns wölbte sich die Wand wieder nach außen. Die Kabine befand sich gut 180 Meter unter dem Überhang. Gemeinsam legten wir die Referenzen fest und schätzten die nötige Seillänge auf zwanzig Meter. Markus schaute nach vorne, Bruno beobachtete den oberen Teil der Felswand, wollte aber während der Aktion ebenfalls nach vorne schauen, um sicherzustellen, dass wir nicht ins Matterhorn donnern. Kurt sollte am Seil eingependelt werden – und ich wäre am liebsten nach Zermatt zurückgeflogen und nach Hause gegangen... Knapp zwanzig Stunden zuvor hatten wir 300 Meter zu unserer Rechten einen fürchterlich zugerichteten Bergsteiger am Fuße der Westwand geborgen und kurz darauf 500 Meter zu unserer Linken in einer sprichwörtlichen Nacht- und Nebelaktion zwei Superkletterer aus einer gefährlichen Situation ausgeflogen.

Auch den beiden Bergsteigern in der Zmuttnase bescheinigte Bruno trocken Aussichtslosigkeit: »Ohne bergtechnisches Material oder uns haben die kaum eine Chance, da jemals rauszukommen.«

Wieder flogen wir die Schönbielhütte an, um uns auf diesen nicht gerade alltäglichen Einsatz am Matterhorn vorzubereiten. Anschließend stiegen Bruno und Markus in den Heli ein, während Kurt die Strecke unter dem Heli fliegend zurücklegen würde. Als er den Boden unter den Füßen verlor, kommentierte er das mit einem kurzen: »Alles okay!« Doch bevor wir mit der Aktion loslegten, sprachen Kurt und ich uns sicherheitshalber noch einmal ab. Und als wäre es das Alltäglichste der Welt, sagte mein Bergretter: »Ich weise dich ein paar Meter unterhalb der beiden Bergsteiger ein. Wenn ich dann beim Vorwärtsbeschleunigen nach oben schwinge, sollte es reichen.« Ich durfte nicht zu schnell zum Berg fliegen. Nur dann konnte ich das Abbremsen gut kontrollieren – und Kurt würde nicht gegen den Felsen geschmettert. »Versuchen wir es mit Schritttempo, bei dieser Geschwindigkeit solltest du dich jederzeit abfedern können«, gab ich ihm mit auf den Weg und fixierte meine Referenz am Felsen. Markus gab mir seine geschätzte Distanz durch: »Fünf Meter, vier Meter, langsam ... zwei Meter.« Kurt pendelte kaum, und immer noch fehlten einige Meter. Selbst mit der ausziehbaren Jelkstange[22] kam Kurt nicht in die Nähe der Bergsteiger. »Du musst schon ein wenig schneller ran, ich habe kaum gependelt, so fehlen uns noch vier Meter.«, gab mir der Wahnsinnige am Seil zu verstehen. Also wieder zurück und noch einmal Anlauf holen. Diesmal ein wenig schneller. Wieder nichts ... Dann noch einmal schneller und noch näher an die Wand heran. Nun war Kurt schon fast zufrieden: »Jetzt war ich praktisch an ihnen dran, du musst noch einen Meter tiefer ansetzen – und beim nächsten Mal kriege ich den Haken am Standplatz zu fassen!« Ich tat, wie mir geheißen, und suchte meine Referenz ein wenig tiefer, beschleunigte den Helikopter ein weiteres Mal gegen die Felswand. »Kontakt, langsam entlasten«, ächzte Kurt ins Funkgerät, er musste all seine Kräfte aufbringen, um sich irgendwo in dieser steilen Wand festzuhalten. Nun waren wir aber mit dem Berg verbunden. Das war die heikelste Phase. Ich konnte nicht mehr weg. »Los, Kurt, beeil dich«, murmelte ich, aber meine beiden Kollegen im Heli hatten es wohl mitbekommen. Augenblicklich beugte sich Bruno nach draußen und informierte mich über das, was da in der Nordwand vor sich ging: »Kurt muss sich noch drehen, er steht genau neben den beiden Bergsteigern. Noch etwas entlasten, er steht gut, jetzt hängt er sich mit der Ankerstrippe ein …« Dann hörte ich nur noch das Zischen des Rotorwindes im Mikrofon. »Was läuft da, Bruno?« Ich war genervt. »Einen Moment, Kurt ist immer noch nicht ganz gesichert.« Dann wieder Funkstille und wieder Zischen. »Was macht er denn da, ich kann hier nicht ewig schweben!« Ich wollte endlich grünes Licht für den Wegflug. Und dann kam der erlösende Satz von Kurt: »Ich habe Stand und bin gesichert, Haken ist frei, du kannst weg, Gerold.« Endlich konnte ich aus der Zone nach hinten schweben und sah Kurt vor mir. »Was für ein verrückter Typ!« Wie so oft in diesen Momenten spürte ich größte Hochachtung vor meinen Begleitern. Genau wie Bruno war Kurt jederzeit bereit, sich überall dort, wo er sich irgendwie festhalten konnte, absetzen zu lassen. Bruno hatte mich im wichtigsten Moment unterstützt und Markus mir die nötige Sicherheit gegeben, dass wir nicht mit den Rotorblättern die Wand berührten. Fortwährend und ruhig hatte er mich über die Distanz zum Berg informiert und korrigiert, sobald ich den minimalen Abstand von einem Meter unterschritt. Echte Teamarbeit, großartige Kollegen! Doch die Aktion war noch nicht vorbei. »Ich muss hier erst mal zusammenräumen, dauert noch einen Moment«, sagte Kurt – und wir entfernten uns von der Nordwand. Zeit zum Durchschnaufen und für eine kurze Besprechung, bevor es noch einmal zum Berg ging.

»Wir sind jetzt bereit, du kannst kommen, Gerold. Ich gehe davon aus, dass du uns alle drei in einer Rotation rausholst, oder?«

»Ja, das machen wir so.«

Mit der Jelkstange in der Hand wartete Kurt wie ein Fischer auf unser Seil. Gleich beim ersten Versuch bekam er es zu fassen, hängte ein und gab mir das Signal, langsam anzuziehen. Kontrolliert löste sich der Übergabeknoten, und als die zwei Bergsteiger mit Kurt von der Wand wegpendelten, bekam ich den Befehl, nach hinten zu schweben. »Wir sind frei, super gemacht, danke!« Ich gab das Kompliment umgehend zurück: »Kurt, du bist ein verrückter Hund!« Bei der Schönbielhütte landete die Menschentraube sicher; und am frühen Nachmittag konnten wir der Einsatzzentrale das glückliche Ende der Aktion melden.

In all den Jahren bei der Air Zermatt habe ich viele Rettungseinsätze am Matterhorn fliegen dürfen. Jeder einzelne war besonders. Keiner war wie der andere. Immer wieder mussten wir uns an die Grenzen des Möglichen herantasten und gingen unbewusst oft darüber hinaus. Was wir jedoch in jenen 24 Stunden im August 1995 erlebt haben, war wirklich speziell. Das werden wir bestimmt nie vergessen.

Bis auch die Kollegen in Nepal mit ähnlichen Situationen konfrontiert werden können, wird es nicht mehr lange dauern. Unsere Aufgabe ist es, die Erfahrungen und Techniken für derartige Rettungseinsätze so kompakt wie möglich zu vermitteln. Dazu braucht man ein gutes Team aus Piloten, Mechanikern, Bergrettern und Ärzten – ein Team aus Menschen, die sich blind vertrauen …

Höhenflüge und Tiefschläge

Seit unserer Rückkehr aus Kathmandu im Frühjahr 2010 ist Danis spektakuläre Rettungsaktion am Annapurna auf 7000 Metern *das* Thema und verleiht unserem Projekt gehörig Aufwind. In sämtlichen Fachzeitschriften und Internetplattformen wird die bis dahin höchste je geflogene Rettung publik gemacht. Sogar die Lokalpresse im Wallis berichtet darüber, wenngleich im Rest des Landes vorläufig niemand Notiz von der Schweizer Präzisionsarbeit nimmt. Wir werden allerdings nicht nur gelobt, sondern auch heftig kritisiert. Aus allen Ecken kommen vermeintliche Experten zum Vorschein und geben ihr Bestes, um mit einer kontroversen Meinung im Rampenlicht zu stehen...

Kurz bevor Bruno und ich zu unser ersten Reise nach Nepal aufbrachen, hatte ich bei unserem neuen Air Zermatt-Sponsor Hamilton, einer Uhrenmarke der Hayek-Gruppe, um mögliche Unterstützung angefragt. »Ja, wir sind bereit dazu, bitte nehmen Sie für weitere Details nach ihrer Rückkehr aus Nepal wieder Kontakt mit uns auf«, hieß es in einer knappen Nachricht. Um den teuersten Teil des Projekts, die Ausbildung der Piloten in Zermatt, realisieren zu können, veranschlagten wir etwa 30000 Schweizer Franken. Ob Hamilton wirklich bereit wäre, so viel Geld zu investieren? Ja. Frank Senn und seiner Dokumentation sei Dank. Mein Pilotenhelm wird umgespritzt und mit einem orangefarbenen Design samt Hamilton-Uhr versehen. Bruno besorgt von Mammut, dem zweiten Sponsor, bergtaugliche Kleidung für uns und die nepalesische Crew. Unser Projekt geht voran, und ich nehme erneut Kontakt mit der Schweizer Botschaft in Kathmandu auf, erledige Visaformalitäten und organisiere Zimmer für das nepalesische Team.

Am 15. Juli 2010 ist es so weit: Die beiden Piloten Sabin und Siddharta sowie der Techniker Purna treffen gut gelaunt am Heliport in Zermatt ein. Für ein zweimonatiges Training mit uns. Sabin und Purna kennen die Basis und die Kollegen bereits, doch für Siddharta ist alles neu... Robi und ich haben ein Trainingsprogramm für die Piloten vorbereitet, Bruno und unsere Flughelfer kümmern sich um Purnas Ausbildung.

In der Schweiz werden Nachwuchspiloten gemäß den Richtlinien des Bundesamtes für Zivilluftfahrt ausgebildet. Ein vorbildliches System, basierend auf fünfzig Jahren Erfahrung in der Helikopterfliegerei, speziell für den Außenlastflug. Außer in Kanada und Neuseeland wird höchstens noch in unseren Nachbarländern Österreich, Italien, Frankreich und in einigen Teilen Skandinaviens so viel Material mit Hilfe eines Helikopters transportiert. Alles, was schwerer ist als 200 Kilogramm und sperriger als ein Fass Bier, wird dorthin geflogen, wo Straßen fehlen und es sonst getragen werden müsste. Das ist in der Regel effektiv, schnell und kostengünstiger. Viele innovative Spezialgeräte, Techniken und Hilfsmittel wurden im vergangenen halben Jahrhundert erprobt und eingeführt. Diese jahrelangen Erfahrungen liefern eine solide Basis für die Ausbildung von zukünftigen »Lastencracks« und garantieren einen hohen Sicherheitsstandard. Selbst wenn ab und zu mal was danebengeht... Auch Sabin und Siddharta haben sich in Nepal schon im Lastenflug versucht, ohne dass ihnen jemand die Technik gezeigt hätte, und dabei manch negative Erfahrung gemacht. Doch sie besitzen Grundkenntnisse, darauf lässt sich aufbauen. Die beiden sind froh, nun nach einem professionellen Ausbildungsprogramm geschult zu werden. Dazu gehört aber auch trockene Theorie: Besichtigung von Büro und Basis, Formulare, Berechnungstabellen, Lastenmaterial und die Funktionen von Schaltern, Funkgeräten und -helmen... bis sich Sabin und Siddharta todmüde in ihre Appartements zurückziehen.

Als ich am nächsten Morgen mit meinem Fahrrad die Zermatter Vispa entlangfahre, sehe ich Sabin rauchend auf dem Balkon seines Appartements. Ich winke ihm zu, woraufhin er augenblicklich seine Zigarette ausmacht, zurück ins Haus und zu mir auf die Straße stürmt. »Let's go flying!« Aber noch muss sich mein Kollege gedulden, erst besprechen wir ausführlich den Ablauf der Flugübungen mit Unterlast. Wieder Theorie also. Gegen Mittag ist es dann aber so weit. Flughelfer werden verteilt, Funkkontrollen durchgeführt, und ein zehn Meter langes Stahlseil wird am Lastenhaken des Helikopters montiert. Als Unterlast dient uns ein rund 500 Kilogramm schweres, mit Beton gefülltes Fass, das Siddharta, Sabin und ich nun von einem Flughelfer zum anderen bringen, dort den Haken aushängen lassen, eine Runde mit dem leeren Seil drehen und erneut anfliegen, um dann die Last wieder aufzunehmen. Die Piloten sind hoch konzentriert und achten exakt auf die Kommandos der Flughelfer, jedes Schwingen der Last, jede Bewegung des Helikopters versuchen sie auszugleichen. Ich sitze am Doppelsteuer, folge den Steuereingaben des jeweiligen Piloten und korrigiere, falls nötig; hauptsächlich aber liege ich den armen Kollegen mit meinen Kommentaren in den Ohren. Nach je zwei Lektionen sind Siddharta und Sabin völlig verschwitzt.

Derweil heftet sich Purna an die Fersen der Bodentruppe, was allerdings auch kein Sonntagsspaziergang ist. Er beobachtet die Flughelfer: Wo stehen sie, welche Zeichen benutzen sie, welche Informationen werden zu welchem Zeitpunkt via Funk an die Piloten gegeben? Auch Purna wird derart mit Informationen überflutet, dass er am Abend kaum noch seinen Namen schreiben kann. Wir sind zufrieden mit dem ersten Tag und freuen uns auf das gemeinsame Abendessen. Da unsere nepalesischen Freunde der alpinen Schweizer Küche nicht so recht trauen, wollen sie lieber selber kochen. Uns ist das nur recht, denn so lernt man die Menschen und ihre Kultur besonders gut kennen. Wie allerdings nicht anders zu erwarten, reden wir auch jetzt nur über die Fliegerei: Winkel, Geschwindigkeit, Referenzen, Pitch und Stick, Aushängen der Last und so weiter. Über Frauen reden wir in der Regel nur während der Arbeit …

In den kommenden Wochen fliegen Sabin und Siddharta abwechselnd mit Robi und mir verschiedene Einsätze. Neben reinen Übungslektionen und Betonflügen zu der sich im Bau befindlichen Bordierhütte transportieren wir auch Lasten für die Lawinenschutzverbauungen oberhalb von Zermatt. Beide Piloten platzieren schließlich sogar – selbständig und präzise auf Kommando der Flughelfer – die Lawinenwerke. »Wir reden hier nicht mehr von Metern, sondern von Zentimeter«, berichtet Sabin am Abend stolz. Nun kann der nächste Schritt erfolgen. Nach Abschluss der Stufe ECS 1 (External Cargo Sling) sind die Jungs bereit, auch Menschen am Seil zu transportieren. Purna lernt, den Helikopter mit Hilfe der Funkausrüstung exakt einzuweisen und Lasten aller Art vorzubereiten. Er ist Helikoptertechniker, hat aber wenig Hochgebirgserfahrung, obwohl er in Nepal lebt. Purna ist weder Bergführer noch Hochträger. Daher geht Bruno mit ihm in den Klettersteig, um Purna Abseiltechniken sowie den Umgang mit Bergseilen und Knoten beizubringen. Auch seinen ersten Viertausender nimmt Purna, natürlich gemeinsam mit seinem großen Vorbild Bruno, erfolgreich in Angriff. Wollen Piloten und Bergretter in Zukunft Rettungsaktionen im Himalaja alleine und sicher durchführen, müssen sie diese Prozeduren durchstehen. Pilot und Retter müssen sich blind vertrauen können. Jede einzelne Übung, die wir in unseren Walliser Bergen durchführen, macht zwar Spaß, aber irgendwann tritt der Ernstfall ein – und dann geht es darum, ob eine Rettungsaktion gelingt oder in eine lebensgefährliche Situation abdriftet …

Auch die Lektionen mit der »menschlichen« Last (Human Cargo Sling) verlaufen reibungslos und können sogar unter realen Bedingungen geübt werden: Siddharta fliegt am Zmuttgrat des Matterhorns eine Taubergung am Doppelsteuer; und Sabin holt zusammen mit Robi einen verletzten Bergsteiger und dessen Begleiter vom Bishorn.

Nach fünfzig Flugstunden, unzähligen Unterlast- und Trainingsflügen schließen wir die Ausbildung vorläufig ab. In unseren Köpfen aber lebt das Projekt weiter: Stundenlang diskutieren wir über mögliche Einsatzszenarien in Nepal und über das weitere Vorgehen:

Punkt 1 ist eine *Ausbildung zum »Rettungsspezialisten Helikopter«*. Dieser Kurs hat oberste Priorität. Mindestens zwei nepalesische Bergführer müssen diese Ausbildung noch im Herbst absolvieren. Einen kleinen Wehrmutstropfen gibt es jedoch: Purna kann zwar bei den Vorbereitungen und an Bord des Helikopters während Taubergungen einen wichtigen Part übernehmen, als Bergretter am Seil aber darf er aus Sicherheitsgründen nicht eingesetzt werden. Dazu fehlen ihm einfach bergsteigerische Grundlagen und Erfahrungen. Sollte er plötzlich an einem Berg feststecken, könnte das fatale Folgen für ihn haben... Jährlich führt der Kanton Wallis einen Kurs »Rettungsspezialist Helikopter« durch. Die Grundvoraussetzung für die Zulassung zu diesem technisch anspruchsvollen Kurs ist eine solide Ausbildung als Bergführer. Dank der Unterstützung durch die französische École Nationale de Ski et Alpinisme (ENSA), den Internationalen Bergführerverband (UIAGM) und die französische Stiftung Yves Pollet Villard aus Chamonix (YPVF) stehen ungefähr zwanzig diplomierte Bergführer aus Nepal bereit, diese Lücke zu schließen. Zwei von ihnen sollen nun die Ausbildung absolvieren. Der eine ist Tshering Pande Bhote.

Punkt 2 ist *Zusammenarbeit zwischen Pilot und Bergretter am Seil.* Diese Ausbildung soll im nächsten Frühjahr in Nepal stattfinden – und wäre der letzte Schritt zur ersten unabhängigen Rettungsstation im Himalaja.

Doch nun steht die Herbstsaison in Nepal bevor. Wie sollen sich Sabin, Siddharta und Purna verhalten, wenn es einen Einsatz mit dem Seil gibt? Sollen sie diese Aktion bereits selbständig durchführen oder lieber noch warten? Wie weit können sie gehen? Oder ist es im Notfall besser, ein Schweizer Rettungsteam zur Unterstützung nach Nepal reisen zu lassen? Nachdrücklich bitten wir die drei Männer, von einer derartigen Aktion im Moment abzusehen. Lieber würden wir kurzfristig ein Team auf die Beine stellen. Noch fehlen Funkhelme und spezielle Funkgeräte und somit die Möglichkeit, die wichtige Kommunikation zwischen Pilot und Retter oder Bergsteiger überhaupt erst aufzubauen. Und damit eine Taubergung sicher durchgeführt werden kann, müssen erst einmal die beiden Bergretter ausgebildet werden. Für Purna wäre es zu gefährlich, irgendwo im Himalaja abgesetzt zu werden, da er alleine nie wieder zurückfände. Die Piloten brauchen die Unterstützung des Retters am Seil, damit sie wissen, was am Ende der Leine vor sich geht. Das Risiko wäre viel zu groß. »Aber ihr dürft mich natürlich jederzeit anrufen, Tag und Nacht!« Mit diesen Ratschlägen, Warnungen und Angeboten entlassen wir unsere Freunde aus dem Zermatter Trainingslager, jedoch nicht ohne ein gutes Abschiedsessen bei Sabine und mir zu Hause. Die Frauen von Sabin und Siddharta sind mit ihren Töchtern nach Zermatt gereist, und die kleinen Mädchen spielen in der Stube mit den alten Spielsachen unserer Töchter. Purna kümmert sich rührend um die Kleinen, und man merkt ihm an, dass er furchtbar Heimweh nach seiner Familie, nach seiner Frau Sabrina und den beiden Söhnen hat.

Die Belastung während der achtwöchigen Ausbildung war für uns alle hoch. Zumal uns während des regulären Flugbetriebs das Team von Frank Senn für die TV-Dokumentation begleitete. Die Mitarbeiter der Air Zermatt mussten flexibel sein und Programme so umstellen, dass ein Training »on job« immer wieder möglich war. Und letztlich mussten auch unsere Kunden mitspielen. Jeder hatte eigene Interessen: Das Filmteam benötigte schöne Aufnahmen und Statements, das Team aus Nepal sollte etwas lernen; und der Kunde wollte seinen Auftrag bestmöglich erledigt wissen. Doch das Projekt Nepal stößt glücklicherweise überall auf sehr viel Goodwill. Und nur dank dieser breiten Unterstützung kann das Training in Zermatt als voller Erfolg gewertet werden.

Bei uns in Zermatt ist wieder der normale Alltag eingekehrt: Rettungen und Materialflüge. Daneben gilt es jetzt, den Bergretterkurs im November zu organisieren: Visa beantragen, Zimmer und Flüge buchen. Finanziell werden wir von der Stiftung Sherpa Foundation unterstützt, die von dem Bergführer und Winzer Patrick Z'Brun gegründet wurde. Z´Brun hat einen außergewöhnlich guten Rotwein kreiert, den »Sherpa-Wein«; und zwei Franken je verkaufter Flasche fließen in die Stiftung, die das Geld für die Ausbildung der Sherpas verwendet. Und genau das haben wir vor… Es gibt zwei Wunschkandidaten. Tshering hat den Platz bereits sicher, und als zweiten Rettungsspezialist Helikopter schlägt Fishtail Air den Sirdar (Sherpa Leader) Namgyal Sherpa vor. Wichtig ist jedoch, dass die Piloten und der Techniker diese beiden Bergretter akzeptieren. Sie müssen schließlich später zusammenarbeiten und sich gegenseitig Respekt und Vertrauen entgegenbringen. Namgyal war der Sirdar der Cleaning-Expedition am Everest, die uns im Frühjahr die beiden toten Bergsteiger im Camp 2 eingeladen hat. Ein erfahrener Mann also, den die Piloten auch gerne akzeptieren. Doch bevor die zwei zur Ausbildung antreten, nehmen Bruno und ich an einem Kongress in Südtirol teil, denn bei dem International Mountain Summit (IMS) ist Nepal *das* Hauptthema. Eine ganze Armada von berühmten Persönlichkeiten im Alpinismus ist anwesend und zieht das Publikum mit ihren Geschichten in den Bann: Reinhold Messner, Silvio Mondinelli, Simone Moro, Kurt Diemberger, Hans Kammerlander, Andy Holzer, Steve House, Denis Urubko und Dr. Buddha Basnayat, der nepalesische Vertreter der Himalajan Rescue Association. Hier treffen wir nach fünf Jahren auch auf einen alten Bekannten aus Pakistan: Nazir Sabir, der Präsident der Pakistanischen Bergsteigervereinigung und Organisator der Rettung von Tomaž Humar am Nanga Parbat. Er hat es damals möglich gemacht, dass wir nach Pakistan reisen durften, in Koordination mit Viki Grošelj und auf ausdrückliche Genehmigung von General Musharaff. In dem Podiumsgespräch geht es vor allem um die Frage, ob es sinnvoll ist, Rettungen im Himalaja mit dem Helikopter durchzuführen. Die Frage, ob Rettungen überhaupt sinnvoll sind, stellt sich erst gar nicht. Mittlerweile haben sogar mehrere Länder Ausbildungsprojekte in Nepal, aber wir sind die einzige Organisation mit integrierter Luftrettung. Highlight der Diskussionsrunde ist zweifellos die positive Äußerung von dem erfahrensten Teilnehmer der Runde, von Reinhold Messner: Rettung mit dem Helikopter ja, aber nur mit entsprechender Ausbildung! Die Tagung bringt einen Konsens der Experten in folgenden Punkten:

1. JA zu Rettungsflügen von den höchsten Bergen der Welt, bei Ausbildung und Training vor Ort, unter Einbeziehung der lokalen Ressourcen und ohne Diskriminierung der einheimischen Bevölkerung.

2. NEIN zu einer Europäischen Eingreiftruppe (außer in Einzelfällen, in denen eine Rettung vor Ort nicht möglich ist), zu einer Flugrettung mit Diskriminierung der einheimischen Bevölkerung und zu medizinisch nicht gerechtfertigten Shuttleflügen von und zu Basecamps oder Hochlagern.

Wir sind also auf dem richtigen Weg!
Zurück in Zermatt trifft Bruno die letzten Vorbereitungen für den Rettungskurs, und ich kümmere mich um ein Quartier für Tshering und Namgyal, die planmäßig am Samstag, den 6. November, im kalten Zermatt ankommen. Am nächsten Morgen, als ich mit Sabine, Valerie und Leonie beim Frühstück sitze, klingelt das Telefon. Meine drei Frauen mögen es gar nicht, wenn ich sonntags am Telefon hänge, aber ich gehe trotzdem ran und vernehme Frank Senns bedrückte Stimme: »Ciao, Gerold, ich habe schlechte Nachrichten...« Er muss schlucken. »Sabin und Purna sind mit dem Heli abgestürzt!« Es trifft mich wie ein Hammerschlag. »Was ist mit ihnen? Sind sie verletzt, leben sie noch?« Inständig hoffe ich

auf eine positive Antwort. »Ich habe eben einen Anruf aus Nepal bekommen, keiner weiß, was genau passiert ist. Sie mussten zur Ama Dablam, einen Rettungseinsatz fliegen, und sind dabei über 1000 Meter abgestürzt«, erklärt Frank mit leiser Stimme. »Siddharta ist unterwegs und sucht nach ihnen, aber es sieht gar nicht gut aus!« Ich kann meine Tränen nicht länger zurückhalten, mir wird speiübel. Selten war ich derart niedergeschlagen wie in diesem Moment. Ich kann es nicht glauben, eben saßen Sabin und Purna doch noch an diesem Tisch… Die Gedanken in meinem Kopf überschlagen sich. In der Stube, wo vor ein paar Wochen noch Sabins Tochter Minerva mit Purna gespielt hat, laufe ich auf und ab. Ich brauche ein paar Minuten, bis ich in der Lage bin, unsere Leute über das Unglück zu informieren…

Im Laufe des Tages erfahren wir die Details: Zwei versierte Himalaja-Bergsteiger aus Deutschland und Japan versuchen eine neue Route an der Nordseite der 6814 Meter hohen Ama Dablam zu klettern. Nach zwei Tagen steigen die beiden aus der Nordwand aus – und stellen auf dem Nordgrat in 6350 Metern Höhe fest, dass es weder nach oben noch nach unten geht. Sie sitzen in der Falle. Die einzige Möglichkeit, dort lebend wieder rauszukommen, ist der Einsatz eines Helikopters. Via Sattelitentelefon rufen sie um Hilfe. Der Notruf geht am Samstagnachmittag des 6. November bei Fishtail Air ein. Sabin und Purna sind zu diesem Zeitpunkt mit ihren Familien bei einem Festival in Kathmandu. Tags darauf brechen die beiden in aller Früh mit dem gesamten Rettungsmaterial zur Ama Dablam auf. Das Material für die Taubergung wird am Zwischenlandeplatz ausgebreitet. Erst checken sie hoch oben an der Nordkante die Lage, dann entscheiden sich Sabin und Purna für eine direkte Bergung mittels Schwebemanöver. Sabin setzt die linke Kufe auf einem Schneeturm ab – ein schwieriges Flugmanöver in dieser Höhe –, und Purna öffnet die Tür. Der erste Alpinist klettert in den Helikopter. Innerhalb weniger Sekunden ist die erste Bergung erfolgreich abgeschlossen. Als der deutsche Alpinist in Chukhung unversehrt aus dem Helikopter steigt, sieht er die Erleichterung und auch den Stolz der beiden Freunde. Dann schließen sich die Türen des Helis, und Sabin startet wieder. Ein letztes Mal schaut der Bergsteiger den beiden Männern im Cockpit in die Augen, sie lächeln ihm zu … und sind weg. An der Kante auf über 6000 Metern wartet der Japaner. Der Helikopter schwebt am Schneeturm, verschiebt sich aber plötzlich nach links, genau über den Bergsteiger. Der hört nur, wie die Rotorblätter ins Eis schlagen und sieht den Helikopter in das tiefe Nordost-Couloir stürzen. Es riecht nach Öl. Dann nur noch Totenstille … Wie durch ein Wunder ist dem japanischen Bergsteiger nichts passiert.

Hätte diese Tragödie mit einem Seil am Helikopter vermieden werden können? War Sabin zu selbstsicher? Wollten sie uns nicht enttäuschen und hielten sich (zu) strikt an die Abmachung? Niemand weiß es, niemand wird es je erfahren.

Siddharta sucht lange, ehe er seine beiden Kollegen findet. Purna liegt in der Nähe des Schrundes, 2000 Meter unterhalb der Nordkante, und es gibt keinen Zweifel, dass er tot ist. Sabin liegt in einer Spalte. Sherpas, die in der Nähe abgesetzt werden, bergen die beiden. Ihre sterblichen Überreste bringt man nach Kathmandu. Erst am Abend erfährt Siddharta, dass noch immer ein Bergsteiger oben an der Ama Dablam mutterseelenallein festsitzt und auf Rettung hofft. Aber er will nicht mehr an diesen Berg, er ist stinksauer auf die zwei Bergsteiger. Seiner Meinung nach tragen sie eine Mitschuld am Tod seiner Freunde. Er ist verzweifelt, wütend, traurig. Erst am nächsten Morgen kann Siddharta wieder klar denken und sieht ein, dass es falsch war, die beiden Bergsteiger für den tödlichen Unfall verantwortlich zu machen. Zusammen mit Ashish will er die Rettung des Japaners durchführen. Ganz Nepal erfährt von dieser Tragödie und befindet sich wie wir im Schockzustand. Einer ihrer besten Piloten und sein mutiger Begleiter sind ums Leben gekommen, sie haben ihr Leben für zwei Bergsteiger aufs Spiel gesetzt, die sie nicht einmal kannten …

In der Schweiz wird der tragische Unfall zunächst nur innerhalb der Fliegerszene bekannt, allerdings umso heftiger diskutiert. Aber schon bald geht die Geschichte um die Welt – und wir müssen heftige Kritik einstecken. Neben den üblichen Attacken auf den Internetplattformen der selbsternannten Experten werden wir diesmal auch von den eigenen Leuten angegriffen. Viel zu schnell seien wir vorgegangen, hätten die Nepali überfordert und seien schuld an ihrem Tod. Fehlt nur noch das Wort »Mörder«… Mein psychischer Zustand ist unter den Gefrierpunkt gesunken, am liebsten würde ich mich einsperren und nie mehr vors Haus gehen. Diese Kritik trifft mich hart. Für den Tod von Mitmenschen und Freunden verantwortlich gemacht zu werden ist ein Vorwurf, den man nicht so einfach wegsteckt – und nie vergisst. In dreißig Jahren Fliegerei habe ich mehr als fünfzig Kollegen und Freunde verloren, jeder Unfall ging mir sehr nahe, selten aber so wie dieser. Ausgenommen nur der Absturz eines Helikopters am Sägistalsee 1996 im Berner Oberland, bei dem mein Vetter Heinz, der für mich wie ein Bruder war, ums Leben kam, und jener Absturz kurz vor der Basis in Zermatt, bei dem wir vier liebe Kollegen verloren.

Das war's dann wohl. Aus und vorbei. Die Crew in Nepal ist geschockt, von ihr kommt kein Lebenszeichen. Es herrscht Funkstille. Einen Monat dauert die Trauerphase, in der wir lediglich kondolieren. Ansonsten halten wir uns zurück. Die beiden Sherpas absolvieren den Kurs in Zermatt trotzdem, obwohl auch sie geschockt sind und nicht wissen, ob und wie es überhaupt weitergeht. Mit Bravour schließen sie die Ausbildung ab. Eine Woche später reisen Bruno und ich auf Einladung von Viki Grosělj nach Slowenien. Man hat unseren Einsatz für ihren Nationalhelden Tomaž Humar nicht vergessen, und nun sollen wir für unser Engagement bei den Rettungsaktionen in Pakistan und am Langtang Lirung geehrt werden. Die Zeremonie findet an Tomaž' Heimberg, dem Triglav, statt. Aber selbst die Privataudienz beim Präsidenten der Republik Slowenien, Danilo Türk, vermag unsere Stimmung nicht wirklich zu verbessern. Im Alpinen Museum von Mojstrana treffen wir auf Tomaž' Familie – und als der Chor die Berghymne vom Triglav anstimmt, habe ich eine Gänsehaut. Ich bin gerührt. Die vielen Dankesworte sind Balsam für meine Seele. Obwohl wir Tomaž nicht mehr helfen konnten, sind all diese Leute extra hergekommen, um uns zu danken. Und das nur, weil wir einfach unser Bestes gegeben haben. Innerhalb einer Woche fahren meine Gefühle Achterbahn...

Erst drei Monate später steht der Kontakt zu Nepal wieder. Wir werden Sabin und Purna nie vergessen, aber es muss irgendwie weitergehen, auf die eine oder andere Art. Ohne unseren Freund Siddharta könnten wir einpacken, doch glücklicherweise ist er bereit, weiterzumachen: »Ich bin es den beiden schlicht und einfach schuldig.« Nur Siddharta weiß, wie sehr Sabin und Purna von der Idee einer Rettungsstation im Himalaja überzeugt waren... Beflügelt von dem Gedanken, unser gemeinsames Projekt im Namen der verstorbenen Kollegen weiterzuführen, gehen wir ans Werk.

Die letzte Etappe unseres Projekts steht an. In diesem Jahr liegt der Schwerpunkt bei dem praktischen Training; und neben Siddharta ist auch Ashish an einer Ausbildung für Unterlast- und Taubergungsflüge interessiert. Siddharta muss, wie im Herbst vereinbart, mit den beiden Sherpas Tshering und Namgyal ein Abschlusstraining durchführen, bei dem er einige Flüge alleine an Bord seiner AS 350 B3 absolviert, während die beiden ihn am Seil hängend einweisen. Dann wären wir am Ende der Ausbildung angelangt – und endlich am Ziel...

Als erstes Zermatter Pilot-Bergretter-Gespann reisen Robi und Richi nach Nepal, zwei Wochen später sollen Dani und Helmut Lerjen folgen, dann Bruno und ich und schließlich Lotti Hasler und Urs Lerjen.

Neben den üblichen Rettungsflügen aus den verschiedenen Basecamps der Achttausender stehen auch Unterlastflüge an, doch diese Saison entpuppt sich als problematisch, weil Fishtail Air noch keinen Ersatz für die zerstörte AS 350 B3 gefunden hat und die vielen Anfragen kommerzieller

Kunden für Personentransporte somit kaum zu bewältigen sind. Und so wird die theoretische Ausbildung nur für vereinzelte Unterlastflüge unterbrochen, bei denen das Know-how der Schweizer gefragt ist. Dann werden zum Beispiel Generatoren für Kleinkraftwerke in abgelegene Gebiete gebracht. Als die praktischen Übungen endlich wieder aufgenommen werden können, sind alle Beteiligten froh, denn irgendwann genügt Trockentraining einfach nicht mehr...

Jetzt sind auch Frank Senn und sein Kamerateam wieder mit von der Partie. Sie haben unser Projekt, die Fortschritte und Tiefschläge, bis hierher verfolgt und in einer aufwändigen Dokumentation festgehalten. Mitte April trifft die Crew in Nepal ein und möchte diesmal etwas Einmaliges wagen: kreiselstabilisierte Aufnahmen vom Everestgebiet mit der Cineflex-Kamera. Nicht nur finanziell ist der Einsatz dieser Wunderkamera ein Risiko, auch operationell gibt es kaum Erfahrungswerte in solchen Höhen...

Der Kameramann mit der »kleinen« Digitalen wird Otto C. Honegger sein, der ehemalige Chef der Abteilung DOK vom Schweizer Fernsehen. Otto hat jahrelange Erfahrung mit Dokumentationen, verfügt über ein enormes Fachwissen und liebt das Reisen. Ein überaus intelligenter Mensch, den ich sehr schätze. Sich mit ihm über Politik, Reisen, Tauchen, Tiere oder Fernsehen zu unterhalten ist überaus erfrischend und lehrreich. Franks Frau Sarah ist für die Aufnahmen mit der »großen« Kamera zuständig, und Martin Bäbler der Spezialist für die Cineflex. Die digitalen Aufnahmen werden von dem Cutter Angelo Prinz direkt auf den Rechner geladen, so dass Frank sofort sehen kann, welche Bilder reinkommen. Mit Manuel Bauer und Tom Dauer ist ein weiteres Journalistenteam vor Ort, um eine Reportage für GEO zu machen. Tom ist für den Text verantwortlich und will nur ein paar Tage bleiben, Manuel, unser Fotograf, hingegen wird uns wie schon bei dem Training in Zermatt, auf Schritt und Tritt folgen. Nun sind wir vollzählig – und eigentlich könnte es jetzt losgehen. Aber die Rettungseinsätze an den großen Bergen bleiben aus. Frank wird nervös, zumal auch die Cineflex noch nicht richtig funktioniert und die zweite AS 350 B3 einer anderen Firma nicht verfügbar ist. Diese wäre für die Aufnahmen der Ausbildung nämlich zwingend nötig. Mit jedem Tag, den die Doku-Crew untätig in Lukla herumsitzt, nimmt die Anspannung zu …

Ich begleite Siddharta und Tshering einen Tag lang auf diversen Flügen: Am Baruntse evakuieren wir einen kranken Bergsteiger; dann fliegen wir zum Basecamp des Makalu, wo ein paar Alpinisten, die an einem Höhenödem leiden, darauf warten, abgeholt zu werden. Das Wetter ist jedoch nicht gut genug, um einen Direktflug zu wagen, also geht es vorerst außen herum, bis Siddharta irgendwann nördlich in ein Tal einbiegt. Kurz vor dem Camp entdecken wir ein paar Flecken blauen Himmels im Nebel, augenblicklich steigen wir durch – und dann steht er plötzlich vor uns, der Makalu!

Tshering bringt die wartenden Männer zu uns, und wir können wieder starten. Da wir nun oberhalb des Nebels sind und wissen, dass das Khumbu-Tal offen ist, steigen wir bis auf 6000 Meter, um in direkter Linie zurück nach Lukla zu fliegen. Im Osten entdecken wir den Kangchendzönga (8586) und unmittelbar vor uns die riesige Pyramide des Makalu (8481). Nochmals steigen wir höher, bis wir südlich des Baruntse (7129) über einen Pass fliegen können. Rechts vor uns taucht der Lhotse (8516) auf … und dann rückt der Mount Everest (8848) ins Bild, der höchste Berg der Welt. Schweigend und in Gedanken bei Sabin und Purna fliegen wir südlich an der Ama Dablam vorbei, wo unsere Freunde ihr Leben verloren haben. Und am Ende unseres Fluges steht am Horizont der letzte Achttausender dieser Gegend, der Cho Oyu (8201). In weniger als einer halben Stunde hat mir Siddharta fünf der 14 höchsten Berge gezeigt, ein unvergleichliches Erlebnis.

Nachdem wir unsere Passagiere in Lukla abgesetzt haben, machen wir uns gleich wieder auf den Weg. Auf einen für uns sehr schweren. Denn wir wollen zurück zur Ama Dablam, an den Unfallort. Auf über 6000 Meter fliegen wir in Richtung Nordkante, und schon bald sehen wir die Schneetürme, die sich jedoch innerhalb der sechs Monate, die seit dem tragischen Ereignis vergangen sind, verändert haben. Der Wind hat die Türme verformt, und einzig das Seil, das der japanische Bergsteiger zurückgelassen hat, zeugt von der Unfallstelle. Erneut frage ich mich: ›Hätten wir genauso gehandelt wie Sabin und Purna?‹ Ich denke ja. Wir sinken ab, um nach dem Helikopter zu suchen, der am Gletscher liegt: überall verstreute Wrackteile… Dann zeigt Siddharta mir, wo er Purna gefunden hat und in welcher Spalte Sabin lag. Die Stimmung ist bedrückt, trotzdem war es gut hierherzukommen. So können wir in gewisser Weise mit diesem Unfall abschließen und uns noch einmal von unseren Freunden verabschieden.

Es wird Zeit, unserem nepalesischen Rettungsteam den letzten Schliff zu geben. Da das Wetter nicht besonders gut ist, beschließen wir, die Taubergungen in der Umgebung von Lukla durchzuführen. Unsere Bergretter Bruno und Helmut assistieren Tshering und Namgyal – und zum ersten Mal fliegen Siddharta und seine Bergführer ohne unsere Hilfe mit dem Seil. Nepali-Piloten fliegen mit Nepali-Bergführern in ihrem eigenen Land. Wir sind stolz, es bis hierher geschafft zu haben… Und jeder Fortschritt wird filmisch festgehalten. Da die Cineflex allerdings immer noch nicht wunschgemäß funktioniert, muss Otto die Szenen wie gehabt von seiner Schulter aus durch die offene Türe des Helikopters drehen.

Am nächsten Tag steht für die neuen Bergretter der Einsatz des Dreibeins für Spalteneinsätze auf dem Programm. Wir setzen sie mitsamt dem technischen Material an einer Spalte auf 5800 Metern in der Nähe des Cho La-Passes ab; und während sie dort üben, wollen wir mit den Piloten ein Training am Camp 2 des Everest absolvieren und dabei die verschiedenen Anflugtaktiken besprechen. Siddharta und ich beginnen zunächst am Camp 1, dann wagen wir uns höher. Wie im Jahr zuvor mit Sabin landen wir ein paar Mal im Camp 2 auf 6500 Metern. Dani und sein Copilot Kiren Pun begleiten uns mit der endlich eingetroffenen AS 350 B3. Bei ihnen Otto, der unvergessliche Aufnahmen von Siddhartas Flugkünsten macht.

»He, Jungs«, sagt Dani irgendwann, »sollten wir nicht langsam nachschauen, ob die Bergführer mit ihrer Übung fertig sind?«. Während wir selbstvergessen und glücklich am Everest starten und landen, sind die Bergretter am Cho La-Pass mit ihrer Übung längst fertig und warten darauf, abgeholt zu werden. Aber da kein Funkkontakt zu den Bergrettern am Cho La-Pass möglich ist, konnten wir ihre Funksprüche nicht hören ... Jetzt also nichts wie los. Doch kaum biegen wir mit unseren Helikoptern oberhalb von Lobuche nach rechts ab, gefriert uns das Blut in den Adern. Nebel! In Windeseile laden wir oberhalb von Pheriche, beim Chola Lake, alles aus, was nicht benötigt wird und, schaffen es gerade noch, Material und Menschen vom Berg zu holen, bevor der Nebel den Übungsplatz komplett verschluckt. Zurück in Lukla verpasst uns Bruno eine gehörige Standpauke. Natürlich hat er Recht. Wie konnten wir nur so nachlässig sein! In diesen Spalten zu übernachten ist ohne entsprechendes Material und Nahrungsmittel viel zu gefährlich. Die Stimmung ist gereizt. Aber es gibt auch eine erfreuliche Nachricht: Die Cineflex ist repariert und kann auf die B3 montiert werden. Und tatsächlich: Die Bilder des Testflugs sind einwandfrei. Gleich am nächsten Morgen soll die Übung mit dem Tau durchgeführt und mit der Cineflex gefilmt werden.

Aber es kommt anders als geplant. Schon um kurz nach 6 Uhr am nächsten Morgen muss Siddharta – aus Gewichtsgründen ganz allein – zu seiner ersten Rettung am Camp 2 des Everest aufbrechen. Mit gemischten Gefühlen kommt er zurück. »Feuertaufe oberhalb des Khumbu-Eisfalles zwar bestanden, aber leider konnte nur ein toter Bergsteiger geholt werden.« Das ist ein generelles Problem in Nepal: Könnte man schneller agieren, müssten wahrscheinlich weniger Menschen sterben. Aber in Nepal ticken die Uhren anders... Ein Grund mehr, unsere Übungen und Trainingseinheiten fortzusetzen.

Die nächste geplante Übung am Kala Patar wird minutiös besprochen. In der Nähe des Everest sollen weitere Soloflüge am Tau durchgeführt werden. Hochkonzentriert fliegt das Nepali Rescue Team die Rotationen vor dieser wunderbaren Kulisse – und beweist sein Können. Ein perfektes Zusammenspiel der ganzen Mannschaft. Anfangs ist das Wetter noch sehr gut, dann aber macht es plötzlich zu, und erneut müssen wir flüchten, bevor der Nebel uns verschluckt. Aber wir sind mit unserem Programm fertig, und auch Manuel ist zufrieden: Er hat die nötigen Bilder. Nur Frank braucht noch die Beauty Shots mit der Cineflex, Daraus wird jedoch wieder nichts, denn die ausgeliehene B3 von Mountain Helicopters muss weiter und die Kamera vom Heli herunter – gerade jetzt, wo ein Rettungsauftrag am Manaslu hereinkommt... Wenigstens händigt uns Fishtail Air – nach zähen Verhandlungen – die AS 350 B2 aus, so dass die Aktion filmisch festgehalten werden kann.

Im Vorjahr hatte Dani am Manaslu vier Koreaner und ihre drei Sherpas gerettet, doch zwei Bergsteiger blieben vermisst zurück. Nun sind die geretteten Koreaner zurückgekehrt, um nach den beiden zu suchen. Einen Kollegen haben sie gefunden, der andere wird voraussichtlich für immer vermisst bleiben. Nun wollen sie den Leichnam vom Camp 2 herunterbringen und ihn nach Kathmandu fliegen lassen. Diesen Einsatz möchte Dani fliegen, schließlich konnte er die Aktion im vergangenen Jahr nicht zu Ende bringen. Bruno und Tshering werden zum Camp 2 hochgehen und den toten Bergsteiger in den Heli einladen, während Sarah und Manuel die Aktion dokumentieren. Otto und ich verfolgen die Aktion mit der B2 aus der Luft; und die Aufnahmen von Heli zu Heli muss Otto wiederum aus der offenen Tür machen. »Ottoflex« statt »Cineflex«. Frank ist mehr als enttäuscht. »Bei dem Gedanken, was für einmalige und kreiselstabilisierte Bilder wir gerade verpassen, kann einem wirklich schlecht werden.«

Bei Fishtail Air geht am selben Tag ein neuer Auftrag ein: 20 Tonnen Stahlseile für den Brückenbau, aufgerollt in 300-Kilogramm-Pakete, sollen, so die Order der Regierung, in verschiedene Dörfer des Manaslu-Tals gebracht werden. Ein perfekter Übungsauftrag für Siddharta und Ashish: lange Rotationen mit einer nicht fragilen Last. Wäre da nicht das Problem mit der versprochenen AS 350 B3 und die fehlenden Cineflex-Aufnahmen… Dennoch muss dieser Auftrag ausgeführt werden, gefilmt von der »Ottoflex«. Immerhin sind diese Transportflüge das perfekte Training für den Piloten und für seine Ausbildung von unschätzbarem Wert.

Die Nerven der gesamten Schweizer Crew aber liegen inzwischen blank. Es vergeht kaum noch ein Tag, an dem nicht irgendjemand abreisen wollte, weil er die Nase voll hatte vom Warten auf Cineflex-Bedingungen und die zweite B3. Jetzt bleiben uns nur noch fünf Tage, um unsere geplante Bilderliste abzuarbeiten. Schließlich lasse ich mich zu einer gefährlichen Äußerung hinreißen: »Frank, wir montieren die Cineflex einfach auf die schwache AS 350 B2. Ich garantiere dir, dass wir die Beauty Shots auch so schaffen werden.« Diese dicke Lippe sollte mir eine schlaflose Nacht bereiten. Denn Frank nimmt seinen Freund beim Wort.

Eine Rettungsstation in Nepal – Die Zukunft hat begonnen

»Ich habe einen Körper entdeckt!«, teile ich meinen Kollegen über die Bordsprechanlage mit. Sofort schauen Bruno Jelk und Simone Moro nach unten. In einer steilen, knapp drei Meter breiten Rinne liegt tatsächlich, als würde er schlafen, ein dunkel gekleideter Bergsteiger. Bruno ist wenig zuversichtlich: »Der ist bestimmt tot.« Er muss über die großen Gletscherabbrüche unterhalb des Manaslu-Gipfels gestürzt sein. Die Falllinie stimmt exakt mit dem Fundort des Rucksacks überein, den wir vor zwei Tagen ungefähr 2000 Meter weiter oben ausgemacht haben. Mit großer Wahrscheinlichkeit handelt es sich tatsächlich um den vermissten Sherpa. Ich gebe die Information an die Kollegen in Samagaon weiter. Die folgende Besprechung zwischen Bruno und mir ist kurz und knapp: Runter nach Samagaon, Simone steigt aus, dafür werden die Kabinensicherung, das Bergematerial und das MERS eingepackt. Kerosin nachfüllen, hoch zum Camp 1 fliegen, Seil an den Heli montieren und Bruno zum abgestürzten Bergsteiger bringen, diesen mittels Bandschlinge für die Bergung vorbereiten, an das MERS hängen und dann alle zusammen zurück nach Samagaon. Da die Unfallstelle unterhalb von Camp 1 auf 5800 Metern liegt, entscheide ich, mit zwei Personen am Seil zu fliegen. Das sollte gehen.

Ob im Oberwallis, in den Walliser und Berner Alpen, wo diese Bergungen Joballtag sind, weil wir sie bis zu fünfzig Mal pro Jahr praktizieren, oder hier im Himalaja: Die Aktion läuft wieder wie geplant. Bruno hat bereits über 700 Leichenbergungen durchgeführt; ich habe in den letzten Jahren etwa 200 zerschundene und zertrümmerte Körper am Heli ins Tal geflogen. Dabei sind die Gedanken immer wieder bei den Hinterbliebenen. Auch heute. Wie wird der Sherpa reagieren, der seit Tagen um seinen Bruder bangt? Bis zuletzt hat er fest daran geglaubt, ihn lebend in seine Arme schließen zu können… Ganz langsam lasse ich Bruno und den toten Bergsteiger am Landeplatz in Samagaon hinunter. Kaum habe ich die Rotoren gestoppt, läuft schon das ganze Dorf zusammen, um die Leiche in Augenschein zu nehmen. Die Sherpas diskutieren lautstark über die Identität des Toten, und der Sherpa-Bruder will einfach nicht wahrhaben, dass es sein Bruder ist, der da vor ihm liegt. Die Jacke ist über den Kopf gerutscht, der nackte Rücken ist blau und voller Striemen. Vorsichtig zieht er die Jacke zurück und versucht, das Gesicht des toten Mannes zu sehen. Bestimmt hofft er inständig, dass es sich bei dem Verunglückten, der da zerschunden und gefroren vor ihm liegt, um den Koreaner handelt, der seit letztem Jahr vermisst wird – und nicht um seinen geliebten Bruder. Die Menschen drängeln sich um den Körper des Toten; alle wollen einen Blick erhaschen, so dass Ashish und ich keine Chance haben vorzudringen. Nun wird der andere Sherpa, den wir zwei Tage zuvor aus den Abbrüchen gerettet haben, nach seiner Einschätzung gefragt. Ja, sagt er, er könne aufgrund der Kleidung des Toten mit Gewissheit sagen, dass es sich um seinen Kollegen und somit tatsächlich um den Bruder des Mannes handelt. Dieser kniet verzweifelt neben dem Leichnam. Und wie immer kommen Zweifel in mir auf: Hätten wir den Bergsteiger nicht doch retten können? Warum haben die idiotischen Sherpas, die ich am North Col auf über 6800 Metern abgesetzt habe, ihren Job nicht besser gemacht? Warum haben sie das Teil nicht kontrolliert, das aus dem Schnee ragte? Wir hätten genau gewusst, wo wir suchen müssen.

Mindestens zwei Tage haben wir verloren. Aber hätte das dem Verunglückten etwas gebracht? Zwar bin ich mir sicher, dass jeder Sturz aus 2000 Metern Höhe tödlich sein muss. Aber wie sicher kann man sich sein?

Bruno und mir obliegt es nun, einer Familie und Freunden ihren Mann, ihren Vater, ihren Freund zurückzubringen – um ihnen die Gewissheit zu geben, ihn gefunden zu haben, damit das entsetzliche Warten ein Ende hat. Wie gerne hätten wir uns einen schöneren Abschluss für diese Ausbildungseinheit gewünscht. Aber die Entscheidung über Leben und Tod liegt nicht in unserer Macht. Wir können uns einzig und allein Mühe und allzeit unser Bestes geben…

Am Abend treffen wir Siddharta. Bedrückt teilt er uns mit, dass er sich entschieden hat, den Arbeitgeber zu wechseln. Er werde in Zukunft für Simrik Air fliegen, wo Sabins Vater als Helikoptermechaniker arbeitet. War damit alles umsonst, die ganzen Strapazen für die Katz? Nein, Siddharta verspricht uns, sein Wissen bei seinem neuen Arbeitgeber einzubringen. Und mehr noch: Er hat von seinen neuen Chefs grünes Licht für die Fortführung unseres Projekts bekommen. Dort sei man sehr an einer Zusammenarbeit mit uns Schweizern interessiert. Und was passiert mit Tshering? Er soll ebenfalls einen Job bei Simrik Air bekommen und als Retter eingesetzt werden.

Siddharta und Tshering sind unsere Hoffnung, denn sie sind die ersten und bislang einzigen Bergretter in Nepal, die Taubergungen durchführen können. Zwei Retter sind allerdings zu wenig, weshalb unser Projekt auch noch lange nicht abgeschlossen werden kann. Wir werden weitere Retter aus Nepal ausbilden müssen… Am 15. Mai 2011, nach drei Wochen im Himalaja, steigen Bruno und ich in den Flieger und reisen in die Schweiz zurück. Die Zeit in Nepal war lehrreich, voller Emotionen und neuer Eindrücke. Nun fliegen Urs Lerjen (Bergretter) und Lotti Hasler (Pilot), als letztes Tandem dieser Saison, für Fishtail Air weitere Einsätze am Makalu und am Mount Everest.

Nach der Hauptsaison gilt das Interesse insbesondere unserer noch jungen Stiftung, mit deren Hilfe wir das Training in Nepal weiterführen und größtenteils finanzieren wollen. Die Alpine Rescue Foundation Zermatt (ARF Zermatt) wurde im Januar 2011 von der Rettungsstation Zermatt und der Air Zermatt, ins Leben gerufen – mit folgendem Ziel:

> Die **ARF** ist eine gemeinnützige Stiftung, deren Hauptzweck es ist, unabhängige Bergrettungsteams auszubilden, die eine Arbeit international anerkannter Qualität garantieren. Die **ARF** ist ein einzigartiges Kompetenzzentrum, das weltweit anerkannte Spezialisten auf dem Gebiet der Luftrettung, der Bodenrettung und der Notfallmedizin vereint.

Um unser Startkapital von 30 000 Schweizer Franken aufzustocken und unsere Arbeit bekannt zu machen, halten wir Vorträge und nehmen an Seminaren teil. Wir werden von vielen Menschen unterstützt – und trotzdem reicht der Ertrag nicht, um weitere Piloten und Bergretter für den Himalaja auszubilden. Wir benötigen einen Hauptsponsor.

Und den haben wir in dem französischen Schmierstoffhersteller Motul gefunden. Ein perfekter Partner. Unser Projekt Nepal, das wir nun für fünf weitere Jahre planen, ist somit gesichert! Außerdem wollen wir die Ausbildung auf den medizinischen Bereich ausweiten und uns auf Administration, aber auch Organisation, zum Beispiel beim Aufbau einer Leitstelle, konzentrieren.

Im Dezember 2011 wird »Die Bergretter im Himalaja« uraufgeführt. Auch die Verantwortlichen von Fishtail Air, Siddharta als Hauptprotagonist, Sabins Eltern und der ältere Sohn von Purna sind anwesend. Für alle Beteiligten ist diese Premiere eine Achterbahn der Gefühle. Es ist schmerzhaft, den Tod der beiden Freunde Sabin und Purna aufs Neue vor Augen geführt zu bekommen und praktisch live erleben zu müssen. Und dann sind da diese wunderschönen Bilder, für deren Realisierung wir alle bis ans

Limit gegangen sind. Nach der Aufführung sind aber nicht nur die Protagonisten und Macher des Films aufgewühlt; alle Zuschauer sind von den eindrucksvollen Aufnahmen und der bewegenden Geschichte berührt ...

Im Frühjahr gilt unser Hauptaugenmerk der Funkausrüstung und dem Unterlasttraining von Siddharta. In der Schweiz werden die Funkgeräte der Helikopter und die Funkhelme programmiert, für den Einbau vorbereitet und nach Nepal verschickt. Im März sind Paddy und ich mal wieder im indischen Himalaja, in »unserem« Manali, für Himachal Helicopter Skiing unterwegs. Mein Freund Paddy, der bereits bei meinem ersten Besuch 1999 den Part des Mechanikers innehatte, ist ein absoluter Alleskönner. Seit Jahren ist er für den Aufbau der gesamten Infrastruktur des Heliskibetriebs in Indien verantwortlich. Das Lötschentaler Urgestein ist ein Bergmensch durch und durch. Das Herz am rechten Fleck und zuverlässig wie ein Schweizer Uhrwerk, unterstützt er Manjeev und die Piloten nach Kräften. Auch mit Funkgeräten kennt er sich bestens aus. Deshalb reist er auch für zwei Tage nach Kathmandu, um die Helikopter von Simrik Air mit den eigens angefertigten Funkgeräten auszurüsten. Derweil treffe ich Siddharta in Delhi, wo wir eine Vereinbarung unterschreiben, die die Aufgaben zwischen unserer Stiftung ARF und Simrik Air regelt. Damit ist Siddharta bereit, nicht nur Rettungen zu fliegen, sondern auch Aufträge für Außenlastflüge zu akquirieren. Nepal ist prädestiniert für den Transport von Lasten per Helikopter: Bislang gibt es kaum Straßen, aber der Bedarf an Infrastruktur steigt sprunghaft an. Kleinkraftwerke, Baumaterial, Nahrungsmittel und vieles mehr muss daher vom Ende einer Straße in entlegene Bergregionen geflogen werden. Das perfekte Training für unseren Piloten!

Fishtail Air hat leider keinen Piloten, der bereit ist, das Training für Taubergungen zu absolvieren. Ashish hat zwar die Unterlasteinweisung und die HCS 1-Ausbildung (Human Cargo Sling) teilweise absolviert, aber an Taubergungen will er sich nicht wagen. Und dass Siddharta die Firma verlassen will, erfreut die Fishtail-Besitzer auch nicht gerade. Nun setzen sie alle Hoffnung auf einen alten Bekannten: Simone Moro. Der italienische Extrembergsteiger und Helikopterpilot rührt in der Everestregion tüchtig die Werbetrommel für Fishtail Air – und sorgt damit für Unmut bei der Konkurrenz, denn Simrik Air gerät dadurch ins Hintertreffen und verliert Aufträge. Das ist überhaupt keine gute Entwicklung. Denn nun fangen die Helifirmen an, Sherpas und Träger zu schmieren, so dass die inzwischen mehr an der Vermittlung eines Fluges verdienen als bei einer Trekkingtour oder mehreren Wochen harter körperlicher Arbeit im Basecamp. Da Siddharta nichts von dem Rettungsmaterial, das wir im Vorjahr für das Training zu Fishtail Air geschickt haben, zu seinem neuen Arbeitgeber mitnehmen darf, hat sich nun folgende Situation ergeben: Bei der einen Helifirma ist die nötige Ausrüstung vorhanden, aber kein Pilot, der es verwenden könnte; in der anderen Firma ist der Pilot qualifiziert, aber ohne Rettungsmaterial. Es bleibt uns also nichts anderes übrig, als eine weitere »Sammelaktion« bei Schweizer Helikopterfirmen zu organisieren: Sie stellen uns neues und gebrauchtes Rettungsmaterial, Seile, Netze, Haken und technisches Equipment für Nepal zur Verfügung.

Die Heliflüge zum Basecamp des Everest durch Fishtail Air nehmen in dieser Frühlingssaison zu, was die Bergsteiger im Camp als sehr störend empfinden, weil sie sich nach tagelangem, anstrengendem Anmarsch in Ruhe akklimatisieren wollen. Zudem werden jene, die sich nicht erst beim Trekking hoch zum Basecamp akklimatisieren, sondern hinfliegen lassen, oft sehr schnell krank und müssen wieder ausgeflogen werden. Auch die Träger haben unter den zunehmenden Taxiflügen zu leiden, weil sie um ihre Einkünfte gebracht werden. Da Simone selbst noch nicht über die nötige Flugerfahrung verfügt, lässt er Piloten und Retter aus Italien einfliegen. Sie verwenden unsere Ausrüstung – aber leider nicht immer sorgfältig und sachgemäß. Unverständlich, schließlich war Simone Moro auch auf dem Kongress in Bozen mit all den Cracks, als die Ziele für Nepal festgelegt wurden: *Nein zu einer Flugrettung mit Diskriminierung der ein-*

heimischen Bevölkerung und medizinisch nicht gerechtfertigten Shuttleflügen von und zu Basecamps!

Das Zermatter Gespann Bruno und Philipp Mangold hält sich dezent zurück und konzentriert sich auf die Ausbildung von Siddharta und Tshering. Dass Siddharta zusehends an Erfahrung und Selbstvertrauen gewinnt, kann er ein halbes Jahr später eindrucksvoll unter Beweis stellen …

Sonntag, 23. September 2012, Manaslu, 4.30 Uhr
Seit einer Woche schneit es. Die Nerven der zahlreichen Teams am Berg werden auf eine Zerreißprobe gestellt. Weil die Visabeschränkungen für den 8188 Meter hohen Cho Oyu eine Besteigung auf tibetischer Seite verhindern, wechseln viele Teams zum Manaslu. An diesem Tag sind mehr als 300 Bergsteiger zum Gipfel des 8163 Meter hohen Berges unterwegs. So viele wie nie zuvor. Und dann geschieht das Unglück: Auf 7300 Metern fällt ein riesiger Eisturm in sich zusammen und löst eine gewaltige Lawine aus. Die immensen Schneemassen reißen die Bergsteiger im Camp 3 und im tiefer gelegenen Camp 2 aus dem Schlaf. Unzählige Zelte werden mitgerissen oder direkt verschüttet. 1100 Meter tiefer, unterhalb von Camp 2, wo Dani, Richi und Sabin einst ihre erste gemeinsame Rettung durchgeführt haben, kommen die Massen zum Stillstand. Da es zu dieser Zeit noch stockdunkel ist, wird den Überlebenden erst im Morgengrauen bewusst, welche Tragödie sich abgespielt hat. Unterhalb des North Col sind zwei Dutzend Bergsteiger mitsamt ihren Zelten verschüttet und in die Tiefe gerissen worden. Viele wurden in ihren Schlafsäcken überrascht und haben ihr gesamtes Material verloren. Das bedeutet hier oben absolute Lebensgefahr.

»Plötzlich war alles dunkel. Wir waren unter einer Lawine begraben,« wird ein deutscher Bergsteiger in der »Himalajan Times« zitiert. Auch im Camp 2 richtet die Lawine schwere Schäden an. Auf dem Blog eines Tourenveranstalters schreibt ein Bergsteiger: »Um 4.25 Uhr war ich wach und hantierte an einem klemmenden Schlafsackreißverschluss herum. Ich hatte mich gerade wieder zurückgelegt, als ich um 4.30 Uhr von Eismassen am Kopf getroffen werde. Mein Zeltpartner und ich wurden in dem Zelt mehrere Male herumgeschleudert.« Wer noch am Leben und vor allem unverletzt ist, hilft bei der Erstversorgung der Verletzten. Verschüttete müssen geborgen werden, und in stundenlanger Sucharbeit graben die Bergsteiger Expeditionskleidung und Bergschuhe aus.

Unten im Basecamp wird Russel Brice geweckt. Der Neuseeländer, einer der erfahrensten Expeditionsleiter und geschäftsführender Inhaber des Expeditionsunternehmens Himalajan Experience, hat ebenfalls Leute am Berg. Russel hört die Funksprüche und weiß: Es muss umgehend ein Helikopter zur Rettung aufgeboten werden. Mit den verletzten, unter Schock stehenden und halbnackten Bergsteigern durch die Abbrüche abzusteigen würde eine Ewigkeit dauern und wäre lebensgefährlich! Als Russel uns wenige Monate zuvor in Zermatt besuchte, um sich über die Fortschritte unseres Projekts zu informieren, sprachen wir nicht nur über unnötige Flüge ins Everest Basecamp, über Funkkanäle, Größe und Standorte möglicher Helipads an den Achttausendern, sondern auch über die Ausbildung von Siddharta und den Bergrettern. Ohne zu zögern ruft Russel in Kathmandu an und löst bei Simrik Air Alarm aus…

Gegen 9.30 Uhr, ungemein schnell für nepalesische Verhältnisse, trifft Siddharta mit seinem Helikopter im Basecamp des Manaslu ein. Begleitet wird er von einem jungen Pilotenkollegen, Surendra Paudel, der zusammen mit Russel Brice die gesamte Rettung organisiert. Mehr als zwanzig Personen müssen vom Berg, fünf Schwerverletzte nach Samagaon, elf Leichtverletzte oder Bergsteiger ohne Ausrüstung ins Basecamp geflogen werden. Siddharta fasst all seinen Mut zusammen und gibt sein Bestes! Viele Bergsteiger haben nicht daran geglaubt, dass in dieser Höhe eine Rettung mit dem Hubschrauber überhaupt möglich ist. Für sie ist Siddharta mit seiner AS 350 B3 ein Retter, der vom Himmel kommt. An diesem schwarzen Tag in der Geschichte des Manaslu werden außerdem noch zwei Tote ausgeflogen, bevor das Wetter sich verschlechtert und keine weiteren Flüge zulässt. Am nächsten Tag kehren Siddharta und ein Kollege von Fishtail Air zu dem Unglücksberg zurück und bringen weitere sechs tote Bergsteiger nach Kathmandu. Drei werden bis heute vermisst ...

Zu wissen, dass es Überlebende gab, die dringend Hilfe benötigten, erhöhte den Druck, der bei dieser Aktion auf Siddharta lastete. Aber der Pilot ließ sich davon nicht ablenken. Und wenngleich eine Taubergung bei diesem Einsatz nicht von Nöten war, so vollbrachte unser nepalesischer Kollege doch eine Glanzleistung. Unter diesen Umständen diverse Landungen auf 6500 Metern zu absolvieren ist keine Selbstverständlichkeit.

Die beiden Münchener Bergsteiger Sebastian Haag, 33, und Benedikt Böhm, 35, melden sich drei Tage später mit einer kurzen Videosequenz vom Manaslu:

»Was sehr ungewöhnlich ist: dass ein Helikopter überhaupt fliegen konnte. Es braucht mutige Piloten, die sich trauen, bis auf 6500 Meter zu fliegen. Daher war es ein Riesenglück, denn sonst wären die Verletzten und Schwerverletzten sicherlich nicht runtergekommen, hätten überhaupt keine Chance gehabt.«[23]

Siddharta selbst meldet sich am 26. September mit folgender E-Mail-Nachricht:

Lieber Gerold,
ich hoffe, dass es Dir gut geht und Du bei bester Gesundheit bist.

Wie Du unter Umständen bereits erfahren hast, gab es gestern einen großen Lawinenniedergang zwischen Camp 2 und Camp 3 am Manaslu. Der Niedergang war gegen 5 Uhr am Morgen, und viele Leute wurden in ihren Zelten erwischt.

Sherpas und Bergführer aus dem unteren Lager bauten mit der Unterstützung von Überlebenden einen schmalen Landeplatz am Unfallort.

Wir kamen dort gegen 9.30 Uhr an und brachten die Verletzten nach Samagaon und ins Basecamp, je nach deren Zustand. Insgesamt flogen wir

16 Personen und zwei tote Bergsteiger aus. Von diesen 16 Personen waren fünf schwer verletzt, und der Rest hatte Schuhe und Ausrüstung verloren, so dass sie nicht weiterlaufen konnten. Das Wetter verschlechterte sich am Nachmittag; also konnten wir gestern nicht alle verstorbenen Bergsteiger holen.

Heute Morgen haben wir dann die restlichen sechs toten Bergsteiger nach Kathmandu gebracht.

Diese Rettung war trotz allem ein Erfolg, dank des Teamworks der Sherpas, der Flugbesatzungen sowie Russel Brice und seiner Crew, die die Rettung koordinierte. Wir alle benutzten den »K-Kanal« 158.625 mhz, so dass die Koordination sehr einfach war.

Tshering war im Langtang Gebiet auf einer Klettertour an einem Berg, darum konnte ich ihn nicht holen. War am Ende auch nicht nötig, weil wir keine Taubergung durchführen mussten, es war ja ein Helikopterlandeplatz gebaut worden.

Die Rettungsmission verlief optimal. Und ich möchte Euch vielmals für das Training und den Support, den Ihr uns gegeben habt, danken.

Bitte entschuldige, dass wir im November keinen Piloten schicken konnten, aber ich hoffe, Dich bald wiederzusehen.

Danke und beste Grüße.

Siddharta

Die Folgen der Naturkatastrophe waren menschlich gesehen ein Desaster, denn elf Menschen verloren am Manaslu ihr Leben. Trotzdem gibt es einige Aspekte, die bei den Organisatoren der Rettung für einen Aha-Effekt sorgten. Gerade im Himalaja ist der Helikopter ein wichtiges Einsatzmittel, um effiziente Hilfe zu leisten. Die unerlässliche Kommunikation zwischen Rettungsmannschaft am Boden und Helikoptercrew sowie ein perfekt präparierter Helilandeplatz im Basecamp und am Unfallort vereinfachten die Rettung ungemein und trugen dazu bei, dass 16 Bergsteiger lebend geborgen werden konnten.

Die Geschichte schlägt große Wellen. In Zermatt fühlen wir uns erneut darin bestätigt, Leute vor Ort auszubilden und den Know-how-Transfer zu fördern. Zwei Monate später besuchen drei weitere Bergretter zusammen mit Tshering den Kurs der Rettungsspezialisten des Kantons Wallis. Die Kollegen in Nepal sollten in spätestens drei Jahren so weit sein, ohne fremde Hilfe zu agieren. Siddharta kann die große Verantwortung jedoch nicht allein übernehmen, deshalb setzt Simrik Air richtigerweise auf eigenen Pilotennachwuchs. Einer von ihnen ist Surendra Paudel; ihn möchten wir nun fördern. Der 32-Jährige ist offen für eine neue Herausforderung und dank seiner Grundausbildung bei der nepalesischen Luftwaffe prädestiniert für unser Projekt. Der Vorstand der ARF Zermatt gibt grünes Licht für die Ausbildung.

Siddharta plant zudem, am Annapurna eine Heliskioperation aufzubauen. Von uns weiß er um die doppelte Wirkung eines solchen Unternehmens: Zum einen kann in der Nebensaison Zusatzeinkommen generiert werden, zum anderen bedeuten diese Landungen überlebenswichtiges Training. Denn Erfahrungen mit Landungen im Pulverschnee und Anflügen bei maximaler Beladung erhöhen auch die Sicherheit bei Rettungsflügen. Nach Rücksprache mit seinen Vorgesetzten von Simrik Air bittet uns Siddharta um Unterstützung. Einer unserer Piloten soll ihn und Surendra auf den ersten Flügen begleiten. Bei der Air Zermatt herrscht mittlerweile Hochsaison, weshalb wir keinen Piloten abkommandieren können. Ich kontaktiere meinen Kollegenkreis innerhalb der Helikopterszene und finde einen alten Bekannten, der perfekt wäre für diesen Job: Dänel Brunner. Dänel gehörte jahrelang zum Kern der indischen Himachal Helikopter Skiing-Truppe und ist einer der erfahrensten Piloten, den ich kenne. Er ist bereit, Siddharta zu unterstützen... Dänel fliegt nach Kathmandu und stellt seine Erfahrung als Supervisor und Consultant zur Verfügung. Erst steht er den beiden Piloten mit Ratschlägen und einer fundierten theoretischen Ausbildung zur Seite. Dann unterstützt er sie bei der Flugvorbereitung und der Flugtaktik in der Annapurna-Region. Ein paar Wochen später begleitet er den jungen Piloten Surendra bei seiner Ausbildung für Außenlastflüge, trainiert die Bodencrew, demonstriert den Flughelfern die Anschlagtechniken bei der Vorbereitung der verschiedenen Unterlasten und beobachtet Surendra bei seinen Flügen. Die Kommunikation wird ebenso geübt wie das korrekte Handling des Flugbetriebsmaterials. Auch im Umgang mit Treibstoff werden Fortschritte erzielt: Nach Dänels Vortrag über die gesundheitlichen Risiken beim Ansaugen von Kerosin gehört diese Technik bei Simrik Air der Vergangenheit an. Siddharta, Surendra und Dänel sind ein hervorragendes Team – und dank Dänels Herkulesarbeit ist Surendra schon bald bereit für die Ausbildung HCS 1: Taubergungen Stufe 1 bis 20 Meter Seillänge. Und so folgt in Zermatt ein weiterer Meilenstein im Projekt Nepal. Im Sommer 2013 absolviert auch Surendra die Ausbildung für Taubergungen bei der Air Zermatt. Er ist ein hervorragender, enorm talentierter Pilot und ein besonders sensibler Mensch. Mit dem Abschluss seiner Pilotenausbildung hat er die professionelle Lücke, die Sabin hinterlassen hat, geschlossen. Die menschliche aber wird für immer bleiben. Von nun an können wir uns auf das jährliche Training der nepalesischen Bergretter und Piloten konzentrieren und hoffen, dass unsere Himalaja-Crew schon bald die Funktion als Ausbilder selber übernehmen kann…

Das Nepal-Projekt ist wahrscheinlich eine der letzten großen Herausforderungen in der Hochgebirgsfliegerei. So wie vor vierzig Jahren unsere Idole noch nicht wussten, ob ein Absetzmanöver an der Eigernordwand überhaupt machbar ist, hatten wir zu Beginn dieses Projekts keinen blassen Schimmer, wie hoch wir fliegen können und ob eine Rettung am Seil zu verantworten ist. Mittlerweile durfte ich etwa 100 Landungen zwischen 6000 und 6800 Metern absolvieren und wage zu behaupten: Die Ausbildung der Gebirgspiloten in der Schweiz gehört neben Neuseeland und Kanada zu den besten der Welt. Wir möchten unser Wissen und Können weitergeben, möchten, dass unsere nepalesischen Kollegen langfristig davon profitieren. Die wichtigsten Erkenntnisse in fliegerischer Hinsicht aber waren, dass sich die Richtlinien und Ausbildungskonzepte aus der Schweiz, insbesondere des Bundesamtes für Zivilluftfahrt BAZL, bestens bewährt, dass die Art der Flugvorbereitung, die Berechnungen mit der Zero-Fuel-Masse und der resultierenden Treibstoffzuladung als einzige Variable während des Fluges, das Safety Window als Final Check und die flugtaktischen Überlegungen nicht nur in unseren Höhen funktionieren, sondern auch am Dach der Welt.

Die wichtigsten Erkenntnisse in persönlicher Hinsicht sehen etwas anders aus. Dank meiner Leidenschaft als Pilot habe ich die einmalige Gelegenheit bekommen, den Himalaja in seiner ganzen Schönheit und in all seinen Facetten aus der Vogelperspektive zu erleben. In den tiefen Tälern am Fuße der höchsten Bergspitzen der Erde leben die Bewohner wie vor Jahrhunderten hierzulande, sehr bescheiden, meist in Armut. Die Kluft zwischen Bergdörfern und Stadt ist eklatant. Doch überall wurden wir herzlich aufgenommen. Das große Problem in Nepal wie in Indien ist die Korruption. Nichts geht ohne Schmiergeld! Viele Nepalesen sind einzig und allein auf den eigenen Profit fokussiert. Geld bestimmt das Handeln der Menschen wie der Politik. Deshalb wird es vermutlich Jahre dauern, bis sich am politischen Horizont etwas verändert. Viel zu schwach scheint der Wille der Regierung, das System zu hinterfragen. Völlig skrupellos heimsen Leute an der Spitze fremdes Geld ein und kümmern sich keinen Deut darum, was damit verbessert werden könnte. Insofern ist auch eine einheitliche Leitstelle für die Koordination der Rettungseinsätze noch in weiter Ferne. In Nepal steht nicht das Wohl des Patienten im Vordergrund, sondern der eigene Vorteil. Mögen wir in Europa auch oftmals mit den demokratischen Regierungen und ihren Entscheidungen hadern, so können wir uns doch glücklich schätzen, in einer Demokratie zu leben.

Mit unserem Projekt in Nepal haben wir einen unkonventionellen Weg eingeschlagen, der bislang aber gut funktioniert. Motivierte Menschen sind in diesem wunderschönen Land in großer Zahl vorhanden. Mit viel Herzblut hat uns Sabin Basnyat damals die Tür geöffnet und immer an das gemeinsame Projekt geglaubt. Im Team mit Purna und Tshering waren Sabin und Siddharta unsere Hoffnungsträger. Heute besteht unsere Crew aus dem Leader Siddharta Gurung, dem Piloten Surendra Paudel sowie Tshering Pande Bhote, Lakpa Norbu Sherpa, Dawa Phinjo Lama Bhote und Chhiring Dhenduk Bhote, den ausgebildeten Rettungsspezialisten Helikopter. In ihren Händen liegt es nun, den Kreis der Rettungsflieger im Himalaja zu erweitern – und sich ständig zu verbessern.

Wir waren es unseren Freunden, die im Laufe dieses Projekts von uns gegangen sind, schuldig, stets dezent und aufsässig unser Bestes zu geben ...

In Gedenken an:
Tomaž Humar, Extrembergsteiger. Er starb 2009 am Langtang Lirung.
Sabin Basnyat, Pilot. Er verunglückte 2010 bei einem Helikopterabsturz an der Ama Dablam.
Purna Awale, Techniker. Er starb 2010 zusammen mit Sabin bei dem Unfall an der Ama Dablam.
Namgyal Sherpa, Rettungsspezialist Helikopter. Er starb 2013 auf der Nordseite des Mount Everest beim Abstieg nach seiner zehnten Besteigung des höchsten Gipfels der Erde.

Mögen sie in Frieden ruhen und uns beschützen!

Glossar

Air Glaciers	eine im Rhonetal stationierte Helikopterfirma
Alouette	Alouette III, einer der ersten in Serie gefertigten Hubschrauber / französische Produktion
Autorotation	nur durch Fahrtwind angetriebener Hauptrotor
Ama Dablam	6184 Meter, Berg im Himalaja
Alpamayo	5947 Meter, Berg in Peru
Antidrehmoment	Pedal Steuerung um die Hochachse, in Drehmomentrichtung
ARF	Alpine Rescue Foundation
Bodeneffekt	Der Bodeneffekt tritt auf, wenn der Heli in geringer Höhe mit null Fahrt »schwebt«. Unter dem Hubschrauber entsteht ein Überdruck.
Becca	So nennen die Einheimischen auf der italienischen Seite das Matterhorn.
Bell	amerikanische Helikopterfirma
Blattverstellhebel	Auch Pitch genannt, mit diesem Hebel auf der linken Seite des Piloten wird kollektiv (alle Rotorblätter gleichzeitig) der Anstellwinkel der Rotorblätter verändert.
BAZL	Bundesamt für Zivilluftfahrt (Schweiz)

Chandigarh	Stadt im Norden Indiens, wurde von dem Schweizer Architekten Le Corbusier erbaut
Couloir	franz.: Korridor, Eis- oder Schneerinne am Berg
Cervinia	Ort auf der italienischen Seite des Matterhorns
Carel–Hütte	Schutzhütte am Liongrat (Südseite) des Matterhorns
Cabana Margherita	Schutzhütte auf der Signalkuppe (4556 Meter) im Monte-Rosa-Massiv, höchste Hütte Europas
CHUV Lausanne	Centre Hospitalier Universitaire Vaudois in Lausanne, Universitätsklinik
Col	Gebirgspass
Col Ne	Gebirgspass auf der Nordseite des Dhaulagiri
Cho Oyo	8188 Meter, Berg in Nepal
Dhaulagiri:	8167 Meter, Berg im Himalaja
Dent d'Herens	4171 Meter, Berg in den Walliser Alpen
Diamox (Acetazolamid)	Mittel gegen Höhenkrankheit, verschreibungspflichtig
Dinasty	nepalesische Helikopterfirma
Ecureuil	französisches Helikoptermodell der Eurocopter-Group, heute Airbus Helicopters
Fishtail Air	nepalesische Helikopterfirma
Fuelboys	für das Zu- und Entladen von Treibstoff zuständige Jungs
Gompa	Kloster
Gorkha, Arughat Bazar	Dörfer am Eingang des Manaslu-Tals
Gspon	Ort im Kanton Wallis

Helipad	Helilandeplatz
Haag	Abgrenzungszaun am Flugplatz
Hore	Zermatter Dialekt für Matterhorn
Horu	Oberwalliser Dialekt für Matterhorn
Hörnlihütte	liegt auf 3260 Metern am Fuße des Matterhorns
Himachal Pradesh	indischer Bundesstaat
Human External Cargo	menschliche Außenlast am Seil
Human Cargo Sling	Taubergungen
IKAR	Internationale Kommission für Alpines Rettungswesen
Kathmandu	Hauptstadt von Nepal
Karakorum	Gebirge in Zentralasien
Kaschmirregion	Ehemaliger Fürstenstaat, in dem es heute indische, pakistanische und chinesische Gebiete gibt.
KWRO	Kantonale Walliser Rettungsorganisation
Laminarer Wind	Wind mit gleichbleibender Stärke
Landetaxen	Landegebühr
Logging	Holzflüge mittels einer Spezialleine
Lima Null	Rufname der Air-Zermatt-Basis in Zermatt
Long-Line	ein langes Seil am Lastenhaken
Langtang Lirung	7227 Meter, Berg in Nepal
Lukla	Nepal, Khumbu-Region, einer der gefährlichsten Flughäfen der Welt auf 2860 Metern
Lama	Helikoptermodell der französischen Firma Aérospatiale
Lhotse Shar	8516 Meter, Berg im Himalaja

Ladakhi	zum tibetischen Zweig gehörende Ethnie im Ladakh-Distrikt im indischen Teil des Himalajas
Moräne	natürliche Schuttablagerungen am Gletscher
Matter Vispa	Fluss in Zermatt
Manaslu	8163 Meter, Berg in Nepal
Makalu	8485 Meter, Berg in Nepal
Mount Assiniboine	3618 Meter, Berg in Kanada
Manali	Stadt im indischen Bundesstaat Himachal
MERS	Multilaterales Evakuations- und Rettungssystem. Man kann aber auch einfach »Tau« dazu sagen.
Night Vision Imaging System (NVIS)	Nachtsichtgerät
North Col	der nördliche Pass an einem Berg
Partieseil	Verbindungsseil einer Bergsteigergruppe
Pitch	siehe Blattverstellhebel
Raron	Helikopterbasis im Tal
REGA	Kürzel der Schweizerischen Rettungsflugwacht
Restlichtverstärker	technische Röhre, die Licht verstärkt, damit der Pilot in der Nacht besser sieht, siehe NVIS
Referenz	Anhaltspunkt
Seracs	Gletschertürme
SRFW	Schweizerische Rettungsflugwacht
Schwebeflug	stationärer Flug
Solvayhütte	Schutzhütte am Matterhorn

Stick	Zyklischer Blattverstellhebel (siehe oben); der Pilot steuert mit diesem Steuerknüppel die Rotorblätter individuell an.
Short-Line	kurzes Seil am Lasthaken
Sion (dt.: Sitten)	Stadt im Unterwallis
Schulvolten	Übungsrunden während der Flugausbildung
Samagaon	Bergdorf am Fuße des Manaslu
Simrik Air	nepalesische Helikopterfirma
Thermik	durch warme Luft erzeugter Aufwind
Testa Grigia	3480 Meter, Walliser Alpen
Thulagi	7036 Meter, Berg im Himalaja
Thamel	touristisch geprägter Distrikt in Kathmandu
Traverse/Traversierung	Quergang im Alpinsport
Übergangsauftrieb	Auftrieb am Rotor steigt erheblich durch die Bewegung in den Vorwärtsflug.
Vispa	Fluss im Wallis
Whiteout	Diffuses Licht, das entsteht, wenn Schnee und durch Nebel oder Bewölkung gedämpftes Sonnenlicht zusammentreffen.
Western Cwm	»Tal des Schweigens« in Nepal, das höchstgelegene Tal der Welt
Zero-Fuel-Masse	Abfluggewicht des Helikopters ohne Treibstoff
Volontar, Klemen	Bergretter, Slowenien
Wyer, Hampi	Mechaniker, Windenmann
Willisch, Markus	Mechaniker, Windenmann

Einige Worte zum Schluss

In den vergangenen fünf Jahren haben wir wunderbare Freundschaften geschlossen und Unterstützung von vielen Menschen, Institutionen und Firmen erhalten, die massgeblich zum Gelingen des Projekts Nepal beigetragen haben. Dafür möchte ich im Namen der Rettungsstation Zermatt und der Air Zermatt von Herzen danken.

Bestimmt gab es in meiner Karriere als Rettungspilot viele Einsätze, die an Dramatik und Einzigartigkeit den in diesem Buch beschriebenen in keiner Weise nachstehen. Aus circa 3500 Rettungen welche auszuwählen ist mir enorm schwergefallen. So viele Menschen, mit denen ich in den vergangenen dreißig Jahren eine auf Gedeih und Verderb verbundene Gemeinschaft gebildet und Dinge erlebt habe, die teilweise jenseits des Vorstellbaren sind, bleiben unerwähnt. Diesen Umstand bitte ich in aller Form zu entschuldigen. Sie alle sind in meinem Herzen, und ich werde sie nie vergessen, denn oft haben sie Entscheidungen getroffen oder mitgetragen, die dazu führten, dass ich heute überhaupt noch am Leben bin.

Dieses Buch soll auch eine Hommage an all jene Bergretter, Piloten, Ärzte, Rettungssanitäter, Einsatzleiter und Helfer sein, die irgendwo auf diesem Planeten bereit sind, ihr Leben für andere Menschen, die sie in der Regel nicht kennen, aufs Spiel zu setzen. Diesen Rettern gebührt unser aller Respekt.

Ich bin dankbar für jede Begegnung, jedes Gespräch, jede Erfahrung, die ich während des Nepal-Projekts habe machen dürfen. Ich empfand es als Privileg, so viele herzliche Menschen getroffen und immer dazugelernt zu haben. Die Möglichkeit, sich im grandiosen Himalaja per Helikopter bewegen zu dürfen und die Berge aus allernächster Nähe betrachten zu können, war nicht nur eine angenehme Begleiterscheinung, es war ein Geschenk. Wie viele Bücher habe ich gelesen, wie viele Geschichten persönlich gehört von heroischen Besteigungen und tragischen Unfällen im Himalaja! In Nepal verging kaum ein Tag, an dem ich nicht Mühe hatte zu begreifen, dass ich in der einmaligen Situation war, solche Geschichten aus der Vogelperspektive selber mitzuerleben.

Dieses Buch soll nicht nur all meinen Freunden und Fliegerkameraden gewidmet sein, die nicht mehr unter uns weilen, sondern auch meiner Familie, die es mir ermöglichte, diese Geschichten niederzuschreiben. Ohne ihr Einverständnis hätte ich mich niemals an eine derartige Offenlegung persönlicher Dinge gewagt. Meiner Frau Sabine, meinen Töchtern Valérie und Leonie sowie meinen Eltern und Geschwistern danke ich für ihre grandiose Unterstützung, ohne sie wäre ich nichts.

Böse Zungen behaupten, dass der Kopf eines Berglers (und dazu zähle ich mich) viel Ähnlichkeit mit einer Alphütte habe: hoch oben gelegen, die Fassade von der Sonne braungebrannt und das Innere relativ primitiv eingerichtet... Nun, bei mir kam erschwerend hinzu, dass ich der deutschen Schrift kaum mächtig bin. Daher kann ich mich glücklich schätzen, für dieses Buch mit mehreren Damen zusammengearbeitet zu haben, die solche Probleme nicht kennen. Sabine Jürgens, die Coautorin, hat mir im Stil von Fräulein Rottenmeier all die wirren Gedanken und kaum lesbaren Kapitel überarbeitet und in die passende Form gebracht. Swantje Steinbrink hat dafür gesorgt, das Manuskript im Rahmen des Lektorats auf ein gesundes Maß zu kürzen. Ihr kam die harte Aufgabe zu, meine ausschweifenden, poetischen und ellenlangen Passagen zusammenzufassen, so dass man die Geschichte auch lesen kann, ohne gleich nach der dritten Zeile einzuschlafen oder das Buch gar in die Ecke zu schmeißen. Monika Eginger schlussendlich hat mir dazu verholfen, dieses Buch zu veröffentlichen. Sie war mit ihrem Team von Orell Füssli minutiös und auf professionelle Art darum bemüht, den Titel, die Bilder und das Gesamtwerk zu gestalten und unter die Leute zu bringen.

Vielen Dank!

Anmerkungen

1 »Alles in Ordnung!«
2 Reinhold Messner: *Sturm am Manaslu*. 1972
3 Seit zwei Jahren als Pilot.
4 Landungen abseits eines Heliports.
5 Fluss im Kanton Wallis.
6 Schweizer Armeerucksack
7 Schweiz.: Bahnsteig
8 Aufprall
9 Je höher, desto geringer die Triebwerksleistung.
10 Übersetzung aus dem englischen Original.
11 Geistergeschichten
12 «... die Füße auf den Sessel gehoben hat« (Schweizer Redensart)
13 Periodische Kontrollen und Arbeiten am Helikopter.
14 Sigi Stangier, Toni Lötscher, Fritz Althaus, Bernd van Doornick und Justin Mattia.
15 Schweiz. Sprichwort: »Man kann nicht den Fünfer, das Brötchen und die Bäckerstochter gleichzeitig kriegen.« (Man muss sich für das eine oder das andere entscheiden.)
16 Führer mit den meisten Besteigungen des Matterhorns und eine lebende Legende unter den Zermatter Bergführern.
17 «Der goldene Eispickel« für außergewöhnliche Leistungen im Extrembergsport
18 SAC Schutzhütte
19 http://www.youtube.com/watch?v=7PaGJgeMYiw
    http://www.youtube.com/watch?v=iIHLqrVlfLs
    http://www.youtube.com/watch?v=2LguesuNkEI
20 Bei uns steht oberhalb eines jeden Dorfes ein fünf bis acht Meter hohes und daher gut sichtbares Kreuz.
21 Man hat zusätzlichen Treibstoff, Rucksäcke, Abdeck-, Verzurr- und technisches Rettungsmaterial sowie Verpflegung, Geränke etc. mit dabei.
22 Von Bruno Jelk für die Überhangrettung entwickelt.
23 http://www.sueddeutsche.de/bayern/lawinenunglueck-im-himalaya-zeugen-des-schreckens-1.1479824

Manaslu, Blick vom Camp 1 Richtung Gipfel, Long-Line-Flug mit Bergrettungs-
auszubildendem Tshering Pande Bhote
Quelle: Bruno Jelk

Nanga Parbat, Rupalwand, Biwak von
Tomaž Humar
Quelle: Tomaž Humar

Rettungsteam von Tomaž Humar am Langtang Lirung:
Robi Andenmatten, Sabin Basnyat, Bruno Jelk, Simon Anthamatten (v.l.n.r.)
Quelle: Bruno Jelk

Dhaulagiri (8167m),
Totale mit Nordsattel
Quelle: Sabin Basnyat

Dhaulagiri, Base Camp, Rettung der chinesischen Bergsteiger
Quelle: Gerold Biner

Dhaulagiri mit Blick
auf Annapurna (hinten
rechts), Rettung
der chinesischen
Bergsteiger
Quelle: Bruno Jelk

Das Ausbildungsteam:
Gerold Biner, Sabin Basnyat, Purna Awale, Bruno Jelk (v.l.n.r.) in Pheriche/Khumbu-Region
Quelle: Sabin Basnyat

Abtransport eines toten Bergsteigers vom Manaslu zum Helipad nach Samagaon
Quelle: Tshering Pande Bhote

Landeplatz Samagaon, nach Bergung eines toten Sherpas vom Manaslu
Quelle: Bruno Jelk

Taubergung vor dem Matterhorn
Quelle: Menno Boermans